深圳职业技术学院学术著作出版资助

高职院校书院制建设研究

彭远威　著

中国海洋大学出版社
·青岛·

图书在版编目（CIP）数据

高职院校书院制建设研究／彭远威著 . -- 青岛：
中国海洋大学出版社，2022. 10
ISBN 978-7-5670-3303-0

Ⅰ. ①高… Ⅱ. ①彭… Ⅲ. ①高等职业教育－书院－
教育制度－研究－中国 Ⅳ. ①G718. 5

中国版本图书馆 CIP 数据核字（2022）第 192751 号

GAOZHI YUANXIAO SHUYUANZHI JIANSHE YANJIU

出版发行	中国海洋大学出版社
社　　址	青岛市香港东路 23 号　　　　　邮政编码　266071
出 版 人	刘文菁
网　　址	http://pub.ouc.edu.cn
订购电话	0532－82032573（传真）
责任编辑	邓志科　丁玉霞　　　　　　　**电　　话**　0532－85901040
印　　制	青岛中苑金融安全印刷有限公司
版　　次	2022 年 10 月第 1 版
印　　次	2022 年 10 月第 1 次印刷
成品尺寸	170 mm ×230 mm
印　　张	14. 75
字　　数	260 千
印　　数	1－1 000
定　　价	50. 00 元

发现印装质量问题，请致电 0532-85662115，由印刷厂负责调换。

序

如该书所揭示的，近些年来，在一批"双一流"大学的引领下，书院制建设在我国本科院校呈现出快速发展的趋势。受这一趋势的影响，国内十多所高职院校也尝试探索建设具有职业教育特色的书院制。

就历史传统而言，无论中外，书院都具有浓厚的"精英教育"色彩，因此也自然成为今天研究型大学青睐的一种教育组织制度。书院制似乎是精英教育的"专利"。基于这一认识，高职院校建设书院制，其合法性必然会受到质疑。事实上，这种质疑的声音也或明或暗地一直存在着。

彭远威是深圳职业技术学院书院制建设的参与者，2013年开始跟我攻读教育博士学位。作为专业学位的博士生，他选择了自己熟悉的高职院校书院制建设作为博士论文的选题。坦率地说，这个选题具有一定的风险性。如前所述，如果有评审专家对高职院校的书院制建设持质疑态度的话，完全有可能否定这一选题。经过反复讨论，谨慎思考，我们还是决定选择这一选题，理由如下。第一，所有的大学生都有专业性发展和社会性发展的需求，专业性发展主要依托专业学院进行，而社会性发展则主要依托书院进行，高职学生也不例外。第二，不同于国外大学，我国高校普遍实行学生在校住宿制度，从而为书院制建设提供了有利条件。第三，包括深圳职业技术学院在内，国内已有十多所高职院校长期探索书院制建设，为这一研究奠定了实践基础。因此，对于这一实践探索，应该做出学术上的回应：高职院校书院制建设的合法性依据何在？不同于"精英教育"的书院制，高职院校书院制的特色是什么？目前高职院校书院制探索的成效如何？存在哪些问题？未来的方向又是什么？如此等等。第四，坚持实践导向，从理论上回应现实关切，也是专业博士学位论文选题的基本要求。彭远威是书院制建设的重要参与者，对国内高职院校书院制建设也进行过广泛的调研，有较为充分的实践经验和感性认识，这些都成为其从事这一选题研究的有利条件。

经过艰辛的理论探索和较为扎实的调查研究，更进一步通过实践经验与理论之间的对话，彭远威对上述问题做出了初步回应，从而完成了其博士学位论文的写作，也获得了博士学位。现在，在采纳评审专家、答辩委员会修改意见的基础上，他又做了进一步的补充研究，形成了这本专著。

作为国内较早系统研究高职院校书院制建设的专著，我们还是可以发现其中一些有新意的见解，如现代书院制体现出教育和生活相融合的教育理念，与目前高校采用的学院制相辅相成，共同促进学生的专业性发展和社会性发展；高职院校的书院制建设，既要充分体现书院制对促进学生社会性发展的共性要求，更要突出职业教育的类型特点，探索建设"职业＋"的书院制，构建具有职业教育特色的"导师制＋特色课程＋书院活动＋自主管理＋书院文化"五位一体的高职院校书院制育人模式；高职院校书院制建设要遵循"从物质到文化""从嵌入到融合""从被动到主动"的建设路径。

高职院校书院制建设仍处于探索、完善阶段。我希望彭远威能够将理论研究与自己的实践探索更好地结合起来，在理论指导下开展实践探索，在实践探索中不断总结经验，力争形成理论创新，在高职院校书院制建设方面取得理论和实践的"双丰收"。我也建议关心和从事高职院校书院制建设的读者朋友们不妨读一读这本书，或许能从中获得启发，更好地推进高职院校书院制的建设。

2022 年 3 月 5 日于华中科技大学

前言

近十多年来,包括高职院校在内的一些高校陆续探索书院制建设,书院制已成为新时期高等教育改革发展的热点。高职院校书院制的建设,为促进高职院校学生发展提供了新途径,有利于提高高职院校的人才培养质量。高职院校书院制建设的研究,有助于丰富高职院校的人才培养理论。本书聚焦高职教育继续走内涵式发展道路的背景下,高职院校如何进行书院制建设这一核心问题。具体研究了以下四个子问题:书院制的内涵和特征是什么?高职院校实施书院制的适切性如何?高职院校书院制建设成效如何?高职院校书院制的建设路径是怎样的?

围绕研究问题,本研究采用文献分析法、定量分析与质性研究相结合的混合研究方法。首先,分析了我国现代大学书院制建设的发展概况,梳理了现代大学书院制的内涵及特征;其次,从学生发展理论、生活教育理论出发,对现代大学书院制进行理论审视,探讨现代大学书院制的价值;再次,从高职教育发展状况、人才培养面临挑战和高职院校自身特点分析了高职院校实施书院制的适切性;然后,选取深圳职业技术学院、青岛职业技术学院、广东岭南职业技术学院3所高校,从实践层面分析了高职院校书院制建设的成效,发现高职院校书院制建设存在的问题;最后,在综合上述研究结论的基础上,提出改进高职院校书院制建设的对策。整个研究贯穿"书院制是什么—高职院校为什么实施书院制—高职院校实施书院制的成效如何—如何建设职业教育特色的书院制"的研究脉络。

由上述研究得出以下结论：第一，书院制具有丰富的内涵和鲜明特征。书院制与学院制相辅相成，共同促进学生的全面发展，而书院制的教育活动强化互动交流、参与和体验，体现出不同于课堂教学的生活教育特点。第二，书院制的独特优势吻合高职院校发展的需求。高职院校进行书院制建设，既回应了高职教育高质量发展、产业变革、现有人才培养质量等方面的新要求，也有政策支持，经验与环境、人才培养模式契合，课程教学体系互补等方面的优势，更有类型特色发展的可行性。第三，我国部分高职院校书院制探索建设取得初步成效，但还需持续改进和提升。高职院校书院制促进了学生的社会性发展，包括社会性通用能力和价值观塑造，也促进了学生的专业性发展，成为现有教育的有效补充。同时，书院制建设中存在支持保障力量不足、组织协同不足、书院发展理念共识不足、书院氛围不够浓厚、类型特色不突出等方面的问题。

针对高职院校书院制建设，本研究构建了"从物质到文化""从嵌入到融合""从被动到主动"的规范性建设路径，以及"职业＋"的类型特色建设路径。"职业＋"是书院制在高职院校一个新的发展方向，具体实施"职业＋"的导师制、"职业＋"的特色课程、"职业＋"的书院活动、"职业＋"的自主管理、"职业＋"的书院文化，构建具有职业教育特色的"导师制＋特色课程＋书院活动＋自主管理＋书院文化"五位一体的书院制。

目 录
CONTENTS

第1章 绪论 ···1

1.1 问题提出 ··1

1.1.1 研究背景 ···1

1.1.2 研究问题 ···4

1.2 研究意义 ··5

1.2.1 理论意义 ···5

1.2.2 实践意义 ···5

1.3 文献综述 ··6

1.3.1 关于高等教育人才培养存在问题的研究 ···················6

1.3.2 关于书院制历史及内涵的研究 ·······························7

1.3.3 关于现代大学书院制理论基础的研究 ·····················13

1.3.4 国内外关于书院制现状的研究 ······························14

1.3.5 文献述评 ··23

1.4 核心概念界定 ···25

1.4.1 书院 ···25

1.4.2 书院制 ··25

1.5 研究思路与方法 ···27

1.5.1 研究思路 ··27

1.5.2　研究方法 ···28

1.6　研究内容 ··29

1.6.1　研究内容和基本逻辑 ·································29

1.6.2　研究重点、难点 ·······································31

1.7　小结 ···32

第2章　现代大学书院制的内涵和特征 ····················33

2.1　我国现代大学书院制发展的基本概况 ···············33

2.1.1　港澳台地区高校 ·······································34

2.1.2　内地(祖国大陆)本科院校 ··························37

2.1.3　内地(祖国大陆)高职院校 ··························39

2.2　现代大学书院制的内涵 ·····························42

2.2.1　教育目标:培养全面发展的人 ·····················43

2.2.2　教育活动:强化互动、参与和体验 ················44

2.2.3　组织与管理:建设学生社区 ························49

2.3　现代大学书院制的发展层次 ························51

2.3.1　物质层 ··51

2.3.2　组织层 ··52

2.3.3　制度层 ··52

2.3.4　文化层 ··53

2.4　现代大学书院制的特征 ·····························54

2.4.1　我国现代大学书院制与古代书院制比较 ·········54

2.4.2　我国现代大学书院制与欧美住宿学院制比较 ·····56

2.4.3　高职院校书院制与普通本科高校书院制比较 ·····58

2.5　小结 ···59

第3章　现代大学书院制的理论审视 ·······················60

3.1　书院制的理论基础 ·································60

    3.1.1 学生发展理论 ··60

    3.1.2 生活教育理论 ··66

  3.2 书院制在现代大学中的价值 ································71

    3.2.1 高等教育的价值取向及实现 ····················71

    3.2.2 书院制在高校人才培养系统中的地位 ········74

  3.3 小结 ··77

第4章 高职院校实施书院制的适切性分析 ················79

  4.1 高职院校实施书院制的必要性 ························79

    4.1.1 新时期高职教育高质量发展的新要求 ········79

    4.1.2 产业变革对高职人才的新要求 ················83

    4.1.3 现有人才培养质量存在的缺陷 ················85

  4.2 高职院校实施书院制的可行性 ························88

    4.2.1 高职院校实施书院制的政策支持优势 ········88

    4.2.2 高职院校实施书院制的经验及环境优势 ····90

    4.2.3 高职院校实施书院制的模式契合优势 ········91

    4.2.4 高职院校实施书院制的体系互补优势 ········93

  4.3 高职院校实施书院制的特色发展可行性 ··········95

    4.3.1 高职院校书院制的区域特色发展 ············96

    4.3.2 高职院校书院制的产业特色发展 ············96

    4.3.3 高职院校书院制的职业特色发展 ············97

  4.4 小结 ··97

第5章 高职院校书院制建设成效的实证分析 ············98

  5.1 研究设计 ··98

    5.1.1 案例学校的选取 ··98

    5.1.2 研究方法 ··101

    5.1.3 材料的收集与整理 ····································101

5.2 学生问卷调查 ……………………………………………102

　5.2.1 目的 ……………………………………………102

　5.2.2 问卷设计 ……………………………………………102

　5.2.3 预调查与信效度检验 ……………………………106

　5.2.4 统计方法 ……………………………………………107

　5.2.5 调查对象 ……………………………………………107

　5.2.6 分析与发现 …………………………………………108

　5.2.7 主要结论 ……………………………………………120

5.3 访谈分析 ……………………………………………………121

　5.3.1 访谈设计 ……………………………………………121

　5.3.2 数据分析 ……………………………………………123

　5.3.3 主题描述 ……………………………………………125

　5.3.4 主要结论 ……………………………………………135

5.4 结果与讨论 …………………………………………………135

5.5 小结 …………………………………………………………136

第6章 改进高职院校书院制建设的对策分析 …………138

6.1 加强高职院校书院制建设的规范性 …………………138

　6.1.1 "从物质到文化"，设计并引导课外生活的教育 ……139

　6.1.2 "从嵌入到融合"，实现书院学院协同育人 …………151

　6.1.3 "从被动到主动"，促进更高程度的师生参与 ………158

6.2 凸显高职院校书院制建设的特色 ……………………161

　6.2.1 "职业+"的导师制 …………………………………161

　6.2.2 "职业+"的特色课程 ………………………………163

　6.2.3 "职业+"的书院活动 ………………………………165

　6.2.4 "职业+"的自主管理 ………………………………167

　6.2.5 "职业+"的书院文化 ………………………………167

6.3 小结 …………………………………………………………169

第 7 章 结语 ·· 171

  7.1 基本结论 ·· 171

    7.1.1 书院制适合于高职院校发展需要 ······························· 171

    7.1.2 我国部分高职院校的自发探索取得成效且需持续改进 ··· 172

    7.1.3 高职院校书院制建设既需遵循规范性也需凸显职教特色 173

  7.2 创新点 ·· 174

  7.3 局限与展望 ··· 174

参考文献 ·· 176

附录 1 我国内地（祖国大陆）部分本科高校实施书院制概况 ·········· 193

附录 2 调查问卷 ·· 207

附录 3 访谈提纲 ·· 212

附录 4 访谈情况一览表 ·· 214

附录 5 解释正文内容的相关表格 ·· 217

后记 ·· 223

图目录

CONTENTS

图 1-1 书院制的学生教育管理组织结构……………………………17

图 1-2 高职院校书院制建设研究思路………………………………27

图 1-3 具体研究与总体研究之间的内在逻辑关系…………………31

图 2-1 学校教育内容示意图…………………………………………46

图 2-2 书院制内涵示意图……………………………………………51

图 2-3 书院制发展层次………………………………………………54

图 3-1 高校的人才培养系统…………………………………………75

图 5-1 书院制建设效果师生访谈评价示意图……………………125

表目录
CONTENTS

表 2-1 我国港澳台地区部分高校实施书院制的概况 ……………………35

表 2-2 我国内地(祖国大陆)实施书院制的部分本科高校概况 …………38

表 2-3 我国内地(祖国大陆)部分高职院校实施书院制的概况 …………40

表 5-1 我国内地(祖国大陆)部分高职院校实施书院制的措施概况 ……99

表 5-2 问卷设计内容:学生参与书院制建设情况 ………………………103

表 5-3 问卷设计内容:学生参与书院制建设的主要收获情况 …………104

表 5-4 问卷设计内容:学生对书院制建设的总体评价和建议 …………106

表 5-5 被调查对象(学生)人口学特征 …………………………………107

表 5-6 学生参与书院制建设情况 …………………………………………108

表 5-7 书院学生参与书院制建设情况的主要类型 ……………………110

表 5-8 书院活动的实施成效情况 …………………………………………111

表 5-9 公因子方差表 ………………………………………………………113

表 5-10 书院制实施效果的因子摘要表 …………………………………114

表 5-11 书院制实施成效影响因素的多元回归分析 ……………………115

表 5-12 书学生对学校书院制建设的总体评价 …………………………117

表 5-13 各自变量与对书院评价的交互分析 ……………………………117

表 5-14 学生对高职院校推进书院制建设重要性评价 …………………118

表 5-15 各自变量与对书院制建设重要性认识交互分析 ………………119

表 5-16 书院存在的困难和问题评价 ……………………………………120

表 5-17 书院访谈质化主题情况 …………………………………………124

第 1 章

绪 论

1.1 问题提出

1.1.1 研究背景

改革开放以来,我国高等教育得到快速发展,2018 年全国毛入学率达到 48.1%,在学人数总规模达到 3 833 万人,规模处于世界前列,并将进入普及化发展阶段。[①] 在新的历史阶段,一方面,人民对高等教育质量提出了更高的要求;另一方面,我国高等教育适龄人口经过高峰后总数呈现下降趋势,必将导致生源的激烈竞争,而生源的竞争本质上是培养质量的竞争。因此,提升人才培养质量成为高等教育新的主要任务。为此,普通本科高校普遍采取各种措施以提高人才培养质量,书院制探索就是其中之一。随后,部分高职院校也积极跟进,由此在我国高等教育界形成了一股探索书院制建设的高潮。

1.1.1.1 高职教育在高等教育中具有重要地位

职业教育属于一种教育类型,与普通教育具有同等重要的地位。我国高等

---

① 中华人民共和国教育部.中国教育概况——2018 年全国教育事业发展情况 [EB/OL]. http://www.moe.gov.cn/jyb_sjzl/s5990/201909/t20190929_401639.html. 2019-09-29/2019-10-18.

教育自1999年实现扩招以来,逐步实现了大众化发展。各类高校总数量位居世界第二,学生总数量位居世界第一。高职教育经过多年发展后,学校规模不断扩大,2018年全国有高职(专科)院校1 418所,比2017年增加30所,占全国高等学校(2 940所)总数量的近半。近年来,学生数量不断增加,2018年招生350万人,在校生1 105万人,招生和在校生分别占高等教育的46%、40%。不管是学校数量,还是招生人数,高职院校已占到高等学校的半壁江山。[①] 全国职业院校共开设近千种专业,覆盖了与国民经济相关的各大领域,为产业经济输送了大量的技术技能型人才,在人才培养方面发挥了重要作用。职业院校组建专业教育指导委员会,吸收社会力量参与办学,广泛开展订单培养、现代学徒制、校企合作等培养模式,形成具有类型特色的办学体制机制。

1.1.1.2 高职教育需要继续走内涵式发展道路

我国高职院校始于1980年创建的天津职业大学。回顾我国高等职业教育的发展历程,有本科压缩版的发展阶段,也有简单强调技能训练的发展阶段。随着时代发展,高职院校从开始的定位不清到今天的特色鲜明,走过的是一条内涵式的发展道路。内涵式的发展道路表现为教育的结构优化和质量提高、实力增强等。进入新时代,高职教育内涵式发展的新任务表现在多个方面,一是为各行各业输送更多的优秀技术技能型人才以建设现代化强国,二是有力促进就业以提升人民的幸福感和获得感,三是提升国民素质以实现中华民族伟大复兴,四是促进国际化发展以更好参与国际事务。[②] 党的十九大报告中强调"要完善职业教育和培训体系,深化产教融合、校企合作",这是党中央做出的战略性部署。2019年国务院印发的《国家职业教育改革实施方案》对新时代高职教育内涵式发展提出新要求,就是要用5～10年实现职业教育由追求规模扩张向提高质量的转变,由参照普通教育办学模式向企业社会参与,专业特色鲜明的类型教育转变,这是高等职业教育一脉相承的内涵式发展道路的体现。高职教育需要主动回应国家重大战略提出的需求,培养优质、多层、多样的人才,

---

① 根据教育部职业教育与成人教育司王继平司长在第四届中美省州教育厅厅长对话的主旨发言整理而成。

② 朱跃东,梁建胜. 新时代下职业教育发展的要求、问题及实践理路[J]. 教育与职业,2018(11):5-12.

这就需要不断改革发展,继续走内涵式发展道路,提升人才培养质量,在整个高等教育系统中发挥自身的独特作用。

1.1.1.3 高校对实施书院制的积极探索

近年来,我国一些高校陆续推行书院制,呈现出书院日益增多的趋势。根据文献资料和学校网站统计,到 2020 年 12 月为止,我国共有近 120 所高校进行书院制的实践探索。我国港澳台地区实行书院制的高校有香港中文大学、澳门大学、台湾清华大学、东海大学、大叶大学、高雄医学大学等 20 多所,我国内地(祖国大陆)实行书院制的本科院校有西安交通大学、复旦大学、肇庆学院、暨南大学、华东师范大学、华东理工大学、汕头大学等近 80 所。高职院校也在积极探索实行书院制模式,据不完全统计,目前有深圳职业技术学院、青岛职业技术学院、广东岭南职业技术学院、苏州工业园区职业技术学院、泰山职业技术学院等 13 所。

同时,书院制的研究呈现快速发展的趋势。一是书院联盟等组织的出现和壮大,2014 年 7 月"高校书院联盟"正式成立,发起时共有 7 所高校,之后不断有高校加入,队伍不断壮大,理事单位和成员单位已达 18 个;2018 年 6 月"长三角地区高校书院联盟"成立,华东师范大学、复旦大学、苏州大学等高校联手打造共享、协作、合作、交流的平台。二是关于书院制的学术研讨不断开展。2014 年 12 月,肇庆学院举行第一届书院制国际研讨会,众多学者共商书院制发展之道;海峡两岸暨港澳地区高校现代书院制教育论坛从 2014 年开始,每年都共同研讨交流,现代大学书院制的研究得到不断发展。

书院作为我国唐代以来就有的教育组织,对教育发展发挥了重要作用。尤其是我国香港中文大学实行书院制的成功,促使教育界高度关注现代大学的书院制建设。随着我国现代大学教育制度的发展,众多学者积极思考如何学习古代书院教育的精髓,促进现代大学书院制的发展,也思考如何学习剑桥大学、哈佛大学等西方著名高校实行住宿学院制(residential college system)的成功经验。

书院制是提升人才培养质量的有效途径之一,需要从实践中总结经验,在理论上进行深入研究,从而引领高职院校书院制建设这一全新的实践探索。

笔者在一所高职院校参与了书院的筹备及日常建设,团队成员对建设思路和发展目标有困惑,很多时候是在模仿学习中进行建设,对相关措施只知其然但不知其所以然,面对身边的质疑缺乏回答的自信。另外,在实施书院制的高校较多为本科院校的情况下,作为高职院校的一名教师,笔者始终在思考应该怎样建设具有类型特色的书院制。可以说,高职院校在建设过程中有着理论和实践的困惑。基于此,笔者持续进行相关研究和实践探索。

1.1.2　研究问题

本研究紧紧围绕"高职院校如何进行书院制建设"这一核心问题展开。这一核心问题又可以进一步分解为以下具体问题。

1.1.2.1　书院制的内涵、特征是什么?

通过考察我国现代大学书院制的现状,进而归纳总结书院制的内涵、特征,为进一步探索高职院校实施书院制的研究奠定理论基础。

1.1.2.2　书院制的理论基础是什么?

通过对生活教育理论、学生发展理论等基本理论进行系统阐述,研究课外生活在学校教育中的地位及应该怎样对待课外生活的教育,研究学生的社会性发展在学生发展中的地位及应该怎样促进学生社会性发展,为高职院校的书院制建设提供理论支撑。

1.1.2.3　书院制是否适合高职院校?

从高等教育发展的历史和现状来看,实施书院制的高校多为本科院校。由于培养目标、培养方式等方面的差异,在高职院校实施书院制,首先要解决高职院校推进书院制的适切性问题,体现为实施的必要性、可行性和特色发展可行性,包括书院制是否契合高职院校人才培养目标,是否与高职院校特有培养模式如学徒制、工学结合、顶岗实习、订单培养、校企结合等产生冲突,假如存在冲突,是否不可调和,等等。对这些问题的回答,可以为高职院校实施书院制进一步提供理论支撑。

1.1.2.4　当前我国高职院校实施书院制的现状怎样?

我国部分高职院校实施书院制的时间并不长。这些探索的现状怎样?取得了哪些成效?存在哪些问题?影响书院制的因素有哪些?如此等等。对这些问题的回答,可以为高职院校书院制建设提供现实基础。

1.1.2.5　高职院校书院制的建设路径是怎样的?

结合高职院校的类型特点,探索应该具有怎样的建设路径,如何体现职业教育的特色发展,为建设职业教育特色的书院制提供方案。

1.2　研究意义

1.2.1　理论意义

一是梳理现代大学书院制的理论基础,进一步归纳总结书院制的内涵、特征、建设路径等,从而丰富发展现代大学书院制理论。

二是从理论上探究书院制转化到高职院校的合理性,包括高职院校在实施书院制过程中的必要性及可行性;探索高职院校书院制的特色发展可行性,将教育学、管理学、心理学等学科的知识运用到高职院校书院制的研究中,有助于丰富高职院校的人才培养理论。

1.2.2　实践意义

一是有利于提高人才培养质量。在书院里实施导师制,为学生提供书院特色课程,发挥书院文化活动的作用,推进教育与生活的融合,重点促进了学生的社会性发展,同时也促进了学生的专业性发展,有利于实现学生的全面发展。本研究为促进高职院校学生发展提供了新的实现途径,有利于提高高职院校的人才培养质量。

二是有利于提高高职院校书院制建设的实效性。高职院校实施书院制的实证研究是本研究的一个重点。通过实证研究,剖析当前高职院校书院制建设的利弊得失,提出有针对性的实施策略,以及职业教育特色书院制的建设路径,对我国高职院校实施书院制有启发和借鉴作用,将有助于增强高职院校书院制实施的针对性和实效性。

1.3 文献综述

总体而言,关于书院制的研究处在蓬勃发展阶段,取得了比较丰富的成果,相关研究已经成为众多学者的关注热点。以"书院制"为关键词在 CNKI 数据库中进行检索,在 2006 年至 2020 年期间期刊论文数为 589 篇,博士、硕士论文数 29 篇;以"书院"进行全文检索,在 2006 年至 2020 年期间期刊论文数为 10.77 万篇,博士、硕士论文数为 6.42 万篇;以"住宿学院"(residential college)为关键词在 EBSCO 检索平台进行全文检索,在 2006 年至 2020 年期间学术理论期刊论文的总数为 1 447 篇。整体呈现逐年增多的趋势。在对千余篇书院制相关研究的论文、十几本的著作进行阅读、归类的基础上,形成了如下的综述。

1.3.1 关于高等教育人才培养存在问题的研究

在现代大学书院制的相关研究中,众多学者对当前高等教育人才培养存在的问题进行剖析,探究实施书院制的现实必要性。

1.3.1.1 在适应社会发展方面存在的问题

当前社会网络技术快速发展、信息资源开放共享,李翠芳等指出在不断开放的环境中,学生管理存在理念落后、缺少民主参与和监督的问题,而学生更加注重个人成才和成功,对学校的教学、服务有更高要求。[①] 杜丽娟指出传统管理存在管理体制、管理理念、学工队伍建设等方面不能适应发展需要等问题;指出书院制建设在我国香港中文大学的成功,以及西安交通大学等高校的努力尝试,成为高校改革发展能接受且可执行的选择。[②]

1.3.1.2 在满足学生发展方面存在的问题

郭俊指出在传统教育模式中学生的需要和个体差异没有得到重视,大多数学生得不到足够关注;学生在大学期间的成长和发展主要取决于个人努力程度

---

① 李翠芳,朱迎玲. 现代高校书院制建设及原因追溯[J]. 煤炭高等教育,2009,27(3):49-51.

② 杜丽娟. 我国高校实施书院制学生管理模式的原因与现状[J]. 教育与职业,2010(17):32-34.

和参与程度;大学只有将学生学习积极性激发出来,才能实现教育目的;指出作为通识教育和人文素质教育相匹配的制度,是世界一流大学学生教育模式的现实选择,也是复兴中国传统文化的需要。[①]

1.3.1.3　在高校自身管理体制方面存在的弊端

周清华指出完全学分制对原有学生管理理念、学生教育和管理模式带来挑战,指出书院制是适应新教学体制的一种学生工作模式。[②] 陈晓斌等指出当前教育存在知行分离导致课程教育弱化、教学空间分离导致教师和学生的互动缺乏、教育主体缺位导致联动和保障不足。[③] 叶峥嵘指出当前人才培养模式不能适应时代要求,提出现代大学应该加强书院制建设,通过良好的文化环境促进学生发展,通过书院多彩的文化活动丰富学生精神世界,通过多元文化交往提高社会适应能力。[④]

和飞、曲中林指出建设书院制是适应高等教育全球化变革、经济社会发展、高校内部管理体制与学生管理体制改革的需要;在吸收中国传统书院教育思想和借鉴西方住宿学院制教育模式的基础上,建设有特色的学生培养体制。[⑤] 众多研究表明,我国高校推行书院制,主要是应对社会经济体制变革、原有学生管理体制弊端、大学生身心变化等挑战而推行的创新举措。

1.3.2　关于书院制历史及内涵的研究

本研究通过对书院制的历史及内涵相关文献的梳理,发现已有研究主要从中国古代书院制的历史及价值、西方大学的住院学院制历史及价值,以及我国现代大学书院制的内涵等领域进行理论探究,具体来说包括以下 3 个方面。

---

① 郭俊.书院制教育模式的兴起及其发展思考[J].高等教育研究,2013,34(8):76-83.

② 周清华.书院制——完全学分制条件下的高校学生工作新模式[J].淮海工学院学报(社会科学版),2011,9(14):118-121.

③ 陈晓斌,刘星.论书院制"三全育人"大思政格局之构建——以南京审计大学书院制为例[J].扬州大学学报(高教研究版),2020,24(4):83-89.

④ 叶峥嵘.基于书院制的人才培养改革与大学生发展[J].肇庆学院学报,2013,34(1):5-7.

⑤ 和飞,曲中林.肇庆学院书院制建设研究[M].北京:高等教育出版社,2013:3-37.

1.3.2.1　我国古代书院历史及其对现代大学价值的研究

古代书院是封建社会后期兴起的一种特殊形式的教育机构。对古代书院的历史研究,刘海峰指出最早的书院是唐代的丽正修书院和集贤书院。[①] 书院和科举的关系密不可分,书院给人的印象是建筑,科举给人的印象是制度。[②] 古代书院最早尝试教学与科研并重,实行讲座、问难辩论及相互切磋等形式,具有不可替代的优势。[③] 邓洪波指出南宋理学与书院同时兴盛,达到一体化的深度融合;[④] 明代书院服务于人民大众的文化建设,呈现面向平民的发展倾向。[⑤] 晏富宗指出宋代书院是古代私学发展的高级阶段,在师生之间形成了民主平等、尊师爱生等的特点。[⑥] 李良品指出元代书院在中央政府的大力支持下得到迅速的发展,呈现出理学北移、民办书院以及蒙古族官吏建立书院等特征。[⑦] 刘宗棠指出清代书院数量和规模达到了空前的水平,受到当时朝廷的管理约束,呈现出强烈的官办倾向。[⑧] 各位学者对各个历史阶段的古代书院发展进行了系统研究。

另外,学者们根据对石鼓书院、应天书院等有代表性的古代书院的个案研究,总结书院制的组织、制度和管理。凌飞飞从石鼓书院的历史沿革研究中得出,石鼓书院设立了山长和洞主等职能完善的组织机构;设置的学田使书院办学经费有较稳定支持;书院不但进行聚徒讲学,还进行学术研究、祭祀、藏书等内容丰富的活动。[⑨] 翟慕华通过对应天书院的发展历程和兴盛原因进行研究,

① 刘海峰. 唐代集贤书院有教学活动 [J]. 上海高教研究,1991(2):93-96+107.

② 刘海峰. 书院与科举是一对难兄难弟 [J]. 华南师范大学学报(社会科学版),2011(6):100-102+158.

③ 刘道玉. 论古代书院教育模式的复兴 [J]. 大学教育科学,2019(5):82-86.

④ 邓洪波. 理学家与南宋书院的兴起 [J]. 湖南大学学报(社会科学版),2006(6):28-33.

⑤ 邓洪波. 儒学诠释的平民化:明代书院讲学的新特点 [J]. 湖南大学学报(社会科学版),2005(3):22-27.

⑥ 晏富宗. 宋代书院师生关系研究 [D]. 南昌:江西师范大学,2006.

⑦ 李良品. 试论元代书院的特征 [J]. 黑龙江民族丛刊,2005(1):45-49.

⑧ 刘宗棠. 简论清代书院制度的特点及其兴衰 [J]. 中国石油大学学报(社会科学版),2009(2):64-67.

⑨ 凌飞飞. 论石鼓书院的历史沿革与作用 [J]. 船山学刊,2007(3):22-24.

指出物质支撑、政府支持、科学管理和质量优秀等是兴盛的主要原因,其中教学管理中实行了名师主教与专家治校,重视学校制度建设和师资队伍建设,尊师爱生和教书育人等。①

众多学者对古代书院制的功能、教学思想等进行了深入研究。胡素萍指出书院制教育面向平民,在普及文化、弘扬道德等方面发挥作用,具有重要的社会文化功能。②赵新指出古代书院制具有藏书、讲学和祭祀等功能,其中祭祀通过环境熏陶及榜样等方面实现德育功能。③徐美君指出古代书院制的学术独立和自由促进了学术发展。④刘连娣对朱熹的书院教学思想进行研究,指出朱嘉的书院教学思想注重培养学生的自学能力,运用互动式教学与主体性教学相结合,强调德育为先,注重知识、能力的培养,书院教学思想最为闪耀的地方是书院教学的开放性、独立性和教育性,成为其后七百年书院教学建设的样式。⑤

学者还就现代大学书院制如何继承我国古代书院制的优秀传统进行了相关研究,内容有涉及整体性的,也有侧重某一方面的,如文化建设、研究性学习、德育等。张传燧、邓素文指出中国古代书院之所以历经千年,一个重要原因是它的教育教学具有自由自主性;反思当前教育最大问题就是急功近利,阻碍了学生精神的自我建构和卓越品质的形成。⑥张传燧指出古代书院办学宗旨、教学内容、教育精神和教学方法等,至今仍然值得各类大学借鉴和弘扬,强调了古代书院的涵养心性、明伦为先、自由自主、主体互动等优点。⑦朱为鸿指出古代书院为培养全面发展的人,将知识传授、学术研究与人格完善有机结合。⑧

① 翟慕华. 北宋时期应天书院兴盛的原因分析 [J]. 商丘师范学院学报,2004(8):80-82.

② 胡素萍. 论海南古代书院的社会文化功能 [J]. 教育评论,2008(2):124-127.

③ 赵新. 古代书院祭祀及其功能 [J]. 煤炭高等教育,2007(1):94-96.

④ 徐美君. 论中国古代书院的学术功能 [J]. 四川教育学院学报,2008(1):45-47.

⑤ 刘连娣. 朱熹书院教学思想研究 [D]. 长春:东北师范大学,2016.

⑥ 张传燧,邓素文. 自由自主:书院教育精神及其现代启示 [J]. 大学教育科学,2005(2):5-8.

⑦ 张传燧. 古代书院传统及其现代大学借鉴 [J]. 湖南师范大学教育科学学报,2005(2):79-83.

⑧ 朱为鸿. 传统书院文化与现代大学文化创新 [J]. 肇庆学院学报,2013,34(1):8-12.

胡剑波指出古代书院具有许多优秀教育和文化传统,当前岳麓书院实施本科生导师制,传承了古代优秀传统并融入现代教育理念。[1] 此外,还有针对现代大学德育教育、现代民办高校办学、当代教师继续教育、高职院校改革、研究生培养等方面的研究。

1.3.2.2　国外住宿学院制的发展历史及现代价值研究

在西方大学,与我国现代大学书院制接近的组织结构是住宿学院制。西方大学在悠久的发展历史中,通过住宿学院制特有的人才培养方式,培养了大量高素质人才。西方的住宿学院最早出现在中世纪的法国巴黎,住宿学院实行的导师制对学生的个别关注,同伴之间的相互影响、集体生活的培养和学院生活的多样性等,对学生成长具有重要意义。[2] 李家新指出小规模办学和住宿学院制为博雅教育提供了保障,博雅教育也为住宿学院制的实施提供了方便;提出不应孤立看待国外高等教育,要从研究西方教育传统的关系中领略精髓所在。[3] 通识教育是工业革命以后逐渐进入人们视野,它出现的时间比博雅教育要晚,内容上不但包括博雅教育所有的七艺,还有自然科学、社会科学等科目,逐渐发展成今天涵盖人文、社会和自然三大领域的通识教育体系。[4]

在西方住宿学院的现代价值及学习借鉴上,刘海燕指出耶鲁大学秉持自由教育理念探索住宿书院建设,发挥了社群与教育功能,提出我国书院建设应树立整体性的通识教育观,重视组织革新与再造。[5] 刘洋指出耶鲁大学的教育传统中重要内容就是住宿学院制,它在培养学生的归属感和安全感,培养学生的德育、智育和综合素质方面非常有效,住宿学院对于耶鲁大学是必不可少的教育组成部分。[6] 邵旭平指出耶鲁大学住宿学院的教育管理服务有明显的德育

① 胡剑波. 古代书院传统与现代大学本科生导师制——基于岳麓书院本科生导师制实践[J]. 大学教育科学,2019(4):74-79.

② 李海莉. 英美大学住宿学院制度研究[D]. 汕头:汕头大学,2010.

③ 李家新. 住宿学院制与英式大学教育传统[J]. 成都中医药大学学报(教育科学版),2012(9):70-72.

④ 崔延强. 今日大学需要怎样的"博雅"和"通识"[N]. 社会科学报,2017-9-21(5).

⑤ 刘海燕. 守护自由教育:耶鲁大学住宿书院的演进及其启示[J]. 高等教育研究,2020,41(10):83-90.

⑥ 刘洋. 住宿学院与耶鲁大学的学生管理[J]. 石油教育,2003(2):111-112.

倾向,我国高校学生社区建设应该学习其服务理念。①

　　相关学者通过对哈佛大学、耶鲁大学和我国部分高校进行对比,得出我国现代大学的书院制与美国高校的住宿学院制有相同之处。黄厚明指出两者都以学生宿舍为平台设置有组织机构、丰富活动、活动设施,促进了学生发展。②各位学者认为不同之处体现在现实基础等方面。在运行的现实基础方面,沈栩指出哈佛大学和耶鲁大学等美国高校住宿学院的发展基础比我国现代大学书院要好,管理队伍专业化发展程度更高;在存在的外部关系方面,美国高校属于典型的矩阵式结构,而我国高校书院的运行必须协调好与院系的关系。③在产生的历史背景方面,黄厚明指出美国高校的住宿学院起源于早期英国大学的寄宿制,在延续的基础上不断得到发展,而我国部分高校的书院建立于现代大学的基础上,有着中华人民共和国成立以来的发展历史,主要是院校两级学生管理模式并以班级为基本管理单位。④张治湘、冯林比较了学生参与管理程度方面的不同,哈佛、耶鲁等高校的学生宿舍管理主要依靠学生,而我国内地(祖国大陆)高校书院学生参与管理的程度很低。⑤曹倩和蔡映辉将耶鲁大学住宿学院和汕头大学至诚书院进行对比,指出我国书院制发展水平较低,还不能满足学生各方面的需求,主要表现在社区文化、硬件设施、管理人员职责分工等方面。⑥

1.3.2.3　我国现代大学书院制内涵的研究

　　众多学者对我国现代大学书院制的理解主要包括几种:一是将"书院制"界定为高校的教育管理制度。和飞提出"书院制是高校的一种教育管理制度,

① 邵旭平. 耶鲁"住宿学院制"对大学生思想政治工作进社区的启示[J]. 教育与职业, 2011(5):38-39.
② 黄厚明. 书院制与住宿学院制高校学生管理模式比较研究[J]. 高等工程教育研究, 2010(3):108-113.
③ 沈栩. 我国高校书院制与美国高校住宿学院制学生管理模式的比较及启示[J]. 教育学术月刊,2011(4):97-99.
④ 黄厚明. 书院制与住宿学院制高校学生管理模式比较研究[J]. 高等工程教育研究, 2010(3):110-111.
⑤ 张治湘,冯林. 我国高校书院制与美国高校住宿学院制学生管理模式的比较研究[J], 煤炭高等教育,2013,31(1):39-42.
⑥ 曹倩,蔡映辉. 中美大学住宿学院管理比较研究——以耶鲁大学、汕头大学为例[J]. 煤炭高等教育,2013,31(4):35-39.

是与学院制相匹配的基于学生社区建设和自主发展的制度",强调属于制度创新和组织改革,包括生活社区建设、功能定位和发展目标等内容,起到弥补专业教育不足、促进学生社会性发展的作用。① 二是将"书院制"定位为学生社区的生活管理模式。通过在生活社区开展思想教育、实践活动及行为养成等,提高学生的综合素质。② 书院制是我国新时期学生公寓管理模式的创新尝试,强调书院给学生的是软技能,在提高学生综合素质、推动个性发展、促进成长成才等方面发挥重要作用。③ 三是将"书院制"定位为学生管理模式。黄厚明通过对我国部分高校推行的书院制研究,提出是"一种书院制学生管理模式"。④ 周清华指出书院制是适应完全学分制的一种学生工作新模式,不但突出文化功能,而且体现通识教育功能⑤。也有将书院制界定为"学生教育模式"的。⑥

基于以上三方面的综述可以看到,我国现代大学书院制在内涵、特征与功能与古代书院有着本质区别,建立之初的目的是更有效地促进学生事务的管理,而非学术目的。但是,现代大学书院制也试图继承古代书院在传承人文精神、终身学习者、社会交往能力等方面的价值。⑦ 同时,它与西方的住宿学院制都是基于学生宿舍平台,试图发挥西方住宿学院的通识教育的功能,但是在具体书院运作模式上又受到本土的文化和管理制度等因素的影响,和西方书院制在人才培养理念、组织形态和工作方法、教育内容、评价标准等方面存在不同。⑧ 因此,对我国现代大学书院制的内涵、特征及未来实施路径的进一步探

---

① 和飞. 现代大学书院制的内涵与发展目标[J]. 肇庆学院学报,2013,34(1):1-4+12.

② 李翠芳. 书院制:学生管理体制的新探索[D]. 大连:大连理工大学,2009.

③ 叶芳芳. 书院制下学生公寓思政工作模式构建探析[J]. 宁波工程学院学报,2013,25(1):113-116.

④ 黄厚明. 书院制与住宿学院制高校学生管理模式比较研究[J]. 高等工程教育研究,2010(3):108-113.

⑤ 周清华. 书院制——完全学分制条件下的高校学生工作新模式[J]. 淮海工学院学报(社会科学版),2011,9(14):118-121.

⑥ 郭俊. 书院制教育模式的兴起及其发展思考[J]. 高等教育研究,2013,34(8):76-83.

⑦ Zhen Zeng. Chinese Shuyuan:A legacy in Chinese education history, or a solution for modern undergraduates in China[J]. Journal of Eduation and Learning,2020,9(6):173-182.

⑧ 郭俊. 书院制教育模式的兴起及其发展思考[J]. 高等教育研究,2013,34(8):76-83.

究,并非追赶世界顶级大学的潮流,它作为一种独特的教育制度,可以满足当代中国大学对全面人才培养的需要。

1.3.3　关于现代大学书院制理论基础的研究

在现代大学书院制的相关研究中,我国学者指出学生发展理论、人本管理理论、通识教育理论、学习型组织理论、人文教育理论、行为科学理论、全人教育理论等是指导现代书院制研究和发展的主要理论基础和理论依据。

李翠芳指出书院制的理论基础包括人本管理理论、学生发展理论和文化管理理论。① 其中,人本管理理论研究人的本质,探索人与自然、社会、他人之间的关系,并在相互影响和相互作用中实现人的发展;学生发展理论有 4 种主要的理论类型,包括个体与环境互动论、社会心理学理论、认知结构理论以及类型学理论;② 文化管理理论强调利用文化对组织进行管理,重视人以及和人相关的价值观念、道德品质等软要素的培养。

喻潘红指出书院制的教育理念有自由教育、儒家人文教育、通识教育等。③ 其中,自由教育是建立在自由知识、自由学术、自由学科概念的基础之上,对学生进行广泛的文化修养的大众教育;儒家人文教育主要包括 3 个方面,包括人格培养、自由讲学和学生为本的教育理念;通识教育是在自由教育基础上,更专业、更广泛、更基本的教育。

杨诚从全人教育理论、建构主义学习理论、学习型组织理论分析书院制模式的理论依据。④ 其中,全人教育的任务是通过培养学生的综合素质,最终实现人的全面发展;建构主义学习理论认为教育结果既与学习的环境、任务复杂程度等有关,也与学习者的准备程度等有关;学习型组织理论即要求将书院看作一个学习型组织,学校的教师、管理者以及其他利益相关者应当通过发展学习能力,实现个人和组织的共同发展。

---

① 李翠芳. 书院制:学生管理体制的新探索 [D]. 大连:大连理工大学,2009.
② 马冬卉,陈敏. 美国高校学生发展理论及相关问题探讨 [J]. 现代教育科学,2007(5):132-136.
③ 喻潘红. 我国大学书院制人才培养模式研究 [D]. 武汉:华中科技大学,2017.
④ 杨诚. 基于高校书院制视角下的学生教育管理模式研究 [D]. 青岛:青岛大学,2017.

曹洁提出人本管理理论、学生发展理论、学习型组织理论是现代书院制研究的理论基础,将书院作为学生自主管理组织,在书院教育管理过程中发挥学生的主体性和民主性。[①] 此外,李柯茜指出书院制的理论基础有通识教育理论、学生发展理论、人本管理理论;[②] 王爱丽认为书院制的理论基础有治理理论和人本管理理论等;[③] 杜久楠认为书院制的理论基础有学生发展理论、行为科学理论、通识教育理论;[④] 陈昭棋认为书院制的理论基础有人本发展理论、学生发展理论、通识教育理论;[⑤] 米晓晨提出我国香港中文大学在书院制发展过程中秉承了全人教育理念。[⑥] 以上均为目前学者对于书院制研究的理论基础所做出的相关论断和陈述。

由此可见,目前学者们研究现代大学书院制的理论基础,涉及了教育学、管理学、社会学等众多学科,主要集中在学生的全面发展、人本和科学的教育治理、个人和组织的自主学习等方面。其中,学生发展理论和全人教育理论,是从教育目标这一视角出发,比较普遍被认为是现代大学书院制所依托的理论基础;而人本管理理论、通识教育理论、行为科学理论、文化管理理论等是从教育和管理视角出发,被认为是在研究书院制应该如何建设和发展过程中主要依托的理论基础;此外,学习型组织理论将书院看作为一个学习型组织,通过学生和书院的互动,发挥学生的主观能动性,实现学生和书院的共同发展,是在研究书院制中学生如何发挥作用时所依托的理论基础。

1.3.4 国内外关于书院制现状的研究

本研究对书院制在国内外现状进行文献梳理,发现已有研究主要从本科院校书院制现状、书院制影响因素,以及我国高职院校实施书院制现状等领域进行理论探究,具体来说包括以下 3 个方面:

---

① 曹洁. 西安交通大学书院制学生管理模式研究 [D]. 武汉:湖北大学,2014.

② 李柯茜. 现代大学书院制学生管理模式优化策略研究 [D]. 西安:陕西师范大学,2017.

③ 王爱丽. 高校书院制学生管理模式研究 [D]. 上海:华东政法大学,2017.

④ 杜久楠. 全人教育视角下民办本科院校书院制建设研究 [D]. 武汉:华中农业大学,2015.

⑤ 陈昭棋. 高校书院制学生管理模式研究 [D]. 杨凌:西北农林科技大学,2019.

⑥ 米晓晨. 传承与借鉴:香港中文大学书院制度研究 [D]. 武汉:华中师范大学,2019.

1.3.4.1 本科院校书院制现状的研究

21世纪我国对本科院校书院制的探索,最早公开的信息是陕西日报在2007年关于西安交通大学成立彭康书院的介绍。紧接其后相关资料介绍了我国香港中文大学为了培养学生的全面素质,实行独具特色的"书院制",引起越来越多的关注。西安交通大学宫辉、苏玉波关于书院制建设的《高校书院发展报告》、张平的《中国高校书院制研究》对全国高校书院的基本情况进行介绍,也对不同书院模式的特点进行论述。

肇庆学院3本书院制的研究专著详细介绍了肇庆学院书院制的情况。《肇庆学院书院制建设研究》详细介绍了肇庆学院书院制的探索路径,4个书院成为德育和校园文化的有效载体。[①]《书院制与大学生发展》介绍了肇庆学院书院制实施的效果,体现在大学生的人际关系建设、个性发展、情感发展、自主发展和精神发展等方面。[②]《大学文化视域的书院理论建构》一书从文化视角审视了我国大学教育存在的问题,基于大学文化创新的视角提出书院文化建设重在书院精神和学生行为习惯。[③]

同时,众多学者对我国本科院校书院制的开展现状、经验、问题及发展建议等进行研究。王懿指出复旦大学的书院制经历了探索、全面改革、转型3个阶段,形成了住宿制度、导师制度、自管制度,将专业教师引入书院,丰富住宿空间的育人功能,发挥学生朋辈教育作用。[④]乐毅指出复旦大学书院制的实践价值,在于复旦学院对本科新生进行通识教育不是"点"的试验,而是"面"的实施;复旦学院书院主要在组织架构、导师团队等方面进行模式创新。[⑤]刘军伟指出汕头大学的住宿学院制度起到了提升汕头大学的形象、丰富学生的课余生活、创建学生管理新模式的正面作用,从学生满意度视角了解住宿学院改

---

① 和飞,曲中林. 肇庆学院书院制建设研究[M]. 北京:高等教育出版社,2013. 41-103.

② 叶峥嵘;慕容居敏. 书院制与大学生发展[M]. 北京:高等教育出版社,2013. Ⅲ-Ⅵ.

③ 朱为鸿,李炳全. 大学文化视域的书院理论建构[M]. 北京:高等教育出版社,2013. 177-182.

④ 王懿. 中国高等教育改革视域下复旦大学书院制的转型与发展[J]. 高教论坛,2020(9):59-62.

⑤ 乐毅. 简论复旦学院的书院学生管理模式[J]. 国家教育行政学院学报,2008(8):52-59.

革情况,提出开设书院特色课程、强化导师作用以及做好规划等方面的建议。[①]
曲中林、朱为鸿指出肇庆学院的书院制与教师教育办学目标相契合,构建基础
教育的实践平台。[②]晏维龙等介绍了淮海工学院改革传统学生管理模式,实施
按专业大类管理,以书院为平台,促进学生个性发展,根据在校生情况设置了
海州书院等4个书院。[③]淮海工学院实施书院制在弘扬个性的同时,更加体现
博雅情怀。[④]沈加君等指出东港学院书院制改革改变了传统的高校管理模式,
对高校德育传统产生了影响。[⑤]李正等根据国内高校书院制建设情况,指出现
代大学书院制是推进教育改革促进学生全面发展的重要举措,基础是学院和
书院的协同,精髓是导师制,重点是混宿制度,灵魂是通识教育,特色是第二课
堂,载体是社区环境。[⑥]刘平昌等指出书院建立学生教育管理的组织结构,如
图1-1,设立了教育主管、社区主管、学业主管等岗位。陈晓斌等提出优化"以
学生为中心"的组织建设,整合资源构建"三全育人"格局以及"以责任制为核
心"的运行机制。[⑦]

① 刘军伟. 汕头大学住宿学院制度改革研究——学生满意度视角[D]. 汕头:汕头大学,
2011.

② 曲中林;朱为鸿. 书院制与教师教育办学特色的契合——以肇庆学院为例[J]. 现代教
育科学,2012(5):21-23.

③ 晏维龙,贾长云,刘平昌等. 书院制管理学分制培养个性化发展多样化育才——淮海工
学院"三本"学生学分制改革实践[J]. 淮海工学院学报(社会科学版),2009(9):124-
127.

④ 包家官. 全面学分制下书院制育人功能研究——淮海工学院东港学院全面学分制书院
制改革探索[J]. 中国建设研究,2014(2):39-41.

⑤ 沈加君. 高等教育改革背景下的德育机制创新研究[J]. 淮海工学院学报(社会科学
版),2011(5):19-21.

⑥ 李正,项梦丹. 高校书院制育人机制探析[J]. 高等工程教育研究,2020(5):110-116.

⑦ 陈晓斌,刘星. 论书院制"三全育人"大思政格局之构建——以南京审计大学书院制为
例[J]. 扬州大学学报(高教研究版),2020,24(4):83-89.

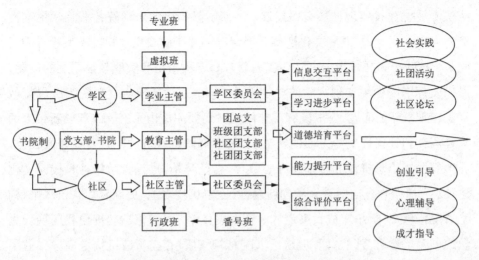

图 1-1 书院制的学生教育管理组织结构

(引刘平昌等,2011[①])

李翠芳剖析当前实行书院制存在的困难和问题,既有对学生管理的认识不清晰,甚至存在偏颇,也有书院部门之间分工与合作的问题,其中书院机构的设立、职责分工及配合是书院管理者遇到的难题,需要保证机构设置的合理性与有效性。[②] 别敦荣指出当前书院面临的问题有与原有学生管理体系的关系、书院与学院之间的关系,书院存在的合理性与合法性等。[③] 乐毅指出复旦学院的书院制建设问题主要有学生管理概念的界定问题(边界问题),对学生管理的机构缺少系统研究,管理部门之间缺乏相互作用的机制;此外还存在机构衔接、部门合作等诸多问题。[④] 邓俊和汪炜指出肇庆学院力行书院的志愿活动存在服务意识、组织建设等问题,提出建立书院志愿服务体系等促进志愿组织和

① 刘平昌,周清华,沈加君. 基于学分制视域下高校党团组织管理体系的创新 [J]. 学校党建与思想教育,2011(12):47-49.

② 李翠芳. 书院制:学生管理体制的新探索 [D]. 大连:大连理工大学,2009.

③ 别敦荣. 大学书院的性质与功能 [J]. 高校教育管理,2015(4):44-49.

④ 乐毅. 简论复旦学院的书院学生管理模式 [J]. 国家教育行政学院学报,2008(8):58-59.

队伍专业化建设实现健康有序发展。[①] 何敏静指出肇庆学院各书院学生存在努力方向不明确、对书院文化活动开展情况不够了解及重视程度不足等方面问题。[②] 林叶舒和文雪指出书院存在通识教育课程不足和实践教学不足的问题，提出发挥书院作用实现大学的办学理念。[③] 成宗达指出实行书院制给思想教育工作带来新的问题，完成既有工作的同时还要完成由于书院改革创新带来的综合测评和评优评奖等方面的新情况，考虑书院行政班的同时需要兼顾社区，提出要发挥信息资源和传播媒介等载体，营造环境，重视大学精神和校园文化建设。[④] 曲中林提出塑造大学创新精神、完善机构功能、提高导师队伍水平、构建书院特色文化、拓宽成长渠道等8种发展策略。[⑤] 姜泓冰等提出我国现代大学的书院虽然有公共空间，但缺乏书院精神气质，存在行政机构增多导致效率低下等问题。[⑥]

我国台湾学者对台湾的大学书院进行梳理认为，台湾的书院与美国的住宿－学习社区（living-learning communities，LLC）概念相似，十分强调通过广泛参与社区活动来促进学生个体的发展。对台湾几所主要书院的分析发现，书院最重要的任务是通过通识教育来促进学生的生活教育，尽管各所学校实施方式有所不同，但是最主要的手段是通过丰富的课外活动。[⑦]

住宿学院制在美国、德国、墨西哥、新西兰、澳大利亚、荷兰、加拿大等国家

① 邓俊,汪炜.肇庆学院书院志愿服务的问题及对策——以肇庆学院力行书院为例[J].肇庆学院学报,2013(1):18-21.
② 何敏静.师范院校书院文化活动育人机制实现途径——以肇庆学院为例[J].肇庆学院学报,2013(1):11-13.
③ 林叶舒,文雪.现代书院践行高校办学理念的实证研究[J].肇庆学院学报,2013(1):6-9.
④ 成宗达."书院制"下加强大学生思想政治教育的对策研究——以淮海工学院为例[J].淮海工学院学报(社会科学版),2011(3):12-14.
⑤ 曲中林.优化书院制建设的对策与建议——以肇庆学院为例[J].肇庆学院学报,2013,34(1):13-16.
⑥ 姜泓冰,杨彦,尹世昌.书院制改变了什么?[N].人民日报.2011-9-17(16).
⑦ Yueh-Luen Hu, et al. Reviving the concept of residential college in Taiwan:An introductory study[J].International Proceedings of Economics Development and Research,2013,64(3):12-16.

得到传播和发展。具有十余年哈佛大学书院经验的 Robert J. O' Hara 在其开设的住宿学院专题网站详细介绍了住宿学院的理念以及开展情况。[①] 艾伦·麦克法兰在《启蒙之所智识之源——一位剑桥教授看剑桥》一书对剑桥的住宿学院做了详细的介绍。[②] 科班在《中世纪大学:发展与组织》[③] 一书许多章节都介绍了书院教育。Mark. B. Ran 在《书院生活方式:寄宿书院与耶鲁教育》[④] 介绍了住宿学院在北美发展的案例,体现出美国人尝试借鉴英国住宿学院来促进大学发展的历程。

R. Y. J. Siew 通过对澳大利亚住宿学院的个案分析发现,学生对书院的住宿条件满意,但是成功的住宿学院管理,并不仅仅是满足学生的基本住宿需求,而应采取更多的措施和项目来促进学生的学校生活,包括组织各种丰富的活动。发现成员对生活条件的满意度、支付能力、大学经验和校园生活的便利是影响进入一个住宿学院的主要因素。[⑤] Robert J. O' Hara 分别从书院成员、管理机构、书院活动、学术生活等方面详细介绍住宿学院的建设情况,指出当前对高等教育的尖锐批评不在于课程,而在于学生生活的贫乏,解决大学生校园生活贫乏问题的办法很简单,就是将教师的精力不单投入到课堂,更要投入到大学的学生生活教育中来影响学生。[⑥] Ryan, M. B 指出美国高等教育不仅关心智的训练,而且关注性格的塑造;学院式生活里共同的居所、结构化的社区生活、共同的知识交流、精神目标和实践是实现这些目标的途径,在这些雄伟的建筑

---

① Robert J. , O' Hara. The Collegiate Way:Residential Colleges & the Renewal of University Life 〈collegiateway. org〉[EB/OL]. https://collegiateway. org/index. html. zh,1995-1-1/2018-10-5.

② 艾伦·麦克法兰. 启蒙之所智识之源一位剑桥教授看剑桥 [M]. 管可秾译. 北京:商务印书馆,2011. 168-175.

③ 艾伦·B·科班. 中世纪大学:发展与组织 [M]. 周常明,王晓宇译. 济南:山东教育出版社,2013. 141-175.

④ Mark. B. Ran. A college way of living: Residential College and a Yale Education [M]. M. E. Sharpe. inc,2003. 10-58.

⑤ R. Y. J. Siew. Case study of an Australian residential college [J]. Journal of Facilities Management,2015,13(4):391-398.

⑥ Robert J. O' Hara. How to Build a Residential College [J]. Planning for Higher Education. 2001,30(2):52-57.

中,有一个演讲和用餐的大厅、厨房、学生和导师的房间。在这些大厅和房间里。同学们一起听讲座,遵循了严格的日常纪律,在社区中追求个人的发展,并形成终身的联系。[①]

1.3.4.2　书院制影响因素的研究

随着国内外现代大学书院数量的增加,研究者开始关注书院的有效性问题。他们试图进一步分析住宿书院是否达到预期设置的目的,可以有效促进学生的学习和发展,以及书院制中哪些重要的因素在影响其功能的发挥。陈践美通过 S 大学的住宿学院制个案研究,得出住宿学院学生的学校归属感明显优于非住宿学院学生。[②]项梦丹通过实证研究发现,高校书院制育人成效良好,并且单独指导模式的导师制、完全交融模式的混宿制、重新建造模式的社区环境对书院学生全人发展更有益,而显性课程模式与隐性课程模式的通识教育则无显著差异。[③] Hu 等学者采用概念图的质性研究方法对实施书院制的 4 所学校进行了书院概念的内涵探索发现:相比 Kuh 的学生参与模型(student engagement model),书院制从更多的层面培养了学生各方面能力,包括团队工作、独立性、跨学科技能、公民意识、开放性思维、专业技能等,也进一步证明现代书院制度在功能上弥补了传统教育的不足。[④] Oscar T. Lerming、Larry H. Ebbers 的《学习社区的巨大潜力:促进面向未来的教育》根据成员特点和互动方法两个维度,指出大学存在住宿学习等多种学习社区,这对促进学术成就和破除隔离等体现出重要性。[⑤]《参与住宿学习社区对教师和学

---

① Ryan, M. B. Residential colleges [J]. Change: The Magazine of Higher Learning, 1992, 24 (5):26-35.

② 陈践美. 住宿学院制对大学生学校归属感的影响——基于 S 大学的个案研究 [J]. 扬州大学学报(高教研究版),2014,18(2):52-56.

③ 项梦丹. 高校书院制育人成效研究 [D]. 广州:华南理工大学,2020.

④ Y. L. Hu, G. S. Ching & C. H. Huang. Comparison of concepts within the residential colleges in Taiwan[J]. International Journal of Information and Education Technology, 2015,5(12):926-940.

⑤ Oscar T. Learning, Larry H. Ebbers. The Powerful potential of learning communities: improving education for the future[J]. ASHE-ERIC Higher Education Report, 1999,26(6): 173.

生管理人员的有益影响》确定参与生活学习项目的教师和学生事务人员获得的好处和对照组之间存在明显差异，而且教师和学生事务工作人员从参与生活学习项目获得内在好处比外在好处多得多。[①]Jessup-Anger 基于美国 24 个住宿学院的 1 811 名学生的调研数据探讨住宿学院的环境因素与学生终身学习能力的关系，研究结果表明，学生的动机、学术挑战的精神以及住宿学院环境中的师生互动与培养终身学习能力有关。 Weber, Bruce 介绍了美国住宿学院为提供教师互动和监管学生所作努力的资料。根据西弗吉尼亚大学的 David C. Hardesty 总裁的观点，大学不能让学生疏远，当他们觉得有归属感时他们会做得更好。[②] PENVEN, JAMES 探讨了美国斯图尔特戈登在 1974 出版的《大学的生活和学习》这本书，思考住宿学院的价值和较大规模宿舍的学习环境，为什么在 20 世纪 80 年代之后住宿学院制发展显著放缓，认为当前高等教育和戈登所处时期相比有了转变，在这一环境下学生和学习伙伴可以重新将宿舍作为学习的环境，强调住宿是高等教育的一个工具，它在人性化和个性化的系统中特别有用，住宿学院模式的倡导者认为，学生宿舍不仅支持而且引领学习，在这种模式中教师和学生在一起生活和工作，教师代替父母；然而随着德国研究型大学类型的兴起，高等教育远离这种教育风格，住宿学院仍然在很大程度上与一些相关机构保持联系；他指出 3 个具体的问题，首先是 70 年代初关于住宿学院的内在教育价值没有明确共识，许多管理员首选的是生活和学习空间有明显差异的；其次住宿学院相比效率优先类型的院校较为昂贵；最后是戈登看到学生与教师接触问题是住宿学院的最大障碍。[③]

Bradley E. Cox 和 Elizabeth Orehovec 强调了住宿学院在课外师生互动中

① Cliff Haynes. Benefits for Faculty and Staff Members Involved in Residential Learning Communities[D]. Department of Educational Leadership and Policy Studies, Virginia Polytechnic Institute and State University, 2004.

② Weber, Bruce. The Residential College[N]. New York Times, 2007-7-29(4A).

③ Penven, James. Stephens, Robert. Shushok JR., Frankkeith, Caleb. et al. The Past, Present, and Future of Residential Colleges: Looking Back at S. Stewart Gordon's "Living and Learning in College"[J]. Journal of College & University Student Housing, 2013, 39/40(2/1):114-126.

的重要作用,指出师生互动是大学经历的重要组成部分,并将课外师生互动分为5个类型:脱离、偶然的联系、功能互动、个人互动和指导,这为研究人员提供一个新视角,即学生和老师之间的非学术互动也是有意义的,这将鼓励教师、员工加强举措,在教师和学生之间搭建课外互动的桥梁。[①] Nelson 等人指出美国研究型大学的兴起加大了教师和学生之间的差距,造成了高等院校本科生教育主要目的"漂移";哈佛大学的住宿学院生活学习社区中,教师、研究生和本科生一起生活,为学术与日常生活相结合提供无与伦比的支持。[②] Pascarella 等人指出这些住宿生活最鲜明的是设置目的完全结构化,居住地有一个明确的影响程度,包括学生参与课外活动,更频繁参与同伴和教师的互动,积极感知校园社会气候。充分的证据表明,控制其他因素,住宿－学习社区比传统住宅对学生产生更持久的积极影响。[③]

1.3.4.3 高职院校实施书院制现状的研究

随着我国高职院校进行书院制的实践探索,相关研究逐渐增多。针对高职院校书院制建设仍处在摸索阶段,李晓堂和马超指出应考虑本地区产业发展趋势和学生职业生涯规划等需求进行建设,构建更具个性化的沟通平台,需要进一步完善高职学生的教育培养,在实践中不断地改善和提升。[④] 基于书院文化和杏林文化对医护专业学生的教育价值,张平等指出书院体现了文化融合,实行"学院管学习,书院管生活"的模式更符合大学生在校生活轨迹,开展以书院文化为基准的修养教育和杏林文化为基准的修业教育,更有利于医护专业学生

---

① Bradley E. Cox, Elizabeth Orehovec. Faculty-Student Interaction Outside of Class: A Typology from a Residential College[J]. The Review of Higher Education, 2007, 30(4): 343-362.

② Nelson, Suzy, Johnson, Laura, Boes, Lisa. Harvard houses: The value of the tutorialsystem [J]. About Campus. May, 2012, 17(2): 22-25.

③ Pascarella, E. T., Terenzizi, P. T. How College Affects Students: A Third Decade of Research [M]. Pennsylvania: The Journal of General Education, 2006. 603-604.

④ 李晓堂,马超. 本科院校书院制分析及对高职院校建设的启示[J]. 深圳信息职业技术学院学报, 2019, 17(04): 62-67.

特点和成长规律。[①] 张新建指出学校工作包括为教学、学生和行政三大工作系统,高职教育在培养年限限制、社会对职业教育认同、职业院校书院制的研究、基础设施建设的投入、书院文化氛围的营造等方面存在短板,书院制不能是独立的功能性组织机构,应该是弥补专业教育职能的不足,需要有效对接教学工作。[②] 王钰亮、彭远威对书院实施现状进行调查,结果表明学生对书院制具有较高的满意度,提出应该加强激励措施,促进师生交流。[③] 邵凯、朱思伟指出高职院校书院制有助于加强德育,是全面提高人才培养质量的有益探索。[④] 陈晓业指出书院制是高校实施通识教育的场所,为开展高质量的职业生涯规划教育提供了支持,在书院制的视域下提出设置专门机构、加强师资队伍建设等方面建议。[⑤]

以上这些文献与本研究密切相关,所有研究对于认识国内外书院制实行的理念、运作过程具有重要的参考意义。"参与住宿学习社区对教师和学生管理人员的有益影响"在研究方法上对本研究提供参考;"师生课外互动:住宿学院——一种典型的学习模式""哈佛学舍:导师制的价值"等对本研究的调查问卷设计非常有帮助,尤其是 Robert J. O' Hara 教授开设的住宿学院专题网站有利于及时掌握国外发展动态。

1.3.5 文献述评

综上所述,我国关于"书院制"领域的研究成果丰硕,既有理论探索,也有工作介绍和经验总结;但也存在不足之处,体现在如下几个方面。

---

① 张平,李忠杰,孙斌等. 基于书院文化和杏林文化的书院制学生管理模式的创新与实践——以深圳职业技术学院"杏林书院"为例 [J]. 深圳职业技术学院学报,2014(4): 10-16.

② 张新建. 高职院校现代书院制实施方略探讨 [J]. 学校党建与思想教育,2019(20):95-96.

③ 王钰亮,彭远威. 高职院校书院制教育模式实施效果实证研究——以深圳职业技术学院崇理书院为例 [J]. 深圳职业技术学院学报,2019,18(2):57-61.

④ 邵凯,朱思伟. 德育视角下高职院校"书院制"育人模式的思考 [J]. 青岛职业技术学院学报. 2017,30(4):26-29.

⑤ 陈晓业. 书院制视域下高职院校学生职业生涯规划教育研究——以广东岭南职业技术学院为例 [D]. 桂林:广西师范大学,2017.

一是缺少高职院校的研究。当前着眼于本科院校的研究多,由于我国内地(祖国大陆)高职院校实行书院制的不多,相关研究更是鲜有涉及。西安交通大学关于书院制建设的《高校书院发展报告》(2017)主要着眼于本科院校。肇庆学院的三本研究专著对现代大学书院制进行了较为系统的阐述,针对的也是地方本科院校。当前针对高职院校书院制的研究仅有郭少清、张平等学者的少量研究。高职院校注重技术技能人才培养,有着鲜明的类型特色,书院制是否能够促进高职院校的人才培养,研究鲜有涉及。

二是缺乏基于实证的理论框架。大部分研究主要基于理论层面的探讨,对高职院校实行书院制的应用性不够明显。在这方面的研究仅见于学者较少的文献,主要内容涉及学生发展理论、通识教育理论、人本管理理论等,生活教育理论则鲜有提及;理论多限于基本介绍,缺少基于书院制建设实证的理论框架。

三是缺乏在实证研究基础上对现有高职院校书院制的反思。多数资料局限于经验介绍和理论启示,在实践基础上的问题研究较少,这样的结果不能很好地适应高职院校人才培养目标的要求,也不符合促进大学生发展的理论要求。

四是缺乏书院制设计的系统性和针对性。较多介绍了"如何做",关于"为什么做"说明得比较少(学习借鉴西方较多,结合自身实践基础上提出的论述少),书院制缺少针对调查的结论,问题针对性不足。

五是缺少书院制的效果检验。相关介绍仅限于"汕头大学住宿学院制度改革研究——学生满意度视角""高职院校书院制教育模式实施效果实证研究"等较少文献资料,对书院制实施现状进行调查,结果表明具有较高的满意度。肇庆学院《书院制——大学生组织文化创新丛书》3 本研究专著展示了肇庆学院书院制实施的效果和教育影响,吻合了该校的人才培养目标,其采用更多是叙事研究的方法。其他相关文献关于大学生发展的调查更多体现在理论框架,缺少适合我国实际的问卷内容设计。当前需要设计系统的调查问卷,在实践的基础上,检验书院制实施的效果。

针对上述问题,本研究围绕"高职院校如何进行书院制建设"这一核心问题,从书院制建设的理论基础、高职院校实施书院制的必要性和可行性、高职院校书院制的成效和问题、有效构建高职院校书院制的途径和方法等方面进行探索,希望能对书院制的研究有所贡献。

1.4 核心概念界定

1.4.1 书院

书院这个概念在我国有多种内涵。

一是指中国古代书院,它是一种民间教育机构,在我国教育发展中起到重要作用,当前在全国各地有不少遗迹,修葺之后成为历史文化景观,如白鹿洞书院、东林书院、白鹭洲书院等。二是现代社会上的各种教育机构,其主要目标是弘扬中国传统文化,如北京的华鼎书院、武汉的江南书院等。三是现代大学里的书院,它是大学内部的教育组织形式,服务于高校的人才培养。其中一种是没有固定学生实质性长期入住、开展学习教育的非实体书院,主要开展学术研究和教育培训而设立的,还有一种是有学生入住并开展教育活动的实体书院。[①]

一般意义上的书院概念是指我国的古代书院,这种书院相当于今天的高等学校,是一种独立的教育机构。第三种类型的书院是现代大学的内部组织,这种书院大部分以学生宿舍为基地进行设计和建设,是一种创新性的学生生活与文化教育服务组织。 这种书院与大学里的专业学院相平行,其实质是现代大学的重要组成部分,既借鉴了我国古代书院的传统,也吸收了国外高校的住宿学院(residential college)的经验。

1.4.2 书院制

在研究综述的基础上,本研究认为书院制是一种组织制度,是以学生全面发展为目标,以学生社区为依托,通过导师制、特色课程、文化活动、自主管理等途径,促进师生、生生之间良性互动,达到教育与生活相融合,实现学生社会性发展和专业性发展的一种教育制度。书院制是指现代大学组织内部的一种

---

① 宫辉,苏玉波.高校发展报告(2017)[C].西安:西安交通大学出版社,2017:134-137.

制度,与学院制相对应。现代大学的书院不仅仅是住宿场所,还是一个倡导自由、自主、促进发展的教育场所。围绕"场所"建立的书院是大学内部配套齐全的教育组织,更是一个以"生活和发展"为基础功能的内部教育系统。当前各个学校的书院组织架构并不完全相同,没有一个固定的模式。

书院制建设是指学校在书院实体基础上开展的,对大学内部整个书院系统的探索和发展。因此,书院制建设包含书院实体建设(书院建设),以及围绕书院教育组织开展的制度设计、职能分工与行使、环境文化营造、人财物分配等所有教育资源的投入和管理。由此可见,书院制建设是一个系统工程,其研究内容包括大学内部书院系统的各个要素。同时,书院制建设,是对书院教育制度的探索和完善。书院制的本质是教育组织制度的一种形式,书院制建设自然就是对本套组织制度的探索与完善。因此,书院制建设的内容包括对书院教育理念的探讨、组织结构的设计、制度规范的确定、激励机制的探索、组织文化的引导、人员队伍的管理、组织项目的实施等组织建设的全部内容。同样,书院实体建设(书院建设)作为书院制建设的内容之一,主要体现在"组织结构设计"方面,也是整个书院组织制度建设的"起点"。书院实体建设(书院建设)是书院制建设的重要组成,也是书院教育系统的"物质基础"。

综上所述,本研究以"书院制"为核心研究内容,并将"书院"实体作为研究的逻辑起点,在下文中出现的"书院建设"所指并非只是书院教育系统的实体建设,两者在内涵上均指书院教育组织的探索与完善,不再做详细的区分。

关于书院和书院制等核心概念的英文表述,曹宇在《南京审计大学书院制改革研究》中书院的表述是 Colleges,书院制的表述是 The academy system;[①]陈昭棋在《高校书院制学生管理模式研究——以温州商学院为例》中书院的表述是 Colleges,书院制的表述是 College system;[②]朱益慧在《书院制通识教育模式研究》中书院制的表述是 Classical academic system 和 Academic learning system[③];程婷婷在《现代大学书院制育人模式研究——以大连理工大学盘锦

---

① 曹宇. 南京审计大学书院制改革研究 [D]. 南京:南京师范大学,2019.
② 陈昭棋. 高校书院制学生管理模式研究——以温州商学院为例 [D]. 咸阳:西北农林科技大学,2019.
③ 朱益慧. 书院制通识教育模式研究 [D]. 武汉:武汉大学,2017.

校区为例》中书院制的表述是 Academy System；[①] 冯天华在《书院和学院分工合作研究》中书院的表述是 Academy，学院的英文表述是 College，书院制的表述是 Academy System；[②] 在西方大学接近的组织结构是住宿学院，英文表述是 Residential College，[③] 住宿学院制的表述是 Residential College system [④]。本书中，考虑到与学院制（The college system）相区别，书院制的英文表述采用 The academy system。

1.5　研究思路与方法

1.5.1　研究思路

首先梳理书院制研究的相关论文和著作，掌握书院制的研究现状；其次对我国现代大学书院制现状进行梳理，概括书院制的内涵，回答"是什么"的问题，通过对古今中外书院制的比较，进一步归纳现代大学书院制的特征，深化"是什么"的理解；接着从大学生发展理论、生活教育理论出发，对现代大学书院制进行理论审视，探讨现代大学书院制的价值；然后从新时期高职教育发展、产业变革对高职人才的新要求和现有人才培养质量存在的缺陷等方面分析高职院校实施书院制的必要性，从政策支持优势、经验及环境优势、模式契合优势、体系互补优势等方面分析高职院校实施书院制的现实可行性，从区域特色、产业特色、职业特色等方面分析建设书院制特色发展的可行性，回答"为什么"的问题。再次，对实施书院制的高职院校进行实证分析，旨在整体掌握高职院校实施书院制的现状，特别是案例学校实施书院制的成效、存在的问题，回答高职院校书院制实施"怎么样"的问题，为建设职业教育特色的书院制奠定现实

---

① 程婷婷. 现代大学书院制育人模式研究——以大连理工大学盘锦校区为例 [D]. 大连：大连理工大学，2019.

② 冯添华. 书院和学院的分工合作研究 [D]. 上海：华东师范大学，2018.

③ Bradley E. Cox, Elizabeth Orehovec. Faculty-Student Interaction Outside of Class：A Typology from a Residential College[J]. The Review of Higher Education，2007，30（4）：343-362.

④ 冯添华. 书院和学院的分工合作研究 [D]. 上海：华东师范大学，2018.

基础。最后,在前述理论研究和实证分析的基础上,探讨书院制的实施策略,尝试进行具有职业教育特色的书院制建设,回答"怎么办"的问题。具体如图1-2所示。

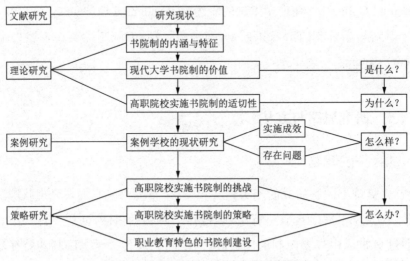

图1-2 高职院校书院制建设研究思路

1.5.2 研究方法

1.5.2.1 文献分析法

本书的文献研究主要包括几个方面:一是对研究书院制的相关论文和著作进行梳理,以掌握书院制的研究现状。二是对书院的历史发展和书院制案例学校的资料进行整理,以掌握我国现代大学书院制的发展状况,并萃取书院制的内涵和特征。三是对我国高职教育发展历程中的文件、高职院校人才培养的相关数据等进行梳理,以掌握高职院校的状况和发展方向。四是梳理学生发展理论、生活教育理论等相关资料,为本研究提供理论基础,通过代表性的文献研究,初步了解书院制的精髓、优点,明确书院制在人才培养中的地位,判断研究的问题和逻辑起点,从而为本研究提供前期资料和观点支撑,为后续的实证分析提供理论依据。

1.5.2.2 混合研究方法

本书的混合研究方法就是定量分析与质性研究相结合。

定量分析采用调查问卷来收集资料,自编《高职院校书院制建设及成效调查问卷》,包括以下四部分:第一部分是学生的基本信息;第二部分是书院制的学生参与情况;第三部分是对实施书院制的收获评价;第四部分是实施书院制的问题和建议。数据处理上将使用 SPSS21. O 进行统计和分析,使用单变量描述统计、交互分析、因子分析和多元回归分析等统计分析方法,测量学生的参与情况、书院对学生的社会性发展和专业性发展等影响情况,还有对书院的建议等。具体研究方法和过程见第五章。

质性研究选取的是现象学研究法。具体到本研究中,主要通过访谈及文本收集质性材料,书院的学生、教师的观点、经验、经历和想法将会被系统地分析和科学地归纳,使得我们对书院的功能性、优劣势和存在问题有一个深度的了解。访谈对象包括书院外的教育专家、书院教师和学生骨干、书院学生等。访谈主要是弥补问卷调查的缺陷,收集高职院校实施书院制的质性材料,获得参与者感受、评价的具体陈述和想法、专家建议。首先针对学校教师以及职业教育方面的研究专家,围绕访谈内容分为两种类型,一是对教师的访谈内容,围绕"书院制培养模式对学生发展(专业性发展、社会性发展等)产生了哪些独特的积极影响""学校书院和学院是什么样的关系,运行过程中有什么利和弊""对高职院校书院制的发展有什么建议"等问题了解教师对高职院校实施书院制的效果、问题和发展的态度、观点。二是对学生的访谈内容,主要围绕书院的环境、活动、师生关系等方面了解学生的参与情况和效果评价、存在问题,了解学生对书院制的认知情况及发展建议;通过访谈,包括运用参与性访谈、电话及网络的半结构式开放性访谈,掌握学校师生对书院制及实施的认识、具体评价、深层思考。

1.6 研究内容

1.6.1 研究内容和基本逻辑

1.6.1.1 研究内容

1.6.1.1.1 书院制的内涵及特征

通过对我国现代大学书院制的梳理和比较,阐明书院制的内涵,揭示书院制在人才培养上的具体措施,以及这些措施的优点。明晰书院制的内涵是论文研究的逻辑起点。

1.6.1.1.2 高职院校实施书院制的适切性

在界定书院制内涵的基础上,揭示高职院校实施书院制的必要性和可行性,从职业教育发展历程、培养现状及教育缺失分析高职院校实行书院制的必要性;并且从政策支持、外在环境、高职院校人才培养模式等方面,分析书院制在高职院校实施的可行性,也对当前高职院校推进书院制特色的可行性进行分析。回答书院制是否适合我国高职院校的人才培养实际。

1.6.1.1.3 高职院校实施书院制的效果、问题及影响因素

在阐明书院制的内涵和高职院校实施书院制适切性的基础上,对有代表性的案例学校进行实证分析。通过对学生和教师的访谈、问卷调查,旨在整体掌握高职院校实施书院制的现状,特别是案例学校实施书院制的成效、存在的问题及其影响因素等,为构建职业教育特色的书院制奠定现实基础。

1.6.1.1.4 职业教育特色书院制的建设路径

针对三所学校调查发现的问题,探索高职院校书院制的实施策略;结合高职院校的类型特点,提出职业教育特色的书院制实施路径,尝试构建职业教育特色的高职院校书院制。

1.6.1.2 基本逻辑

具体研究与总体研究之间的内在逻辑关系。上述四部分内容与总体研究目标之间的内在逻辑关系体现在 3 个方面。首先,第二章、第三章、第四章是本书的理论研究。通过对书院制内涵的剖析(第二章)、现代大学书院制的理论审视(第三章)和高职院校实施书院制适切性的分析(第四章),形成本书的基本理论框架。其次,高职院校实施书院制的实证分析(第五章)为本研究提供经验事实。通过实证研究,保证高职院校书院制实施经验依据的可靠性和合理性。再次,在理论基础和实证研究的基础上,进一步探究职业教育特色的书院制(第六章)。各章与本书总体目标之间的内在逻辑关系如图 1-3 所示。

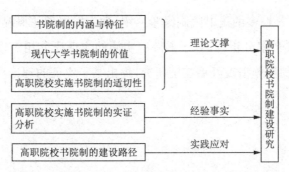

图 1-3 具体研究与总体研究之间的内在逻辑关系

第二章和第三章、第四章为本研究提供逻辑前提。书院制内涵的分析(第三章),尤其是书院制特征、发展层次的厘清,为高职院校书院制的理论研究奠定了概念前提;第四章关于高职院校实施书院制必要性和可行性的明晰,则为高职院校实施书院制确立了逻辑依据。第五章关于高职院校实施书院制的实证分析,正是以书院制的相关理论基础为依据,设计问卷和访谈提纲,通过对问卷和访谈的分析,得出高职院校书院制的实践效果和存在问题。第六章尝试构建职业教育特色的高职院校书院制,是在前面理论研究和实践调研的基础上,探索高职院校书院制的实施策略。

1.6.2 研究重点、难点

1.6.2.1 研究重点

① 明确书院制的内涵、特征。

② 梳理书院制的理论基础,并依据实证研究的分析结果,提出有效的建设路径。探索职业教育特色、内涵丰富的高职院校书院制建设路径,是本课题研究的重点。

1.6.2.2 研究难点

① 现代大学书院制是新生事物,我国高职院校书院制的实践尚处于探索阶段,因此,资料数据收集过程十分艰难和复杂,而且所收集的资料涉及教育学、心理学、管理学等多学科,资料类型也包括国内外书籍、网页、报告、文献、文字陈述等不同形式。通过整理和分析如此复杂和多元资料得出有说服力的结论,是本课题研究的难点之一。

② 已有研究较多的是书院制经验介绍、学生发展理论概况、理论层面国际比较分析、书院个案分析等,基于书院制实施的实证研究相对较少。如何基于我国现有书院制实施情况开展实证研究,提出基于实证的理论框架也是本研究的难点之一。

1.7 小结

当前关于"书院制"的研究呈现蓬勃发展的态势,但大部分停留在工作介绍和经验总结上,缺乏理论支撑或理论指导不明显;着眼于本科院校的多,高职院校的少;缺乏在调查基础上对现有学生教育模式的反思;相关书院制的实践未见设计的针对性;书院制的效果检验较少。在梳理众多文献的基础上,明确了本研究的研究对象是我国高职院校书院制建设,聚焦了研究问题,紧紧围绕"高职院校如何进行书院制建设"这一核心问题展开。在回答这一核心问题过程中,细化为"书院制的内涵、特征是什么""书院制的理论基础是什么""书院制是否适合高职院校""当前我国高职院校实施书院制的现状如何""高职院校书院制的建设路径应是怎样的"等若干子问题。本研究以问题为导向,采用文献分析法和混合研究法,进一步清晰研究内容,将探究书院制的内涵和研究高职院校书院制作为研究重点。

第 ②章

现代大学书院制的内涵和特征

我国现代大学书院制既不同于我国古代书院制,也不同于西方的住宿书院制,而是一种新的人才培养制度。本章首先梳理了我国本科院校和高职院校书院制建设的概况,为后续研究提供材料基础;通过对现代大学书院的文字性材料的数据收集,采用文本分析法,概括现代大学书院制的内涵、建设路径和特征。

2.1 我国现代大学书院制发展的基本概况

从 20 世纪 60 年代开始,我国香港地区高校开始探索将书院制引入到现代大学培养制度之中,形成了新型的现代大学书院制的培养模式。进入 21 世纪,我国高校探索建设的发展势头迅猛。据不完全统计,截至 2020 年 12 月,当前实施书院制的高校数量近 120 所,其中我国港澳台地区高校有 20 多所,内地(祖国大陆)本科院校有 80 所,内地(祖国大陆)高职院校有 13 所。有些学校建校之初就将书院制作为人才培养的重要举措,如南方科技大学、香港中文大学(深圳)、南方医科大学顺德校区等,有些高校持续发展书院制,如汕头大学、深圳职业技术学院等。

2.1.1 港澳台地区高校

书院制在我国港澳台地区得到了良好发展,呈现出强大的生命力。在港澳台地区实行书院制最早的是香港中文大学,1963年由3所书院合并而成,建校之初实行了书院联邦制,融合了中国古代书院制特色和西方现代书院制精华,成为我国最早实行现代大学书院制的高校。[①] 它的前身之一的新亚书院,创立初衷就是为流离到香港的学生提供就读条件,书院制成为创校特色。书院制的特色延续至今,目前,我国香港中文大学共有新亚书院等9所各具特色的书院。在香港中文大学,每一位本科生都隶属一间书院。书院为学生提供通识教育和非形式教育,[②] 书院与大学相辅相成,通识教育与专业教育相互融合,为学生成长成才提供了良好的教育环境。

我国澳门大学在参考世界一流大学成功经验的基础上,于2010年成立两所试验型住宿制书院,2014年后在新校园建成10所书院,正式全面实施书院制。澳门大学的书院制改变了以专业教育和课堂教学为中心的传统教育模式,强调促进专业教育、通识教育、研习教育、社群教育的融合,以培养学生非"专业科目"的软实力为目标,体现成长辅导及全人教育。新生入学后,被随机分配到各个书院居住。每个书院约有500名学生,分别来自不同的年级、专业和家庭。

我国台湾地区高校自2009年开始陆续实施书院制,数量达20余所。台湾清华大学书院制实施"在生活中学习"的教育理念,通过特色的组织活动包括丰富的住宿生活、系统性的特色课程和多样的社会参与机会,实施以人为本位、拓展体验、丰富知识、发展行动力等教育方法,追求自我对话、独立思考、团队合作、社会思想、全球视野的教育目标。港澳台地区高校实施现代大学书院制的概况具体见表2-1。

我国港澳台地区26所学校实施现代大学书院制,从不同方面发挥生活教育的作用,促进学生独立思考、社会担当、诚信精神、社会责任感"肯学、肯做、

---

① 钱穆. 新亚遗铎 [M]. 北京:生活·读书·新知三联书店 , 2004:11-14.
② 非形式化教育指对学生进行自由教育,它目的在于探索高深的纯理论知识,既以受教育者的闲暇为前提, 又以受教育者利用闲暇为手段。

肯付出、肯负责"等社会性发展的内容,实施全人教育的核心理念。学生住宿
比较自由,更加普遍实施学生的跨专业住宿,个别书院具有宗教的特点。

表2-1　我国港澳台地区高校实施书院制的概况

地区	序号	高校	书院名称	开始时间	书院介绍
香港	1	香港中文大学	新亚书院、崇基书院、联合书院等9所各具特色的书院	1963	"求学与做人齐头并进"的培养理念,文理兼备的教育,强调学生品德、学识、独立思考、社会担当的培养,培养学生的诚信精神及贡献社会、造福社群的社会责任感
	2	香港大学	保良局何鸿燊社区书院	2009	书院提供优良的学习环境和教学设施,为学生提供全面的帮助;协助学生开展各类活动,发挥桥梁作用
澳门	1	澳门大学	曹光彪书院、郑裕彤书院、张昆仑书院、蔡继有书院、霍英东珍禧书院、吕志和书院、马万祺罗柏心书院、满珍纪念书院、绍邦书院、何鸿燊东亚书院	2010	强调促进专业教育、通识教育、研习教育、社群教育的融合,以培养学生非"专业科目"的软实力为目标。
台湾	1	台湾清华大学	厚德书院、载物书院、天下书院	2008	实施"在生活中学习"的教育理念
	2	淡江大学	住宿学院	2005	全人教育
	3	政治大学	政大书院	2008	陶冶生活智慧
	4	东海大学	博雅书院	2008	人文精神、生活学习、品格教育
	5	中正大学	紫荆书院	2009	以行动和问题解决导向,培养学生核心能力
	6	华梵大学	华梵书院	2009	品德教育、多元学习
	7	明志科技大学	明志书院	2009	品德教育、自我学习

地区	序号	高校	书院名称	开始时间	书院介绍
	8	亚洲大学	三品书院	2009	为人有品德、做事有品质、生活有品位
	9	大叶大学	四肯书院	2010	深化住学合一机制,开展"肯学、肯做、肯付出、肯负责"的四肯教育
	10	逢甲大学	种籽学苑	2010	社会公民素养、适应力与未来竞争力
	11	中华大学	中华书院	2010	实践传统儒家德育、群育的教育
	12	高雄医学大学	高医书院	2011	以"全人"养成作为理想
	13	文化大学	晓峰学苑	2011	提升学生学习风气,培养学生全方位的视野
	14	新竹教育大学	宝山书院	2011	发掘自我、生活涵养、全人教育
	15	中国医科大学	北港书院	2011	知行合一
	16	暨南国际大学	水沙连书院	2011	公民核心素养
	17	南台科技大学	三自书院	2012	自主、自学、自治
	18	台北医学大学	拇山书院	2012	潜移默化及主动学习
	19	勤益科技大学	明秀书院	2013	秉于发扬现代匠师精神,勉励学生发展自我、成就社会
	20	南华大学	星云书院	2013	全人自觉教育
	21	法鼓文理学院	禅悦书院	2014	人文涵养、品格教育
	22	台东大学	镜心书院	2012	网站有 2012—2013 年书院作为通识教育中心开展活动的介绍,未有其他详细资料

地区	序号	高校	书院名称	开始时间	书院介绍
	23	岭东科技大学	黎明书院	2016	学校网站介绍书院 2017 年作为共同教学设施和通识中心举办国际文化体验营活动的,未有其他详细资料

数据来源:整理自学校网站及相关文献资料①。

2.1.2　内地(祖国大陆)本科院校

内地(祖国大陆)较早实行书院制的本科院校有西安交通大学、复旦大学、汕头大学、肇庆学院等高校。② 西安交通大学 2005 年试行文治苑,2006 年组建彭康书院,2007 年建立文治书院和宗濂书院,2008 年成立仲英书院、南洋书院、崇实书院、励志书院、启德书院,2016 年成立钱学森书院;③ 各个书院以大学生全面发展为目标,开展富有书院特色的教育活动,取得了丰硕的成果。复旦大学在 2005 年成立复旦学院,成为学校实施通识教育的机构;后来又在复旦学院内先后成立了志德、腾飞、克卿、任重、希德 5 个书院;2012 年 7 月前复旦学院主要负责本科一年级学生的教育教学管理工作,新生入校后不分专业直接进入复旦学院,接受一年的文理综合教育与基础教育,然后才进入专业院系学习专业知识;2012 年 9 月复旦大学成立新的复旦学院(本科生院),开始全面试点大学本科四年的书院制教育管理工作。汕头大学从 2008 年开始探索书院制,第一个书院——至诚书院紧紧围绕学校的改革总体目标,成为学校"先进本科教育"的重要组成部分;书院致力于推进专业教育和人文教育的融合,践行"建立自我,追求无我"的育人理念,为学生的健康成长提供了更好的服务和更有力的支持;书院的英文名称取自拉丁文的 Veritas,中文名字取自《中庸》的"唯天

① 程海东,宫辉编. 现代高校书院制教育研究 [C]. 西安:西安交通大学出版社,2016. 235-236.

② 本研究于 2015 年 4 月 16 日至 4 月 17 日到西安交通大学文治书院进行了实地考察学习,于 2015 年 9 月 4 日到复旦大学进行实地考察学习,于 2015 年 4 月 16 日至 4 月 17 日到汕头大学至诚书院进行实地考察学习,于 2015 年 4 月 2 日前往肇庆学院进行实地考察学习。

③ 曹洁. 西安交通大学书院制学生管理模式研究 [D]. 武汉:湖北大学,2014.

下至诚,为能尽其性";书院推进文化(culture)、文明(civility)、品格(character)、关爱(care)的 4C 育人,推动从偏重"专业培养"向"全人教育"转变;经过长期的探索与实践,汕头大学 2016 年 9 月新增 4 所书院,并于 2017 年完成所有旧宿舍改造,继续推进书院制改革,总共达到 9 所书院。肇庆学院 2009 年成立力行书院开始探索书院制,此后共成立了 4 所书院,形成了"学科专业学院制＋生活社区书院制"的书院管理模式,服务于应用型人才的培养。我国内地(祖国大陆)实施书院制的部分本科院校概况见表 2-2。

表 2-2　我国内地(祖国大陆)实施书院制的部分本科院校概况

地区	数量	名称
北京	7	北京大学　清华大学　北京师范大学　北京航空航天大学　北京理工大学　首都师范大学科德学院　中国人民大学
上海	7	华东师范大学　复旦大学　华东政法大学　华东理工大学　上海科技大学　上海大学　同济大学
陕西	7	西安交通大学　西北农林科技大学　西安外事学院　西京学院　西安电子科技大学　西安建筑科技大学　西北工业大学
江苏	5	江苏海洋大学应用技术学院　江苏师范大学　苏州大学　南京审计大学　南京师范大学
浙江	6	绍兴文理学院　浙江万里学院　浙江大学　浙江工业大学　台州学院　温州大学
广东	12	汕头大学　肇庆学院　南方科技大学　暨南大学　香港中文大学(深圳)　南方医科大学顺德校区　广东药科大学云浮校区　东莞理工学院　华南理工大学　广东外语外贸大学　佛山科学技术学院　中山大学南方学院
山东	6	青岛大学　山东大学青岛校区　中国海洋大学　潍坊学院　聊城大学　哈尔滨工业大学威海校区
福建	3	厦门大学　泉州理工学院工学院　厦门工学院
天津	1	南开大学
湖北	1	武汉大学
河北	3	河北联合大学轻工学院　河北大学工商学院管理学部　邯郸学院
广西	1	广西科技大学
甘肃	2	兰州大学　甘肃民族师范学院

地区	数量	名称
山西	3	山西农业大学信息学院　太原理工大学　中北大学
河南	3	郑州大学　郑州西亚斯学院　新乡医学院三全学院
重庆	1	重庆邮电大学移通学院
湖南	2	湖南科技学院　湖南信息学院
云南	3	滇西医用技术大学　昆明学院　云南大学
四川	3	西南交通大学　成都中医药大学　西南石油大学
辽宁	2	大连理工大学(盘锦)　大连海事大学
江西	2	南昌大学　华东交通大学

数据来源:整理自学校网站[①]以及相关文献资料。

　　以上 80 所内地(祖国大陆)本科院校的书院更注重学生的全面发展。其中一小部分是在原"985"和"211"高校中,如新雅书院(清华大学)、钱学森书院(西安交通大学)、博伊特勒书院(厦门大学)等,通过选拔性入住、较小的规模、高品质的通识教育等途径注重精英学生的培养;更多的书院是面向全体学生,通过导师制、通识教育、生活教育齐头并进,如复旦大学、西安交通大学(钱学森书院除外)、汕头大学、南方科技大学等;还有的书院积极推进第二课堂建设,注重养成教育,如肇庆学院,这类书院主要在地方高校。[②]

2.1.3　内地(祖国大陆)高职院校

　　内地(祖国大陆)高职院校从 2013 年陆续开始探索实行书院制。深圳职业技术学院自 2013 年开始陆续建成崇理、杏林、三尚、博达、日新等 10 所书院,共有 24 000 余名学生入住书院。书院制作为教育与生活融合的重要体现,成为学校推进"文化育人、复合育人、协同育人"系统改革时期的重要载体。青

---

① 所列书院既包括具有"书院"称谓的组织实施,也包括没有书院称谓,在实践中进行书院制建设的(下同)。

② 刘海燕,陈晓斌. 中国大学三种书院教育模式讨论[J]. 大学教育科学,2018(3):68-74.

岛职业技术学院从 2014 年开始探索实施书院制,陆续建成知行书院等 7 所书院。广东岭南职业技术学院从 2014 年在清远校区全面实行书院制建设,已建成 5 所书院,2019 年在广州校区继续推行书院制建设。浙江工商职业技术学院自 2016 年开始,进行书院基础设施建设,完成公寓楼内接待大厅和辅导员值班室、工作室及公寓管理员值班室等功能房的整合,推动导师、辅导员、学生组织、规章制度、优质服务进书院。此外还有苏州工业园区职业技术学院、无锡科技职业学院等,具体见表 2-3。

表 2-3　我国内地(祖国大陆)实施书院制的部分高职院校概况

地区	序号	高校	书院名称	开始时间	书院介绍
广东	1	深圳职业技术学院	崇理书院、杏林书院、三尚书院、博达书院、日新书院、鸿鹄书院、立达书院、芸莘书院、水木书院、官龙书院	2013	作为深入推进"文化育人、复合育人、协同育人"系统改革的重要载体。重点是落实"寓教育于生活"的文化育人理念,培养复合式创新型高素质高技能人才。
山东	2	广东岭南职业技术学院	明德书院、崇礼书院、砺能书院、思诚书院	2014	将"博雅教育"和专业教育有机结合,于清远校区全面实行书院制管理,打破年级专业,构建共同成长的社区,促进学生成长成才。
	3	广东工商职业学院	明德书院	2014	通过书院文化活动发挥书院育人作用,2018 年更名为广东工商职业技术大学。
	4	青岛职业技术学院	立信书院、儒商书院、艺馨书院、知行书院、侃如书院、立人书院、瀚海书院	2014	以"建有温度的书院,育有情怀的人才"为宗旨,以"住、育、管、服"为职能,以"构建'三全'即全员、全程、全方位育人体系与学生'四自'即自我教育、自我管理、自我服务、自我监督体系"为任务。

地区	序号	高校	书院名称	开始时间	书院介绍
	5	泰山职业技术学院	泰山书院	2013	依托学院资源,弘扬、继承、研究优秀传统文化和泰山文化,搭建文化研究、交流平台,促进学院泰山特色校园文化的建设,探索高等职业教育和书院教育结合新形式,充分发挥了传统文化和泰山文化在育人中的作用。
	6	枣庄职业学院	君山书院、兰陵书院	2017	坚持"一切为了学生发展"的理念,以书院制强化立德树人、密切师生关系、提升发展能力、落实精细管理,推进"具有工匠精神的高素质技术技能人才"的培养。
浙江	7	浙江工商职业技术学院	厚德书院	2016	推动导师、辅导员、学生组织、规章制度、优质服务等进书院,促进专业教育与通识教育的紧密结合,探索社区书院制的新模式。
江苏	8	苏州工业园区职业技术学院	若水书院	2013	遵循"过一种幸福完整的教育生活",实施"全人教育"理念,营造书院人文环境,以导师制、社团活动、学生自主管理为依托,实施"听、说、读、写、行、创"六大行动,促进师生心灵的丰盈,发展职业空间与生命空间。
	9	无锡科技职业学院	弘毅书院	2016	构建以吴文化为依托、以德文化为核心、以科技文化为引领、以书院文化为载体、以节日文化为表现形式,集校园文化、地域文化、企业文化、社区文化于一体的文化育人体系。
	10	徐州工业职业技术学院	九里书院	2019	推进"以文化人"质量提升工程按照全面发展的教育理念,打造学堂,开辟书吧、学习讨论室等功能房,培养"有德、有能、有技、有为"的高素质应用技术型人才。

续表

地区	序号	高校	书院名称	开始时间	书院介绍
四川	11	雅安职业技术学院	不详	2017	以二级学院为基础,推进干部、学生自治、校园文化进入书院,建设"七彩"风雅书院家园,促进学生的个人成长、专业发展和社会需求融合发展。2018年中期评估,2019年项目验收。
	12	四川城市职业学院(眉山校区)	东坡书院、致远书院	2015	设立健身房、咖啡阅览室等,与社区结对共建。
湖北	13	武昌职业学院	三明书院	2017	开辟功能房,完善运行制度;构建生活服务及素质拓展等育人体系、聘任导师和导师助理。

数据来源:整理自学校网站和相关文献资料。

高职院校探索书院制建设开始是基于文化育人的推进需要,随着实践的深入,高职院校持续注重内涵发展,把书院制作为实现全员育人、全过程育人、全方位育人的重要举措。

2.2 现代大学书院制的内涵

本研究分析了上述我国119所高校的书院制的文字性材料,其中港澳台地区的高校共计26所(具体名单见表2-1)、内地(祖国大陆)的本科院校共计80所(具体名单见表2-2,详细内容见附录1)、内地(祖国大陆)的高职院校共计13所(具体名单见表2-3)。为界定我国现代大学书院制的内涵和建设路径,由于政治制度、教育制度的差异,分析只限于内地(祖国大陆)高校,不包含港澳台地区。本研究收集了93所高校有关书院制建设的材料,如各个书院的官方网站介绍、招生简章、书院宣传册、书院出版的内刊杂志、书院的政策指导性文件[如《深圳职业技术学院三尚书院管理办法(试行)》]等。针对93所高校有关书院制建设的各种文字材料的收集,一共形成了130万字左右的原始数据。

由于原始数据数量庞大,为了进一步确保文本数据分析的科学性、有效性和真实性,TEXT 分析工具被应用于文本分析之中,作为第一轮编码工具。TEXT 的具体使用方法为,所有被收集的数据格式都被转化为 TEXT 文本格式。然后按照关键词定位,帮助精确找到其在文中出现的位置,联系其上下文,做语义分析与标记。比如在研究书院的文化塑造中,关键词"文化""做人""求学""理念"等关键名词被定位,利用 TEXT 文本的"关键词"功能,寻求这些词语在文字性材料出现的位置,以快速找出各个书院对自己文化的定位和塑造。当所有关键词及其有实际功能含义的句子被标识定位后,再进行第二轮转译和筛选。比如通过定位理念,武汉大学弘毅学堂的培养理念"培养博雅型教育和研究型学习的理念"被第一轮标识出,但是其培养理念最终被归入书院目标主题。这个主题的形成就是研究人员深入分析被标识的定位词的语义、内容和职能而作的第二轮分析转译。通过文本分析这 130 万字的书院材料,最终,教育目标、教育活动、组织和管理 3 个完善的书院制内涵的质化主题被定位及创建。3 个主题在以下将会被一一讨论。

2.2.1　教育目标:培养全面发展的人

书院制的目标是培养"全面发展的人",重在促进学生的社会性发展。这是书院制在教育目标层面的内涵。汕头大学"旨在培养具有远大理想、社会担当、社群归属感和多元兴趣的宿生,并以培养学生的终身学习能力、持续成长和全面发展为己任""实现全人教育的培养目标"。大连理工大学(盘锦)强调人的全面发展,最终实现学生"均衡教育、健康成长、全面发展"的培养目标。南方科技大学的书院"满足学生的个性化发展需要,最终促进学生的全面发展"。同济大学女子书院"开启女生提升自身素质的崭新渠道"。西安交通大学"秉承文化育人的理念,在书院制管理与学生综合素质培养等方面进行实践探索"。肇庆学院通过营造提高大学生综合素质的文化教育氛围,"为大学生健康成长、适应社会和提高文化素质创造优质文化环境和自我教育平台"。泉州理工学院工学院的书院目标是"德艺双馨"。香港中文大学(深圳)通过引导学生从归属感、主人翁意识、创新及进取精神、多元化视角、社会责任感五个维度开展校内外的集体活动,"使学生得到情志身心的全面发展"。如此等等,都体现出服务于学生全面发展的目标。同时,不少书院的培养内容涉及"在人格培养和能力训练上打下基础,培育适应未来社会需求的'博雅'人才""培养学生的创新精神、创意思维、创业能力""塑造做人真实、做事踏实、基础扎实、体魄壮实的品质""培育心存善良品德的学生""社会责任、家国情怀和国际视野、人文底蕴、科学精神、审美情趣、身心健康、学会学习、实践创新""了解社会、提高领导力、学会协作并熟悉财务事宜""提升学生社会责任感、创新精神和实践能力"等,都属于社会性发展的内容。

大学生发展需要有专业性发展与社会性发展两个方面,前者是指通过在某个特定学科专业领域的学习,掌握专业知识和技能最终成长为成熟职业人的过程,后者是指通过在综合文化知识领域的学习掌握通用知识和技能最终成长为成熟社会人的过程。书院制的根本目的就是面对客观形势的需要,弥补校园生活社区中教育的缺失,通过系统化的设计,对当前传统教育进行改革,服务于学生的全面发展和可持续发展。

2.2.2　教育活动:强化互动、参与和体验

在教育活动设计中,书院制依托生活社区,体现出不同于课堂教学的生活教育内涵。主要体现在以下 3 个方面。

学习平台:书院设置了以思想政治教育、人文、艺术等为主要内容的特色课程,从理论学习上强化学生的社会性发展。西安交通大学书院有林治团队讲授的"中国茶文化"、厦门大学李琦的"讲人文地理"、飞亚达集团的"时光中的历史",还有全校选修课"职业生涯规划"等。华东师范大学对学校原有的通识教育必修课程进行保持,增加了文化传承类课程和数学统计类课程。复旦大学在书院制发展过程中,开设了中国文明文化史和西方文明文化史等通识课程,组织开展学养拓展、大学导航系列讲座、助学成长等"书院生活课程",促进适应养成,成长成才;在书院推出"通识综合教育计划",进行了核心课程、讨论课的改革,已形成了涵盖文史哲等六大模块、包括 50 门必修课与选修课课程在内的通识教育课程体系,为学生提供多样化、个性化的通识教育。清华大学在书院制建设中,以"文明与价值"为主线,开设了历史、哲学等人文通识课程,也开设了物理学、文科数学等数理通识课程。汕头大学弘毅书院开设"知书达

礼——中小学生文化素养提升营""诵读经典——中国优秀传统文化赏析"等公益课;思源书院探索全人教育、公益服务、生涯探索、创新创业、礼仪与艺术等课程。肇庆学院在书院设立了包含 6 个书院通识教育学分,旨在拓展学生的知识面和知识结构,形式分为模块和课程两种,模块形式的 8 次讲座算一个学分,课程形式的按正常教学学时来开展。如一年级开展了"大学与人生",包括书院的介绍、四个书院院长的讲座、已经毕业的学生和在校优秀学生分享经验,组成一个学分的课程。由此可以看出,书院制在学校既有教育计划的前提下,嵌入特色课程、书院讲堂等,内容包括了人文、艺术和思想政治、身心健康等,注重书院文化环境的熏陶,发挥课堂外的教育作用。不少高校提到书院实施通识教育,成为"通识教育的实验区",实质上现代大学书院制在发展过程中有效整合了既有的文化素质教育、通识课程教育。通识教育(general education)起源并兴起于美国,融合了欧洲自由教育和美国实用教育的思想。[①] 被誉为现代大学通识教育的圣经《哈佛通识教育红皮书》中提到,教育可以被分成专业教育(special education)和通识教育(general education):前者旨在培养具备专业知识和能力的职业人,后者旨在培养负责任的公民,两者乃是一体之两面,不能完全分离[②]。业界专家明确提出"文化素质可视为其做人的素质",[③]"文化素质教育的锋芒是解决做人的问题"[④]。由此可以看出,通识教育、文化素质教育都指向学生的社会性发展。而学院制通过系统化的课程对学生重点进行专业教育,包括专业基础课程、专业核心课程等内容;根据书院制教育内容的词频统计,以及学院制的课程内容,构建出学校教育内容的结构图,如图 2-1 所示。书院和学院制两者互相促进,共同构成整体的学校教育。

① 杨叔子,余东升. 文化素质教育与通识教育之比较 [J]. 高等教育研究,2007(6):1-7.

② 哈佛委员会著. 哈佛通识教育红皮书 [M]. 李曼丽,译. 北京:北京大学出版社,2010(12):39-40.

③ 刘洪一. 误区与路径——高职教育中的文化素质教育问题 [J]. 中国高教研究,2011(2):68-71.

④ 杨叔子,余东升. 高等学校文化素质教育的今日审视 [J]. 中国高教研究,2008(3):3-7.

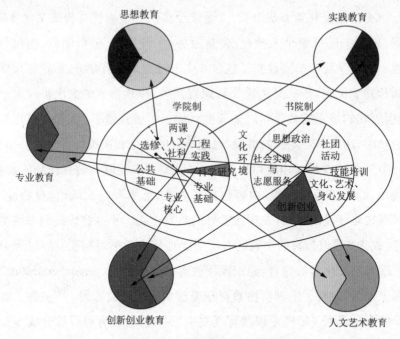

图 2-1　学校教育内容示意图

互动平台:学术界普遍认为,师生互动、学生朋辈互动是提升培养质量的重要环节。为此,书院努力成为师生互动、学生朋辈互动的平台。

一是导师制强化了师生互动。各个高校推行了导师制,体现出比原有教育管理更大的互动交流。西安交通大学的书院有学业导师、通识教育导师、职业规划导师等导师队伍。复旦大学的书院建立了导师团队,人选由各学院推荐,复旦学院负责聘任、考核和薪酬保障,包括了专职导师、兼职导师和特邀导师等;每个书院一般有 10～11 个班级,一般配备 2～3 名专职导师;而每个班级配备一位辅导员和两位院系兼职导师;各专职导师配合书院学生工作组组长开展工作,通过深入学生宿舍交流、参与学生活动等方式,对书院管理的日常事务、文化建设和学风状况等工作提出建设性意见。深圳职业技术学院在书院中聘请常任导师、学业导师、文化育人导师、生活导师和助理导师等人员组成导师队伍,全面指导学生学习生活;开展了"知心工程",导师深入学生宿舍和学生谈心谈话,平均每学期开展 5 300 余次学生谈话;开展"书记院长下午茶",学院书记和书院院长每月轮流和书院学生会面交流学生的问题和困惑;书院师生深度共融,师生在书院共同成长。青岛职业技术学院构建导师育人体系,围绕书院内学生住宿单位(宿舍、楼层、单元等),各书院聘请党员导师、德育导师、学业导师、生活导师等;各书院通过完善导师育人体系,实现导师定期与学生沟通、交流,指导学生思想、生活与学习等。一些高校还探索导师的创新实践,依托科研项目设立项目化导师,开展学术指导、师生共融主题活动,在实践中促进互动交流,大大促进了学生能力的培养。导师制的精神是个别关注,容易激发学生学习的积极性和自信心,与导师的交往可能会让学生获得影响其一生的思维方式和在学术上持之以恒的不竭动力。[①] 导师制在西方发达国家大学中得到广泛应用,而我国长期以来主要在研究生阶段实施导师制,本科阶段的导师制主要限于指导毕业生完成毕业论文。书院里实施导师制,因材施教,寓教于乐,贯彻全员、全过程、全方位的现代教育理念,促进了学生全面发展。

二是在学生朋辈互动方面。书院组织活动增强了学生交流。书院依托便捷化的生活功能设施开展各类教育活动,并组建学生社团实现自我管理、自我服务、自我教育、自我成长,呈现出更高程度的参与和互动,成为高校人才培养工作的创新和发展。复旦大学在书院有自治类、学习类、体育类、公益类、文艺类等各种类型的学生社团,经常开展社团活动和特色主题活动。厦门大学在书院采用集开放式教学、师生互动交流于一体的教学模式,这种参与和体验对学生的成长发展亦是非常重要的,尤其结下的深厚情感影响至深,成为学生对学院和学校归属感、留恋感的重要纽带。西安交通大学文治书院"以学业发展为核心,拓展师生之间、同窗之间的交流平台"。其次在书院推进跨学科、跨专业、跨年级的交流,包括住宿、项目团队等,促进学生之间的交流,推动学生互动的范围,提升了互动质量。清华大学通过有效研讨、师生互动、学科交叉等途径提升通识教育的实效。复旦大学副校长陆昉指出,为了促使各学科学生的互动交流,书院围绕感兴趣的问题进行探讨,同时充分尊重学生的自主权,培养学生的自我管理能力,促进全面成长。[②] 汕头大学至诚书院每层楼设置若干个区,这样就将每层楼分成若干个导生区,对应成为若干个团支部;以大楼的纵向建

① 李海莉. 英美大学住宿学院制度研究 [D]. 汕头:汕头大学,2010.

② 复旦大学副校长陆昉解读本科住宿书院改革 [EB/OL]. http://www.fdcollege.fudan. edu.cn/tfcollege/f6/1f/c7492a63007/page.htm,2013-07-10 /2017-10-18.

筑剖面设置若干个中型团队,每个中型团队由 5 个不同楼层的区组成,这种设置既考虑利用楼层分区,也结合书院大楼的特点,组建形成纵横交错的矩阵式团队,为书院学生交流及开展团队建设奠定基础。肇庆学院的书院建筑结构特点为封闭性合围建筑,地域的封闭性有助于书院形成其特有的书院文化,同时学生混住有助于同一书院不同专业、层次的学生进行交流,女生统一住在书院的较高层、男生住在女生楼下。书院共分为 16 个宿舍区,每个宿舍区配备 4 个生活辅导员,生活辅导员具备大专以上学历,吸纳本校毕业生担任生活辅导员。

实践平台:社团、志愿者、文体活动等书院文化活动强化了参与和体验。在 93 所内地(祖国大陆)高校书院的文字性材料中,各个书院广泛开展体育比赛、演讲比赛、辩论赛、影片赏析、读书讨论、音乐会等,学生在活动中广泛参与促进了发展。书院学生可以在种类繁多的社团中选择参与,社团涵盖学术、科技、体育、艺术、人文、技能、音乐、服务等各种类型。汕头大学至诚书院从 2008 年开展首期的导生素质拓展训练营,逐渐发展到面向书院全体学生的公益课程;每年举办新生团队素质拓展训练营,低年级住宿生团队拓展活动,中低年级住宿生的学科、体能、心理拓展项目,高年级住宿生职业拓展活动,全面提升学生综合素质。与高度专业化的专业学院课程相比,书院拓展课程促进了各学科间的交叉融合,一部分是有学分的系统课程,更大部分是不计学分的课外学习。通过提供"正式"课堂以外的学习,给予学生课堂以外的关怀、支持和发展潜能的空间,从而提供优质的教育环境。肇庆学院力行书院重视学生综合素质培养,通过学生社团或者学生兴趣小组开发学生兴趣,丰富校园生活;通过开展专题读书沙龙、个性化的讲座、素质拓展活动等,促进学生全面发展。同济大学女子书院以女学生社区为活动基地,针对学生的不同需要,形成一批女生感兴趣的素质提升项目。深圳职业技术学院开展"非遗进校园",非遗大师定期引导学生体验我国丰富的非物质文化遗产的魅力。还有的书院通过"工艺欣赏与创作""匠师精神传承"课程等,培育学生工匠精神。另外,书院有些活动也与学生的专业性发展有关,比如专业型社团活动、科技创新竞赛等,这些活动以社会性发展重新融通专业教育与品德教育、实践教育。书院开展的各类社会实践活动、科技创新创业实践,对课堂内的理论教学是有效的补充和提高。

总体而言,书院开展的教育活动,体现出自育、互育、师育相结合,重在学生自育、互育。

2.2.3　组织与管理:建设学生社区

书院制首先是一种组织制度,也就是说,它是我国现代大学内部一种新型的教育机构与组织;其次也是一种教育制度,书院制定了一整套赖以存在和运行的规则。书院制的组织和管理,都是为了建设学生社区,促进学生发展。如西安交通大学的书院设有理事会、院务委员会、家长委员会,其中书院院务委员会共有 15 位委员,主任由德高望重的专家担任,内有学生代表、学业总导师、班主任、书院教师等,书院还设有议事会、学生会等机构。复旦学院下设多个组织机构,分别负责教学、通识教育、学生工作等,具有完善的组织体系,学院下设的教学办公室主要负责日常教学管理,学工办公室负责日常学生工作,导师办公室负责导师事务。汕头大学至诚书院有党委会、院务室、导师委员会、导生委员会、书院团委拓展辅导中心和学生会等,学生处在书院设置户外拓展办公室、学生素质拓展中心,至诚书院对应配置拓展辅导中心,推进素质拓展计划。肇庆学院书院制的建设工作由学校书院管理委员会统筹,下设书院管理办公室管理学校的四所书院,书院设院长、常务副院长,并配备专门的书院辅导员(肇庆学院有学院辅导员和书院辅导员两类)和学生干部团队。其中书院辅导员工作对象为本书院学生,从事书院通识课程的教育和书院文化活动的组织;而学院辅导员工作对象为本学院学生,从事学生的思想政治教育,包括完成奖、助、贷、勤等学生的日常管理工作;学院辅导员和书院辅导员工作无交集。书院学生干部统称为导生,由优秀学生担当,主要组织开展针对本书院学生的文化活动。不同书院根据自己的条件拥有不同性质的功能房间,由书院学生干部(导生)管理。书院管理实行与二级学院并行的去行政化管理。

关于组织运行规则的理解前面已有涉及,对于大学里的组织,需要考虑组织之间的关系。由于我国现代大学书院制建设是对大学原有组织架构进行改革得来的,书院和学院的组织关系处理成为必须重视的问题。书院有独立实体、依托学院等多种类型,处理好书院和学院的关系并使其形成教育合力是最大化发挥书院教育功能的关键,这方面国内外不同院校联动书院和学院的理念和做法不尽相同。[①] 在书院制中,需要处理好书院和学院的关系,从宏观看,面对相同的老师和学生,只是工作的重点有所不同。香港中文大学(深圳)的学生一进校就分配进入一个学院,同时分配进入一个书院,书院负责学生的生活,而学院负责学生的专业;对学生来说形象的比喻就是:有一个爸爸是学院,有一个妈妈是书院,两者共同培养全面发展的学生,学院主要负责智的这个方面,书院主要负责其他4个方面,还包括国际交流、社会实践等。学生宿舍实施跨专业跨年级住宿,每个书院都有自己的文化,书院里面的老师、同学都像一家人,书院实际上是一个小的社会。[②] 肇庆学院将书院和学院的关系定位为学科专业学院制、生活社区书院制。[③] 本研究认为,书院和学院就像每个人的两条腿,保障着每个人健康、稳健往前行进。书院和学院的共同培育,赋予每个人可持续发展的素质和能力,促进人的全面发展。

综上所述,书院制主要包括几层含义:第一,教育目标是培养"全面发展的人",重在促进学生的社会性发展;第二,教育活动强化合作交流、参与和体验,体现出不同于课堂教学的生活教育,其特色是自育、互育、师育有机结合;第三,书院制是建设学生社区的一种教育制度。书院的核心是促进学生的全面发展,体现了"三全育人"(即全员、全过程、全方位)的特色。其中,书院生活设施、组织机构以及书院文化环境成为书院制的基础,导师制和自主管理是师生参与书院的重要方式,是精细化教育的体现,也是学生能力培养的重要渠道,特色课程教育和书院文化活动是书院的重要内容,两者互相促进,既有理论层面,也有实践层面。现代大学书院制在人才培养上采取的书院特色课程、导师制、学生自主管理等独特措施,各项措施有机统一,如图2-2所示。

---

① 乐毅. 简论复旦学院的书院学生管理模式 [J]. 国家教育行政学院学报,2008(8):52-59.

② 商亮,夏添,刘琴. 专访港中大(深圳)校长徐扬生:培养学生独立思辨能力 [EB/OL]. http://dongying. dzwww. com/jdxw/201406/t20140606_10402220. htm. 2014-06-06/2018-10-06.

③ 和飞,曲中林. 肇庆学院书院制建设研究 [M]. 北京:高等教育出版社,2013:3-4.

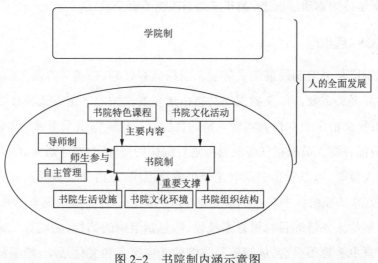

图 2-2　书院制内涵示意图

2.3　现代大学书院制的发展层次

无论是早期实施书院制的复旦大学、西安交通大学、汕头大学,还是紧跟其后的肇庆学院,书院制建设都是在原有基础(包括建筑和组织等)上改造实现的。建设路径大都经历了建筑设施、组织建设、制度完善、文化内涵等不同阶段,相对应的,书院制呈现出物质层、组织层、制度层、文化层的 4 个发展层次,四层次逐次推进,交互影响。

2.3.1　物质层

物质层是书院制发展的基础层。它虽然处于书院制发展层次的最底层,却是整个书院系统的基础,是书院制的载体和依托。物质层为特色课程教育、互动交流、文化活动等书院系统提供必要的场所、设备等,为书院系统提供优良的环境。物质决定意识,书院制的物质层对书院制发展具有保障、导向等方面的作用。物质层需要完成的主要内容有:提供生活设施以便优化学生生活环境、提供互动交流场所、提供生活园区的管理服务空间、为书院组织运行提供物理设备、宣传媒体等。通过书院物质层建设,包括导师办公室、研讨室等功能房,以及饮食、洗浴等生活设施,让学生在书院有鲜活直接的感受。从当前实践来看,原有学校的物质层改造,尤其成为书院制的变革象征。

2.3.2　组织层

组织层是书院制发展的关键层。组织具有计划、协调等方面的功能,对书院制发展至关重要。广义的组织是指由诸多要素按照一定方式相互联系起来的系统;狭义的组织专指为实现一定的目标而互相协作组织而成的集体。^① 在书院,内部各类人员根据任务及目标进行编排的集体,包括了教师、学生以及工作服务人员等,可以看出书院就是一个教育组织,是内部众多要素按照一定方式联系起来的系统。书院组织需要在学院制基础上进行组织变革推进,紧紧围绕书院制的人才培养目标进行系统设计,包括组织的结构、功能等。如书院里的学生自主管理委员会,统筹管理书院的学生事务和文化活动,把书院打造成了自我管理、自我服务、自我教育的小"社区"。肇庆学院充分发挥学生干部(导生)和学生党员在书院中的自我管理作用。西安交通大学书院成立了学生议事会,全面参与书院奖、助学金等评定,监督审议各学生社团工作。常务议事会还经常开展调研活动,如"985书院建设方案征求意见""男女宿舍管理方案征集""书院浴室与门禁系统征求意见""关于书院机房建设的提案""关于考试时期通宵供电的提案""关于男女生洗衣机分开使用的提案""关于在书院附近设立银行ATM取款机的提案"等,让书院管理者了解同学们的意见和诉求,起到自我管理的作用。

2.3.3　制度层

制度层是书院制发展的核心层。制度一般是指组织要求成员共同遵守并按一定程序办事的规章制度。书院制建设有了建筑设施的基础,制度就是提高书院内部之间协作和外部衔接有效性、实现书院有效运转的重要保障。通过制度的完善,为书院制中的导师制、特色课程教育、师生交流提供保障,实现书院的可持续发展。青岛职业技术学院制定了《综合素质测评办法》促进学生的参与,深圳职业技术学院制定了《书院建设方案》《公共服务管理办法》激励教师参与书院制建设,广东岭南职业技术学院在书院制建设中制定了《书院制暂行

---

① 　石晶山. 组织的柔性管理研究[J]. 长春师范学院学报,2006(6):97-99.

办法》《兼职导师制暂行条例》等。

2.3.4　文化层

文化层是书院制发展的最高层次,是"以文化人"的体现。物质是有形的,而文化是无形的,是"在而无形"的。一方面,文化层是书院在物质层、组织层、制度层发展之后的更高层次体现,在书院制建设成果中得到充分展现,为立德树人提供坚实的土壤。另一方面,文化层发展蕴藏在其他 3 个层面的发展过程中,其他层次的发展为文化层的发展起到直接推动作用。文化是书院的内核,是凝聚书院师生精神的无形力量,构成了书院最重要的精神资源和无形资产。正因如此,书院文化层的发展是一个持续的过程。我国现代大学致力于书院文化的塑造,为书院打造了良好的品牌形象。如西安交通大学文治书院,就是以老校长唐文治的名字命名的,建设之初就明确了书院标识、院训、使命等。其标识由"文治"两个汉字变形成钟鼎之形,体现书院立足的这片土地具有深厚的文化底蕴。复旦大学的书院制建设过程中形成了院名、院徽、院训、院服、活动场地及独特颜色等一系列的文化标识。汕头大学至诚书院提炼了书院的"DNA"——诚、敬、谦、和(集真诚、宽容、负责、感恩、平等为一体),并通过各类活动不断得以落实并持续深化;弘毅书院开设三大学堂——瑜伽学堂、书法学堂和舞艺学堂,打造书院独特的文化气息。

书院制发展层次的前两部分是基础层面,后两部分是内涵层面。基于书院的发展过程和相关影响,自下而上构成了书院制发展层次的"漏斗型"(图 2-3)。从物质层向文化层发展需要有一个过程,甚至需要长时间的坚持与积淀才能实现。这 4 个层次也不是简单机械的截然分开,很多时候同时进行,同时发展,相互联系,相互促进。就像办一所大学一样,"十年树木,百年树人",需要长期积淀才能有大学文化、大学精神。①

---

① 张应强,方华梁. 从生活空间到文化空间:现代大学书院制如何可能 [J]. 高等教育研究,2016,37(3):56-61.

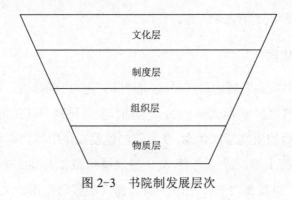

图 2-3　书院制发展层次

2.4　现代大学书院制的特征

为更好厘清书院制的特征,吸取书院制的精髓,进而为当前我国现代大学特别是高职院校的书院制发展提供理论指导,本节通过比较来进一步研究我国现代大学书院制的特征。比较分析从纵向和横向两个维度进行。纵向维度是指古今比较,古今分别指我国的古代书院制和现代大学书院制,古今比较的目的在于吸取古代书院的精华;横向维度是中外比较,这里的"中"主要是指我国现代大学书院制,"外"指欧美住宿学院制,中外比较的目的在于吸取欧美住宿学院制的优点。另外,为掌握高职院校书院制的特征,还将普通高校书院制与高职院校进行比较。

2.4.1　我国现代大学书院制与古代书院制比较

我国现代大学书院制与古代书院制在培养目标上都关注人的发展,都强调教师作用的发挥,致力于提供优良的学习环境,都有相关的规章制度。相比之下,我国现代大学书院制有以下不一样的特征。

一是学习内容更为丰富全面。中国古代书院是中国古代特有的一种教育机构,其学习内容主要是中国的传统文化尤其是儒家文化。从相关书院的学规可以看出,古代书院非常重视对学生品德的培养。和当今大学分专业学习不同,古代书院以中国传统文化为主,知识和要求相一致,虽然也有部分技艺内容,从前面分析框架来看,更多是社会性发展方面内容。现代大学书院制则是在现代大学中的一种制度设计,不仅重视道德品质的培养,也注重对科学文化知识的学习,因此现代书院的学习内容更为全面,不但有文学、历史、哲学、语言等,还有现代科学技术。两者在学习内容上存在明显差异,由此也带来对学习环境以及学习方法等的不同要求,现代大学在学习科学技术中更加注重实验和实践。

　　二是师生关系融洽程度较低。古代书院的师生一起生活,一起研究,师生关系密切融洽;古代书院师生之间的关系平等,注重沟通,教师们可以自由研究、讲学,体现了学术自由的特点。[①] 古代书院的生活空间与教学空间是结合在一起的,师生深度共融,形成了尊师爱生的优良传统。宋代的胡瑗和学生之间的关系就像家人,"视诸生如其子弟,诸生亦信爱其如父兄";[②] 朱熹对学生也是关爱有加,"家故贫,箪瓢屡空,晏如也。故诸生自远而至者,豆饭藜羹,半之与共。往往称贷于人以给用"。[③] 现代大学书院中虽然一再强调融洽的师生关系,从制度、经费等给予大力支持,但师生关系的融洽程度已远不及古代书院。中国古代的书院教育模式——师生朝夕相处,共处一室,自由探讨人生与学问;梅贻琦先生在"大学一解"中,将师生关系概括为"从游"。他说:"古者学子从师受业,谓之从游。孟子曰:'游于圣人之门者难为言。'间尝思之,游之时义大矣哉。学校犹水也,其行动犹游泳也。大鱼前导,小鱼尾随,是从游也。从游既久,其濡染观摩之效,自不求而至,不为而成"。[④] 有相关的教育专家特别强调现代大学师生交流和讨论的重要,其关键原因正是当前课堂讲授之外,学生已很难与教师进行交流。大学中的辅导员,有着住在学校的便利,经常深入学生公寓,参与学生活动,但只是广大教师中的一部分。

　　三是学习环境更为开放多元。古代书院的学习环境相对封闭,大都坐落在山清水秀、环境优美的地方;现代大学的书院处于信息化、经济全球化的时代,学习环境是开放的,且信息快速传递。现代大学书院制的教育手段比古代书院制更加多元化,可以充分利用网络实现线上线下结合,提高育人效果。

　　另外,古代书院的教学与生活两者在空间上是统一的,而现代书院的生活与教学两者在空间是分开的;古代书院制历史悠久,经历了实践检验,而我国现

---

①　程伟. 书院精神对中国大学教育的启示 [J]. 当代教育论坛,2011(8):42-44.

②　脱脱.《宋史》卷四三二《儒林传二·胡瑗传》[M]. 上海:中华书局,1985:12837.

③　脱脱.《宋史》卷四二九《道学传三·朱熹传》[M]. 上海:中华书局,1985:12767.

④　梅贻琦. 大学一解 [J]. 中国大学教学. 2002(10):44-47.

代大学书院制时间尚短,检验也还需时间;现代大学书院的经费更为充足,政府提供办学经费,对贫穷学生的关怀细致入微。

2.4.2 我国现代大学书院制与欧美住宿学院制比较

我国现代大学书院制与欧美住宿学院制在教育理念上相通,都以实际生活为载体,为满足学生发展需要而开展教育,其内在逻辑都认为学校教育只有融合了学生生活于教育活动之中才成为真正的教育;教育目标都是促进学生的全面发展,都要求用完整的生活去影响学生,体现出"全人"教育。实现路径相合,都实行导师制、设置管理机构等。相比之下,我国现代大学书院制有以下不一样的特征。

一是基于"后天发展"的客观现实。西方大学的住宿学院制是为解决学生的住宿问题而建立且不断得到发展的,在这种制度下,教师学生一起学习、一起生活。住宿制与学院制各司其职,浑然天生,可以说,住宿学院制是"自然的生长"。国外高校的发展时间长,比如剑桥大学就有七百多年的历史。它在七百多年的历史中是成长的,不是创造的。[①] 虽然住宿学院制经历了反复的过程才逐步走向成熟,但在它的发展中是自然发展的。我国现代大学多发展时间短,多则百年历史,少则几十年、十多年。书院制是在21世纪以后才得到重视并不断得到探索的人才培养举措。虽然有些学校建校之初就将书院制作为人才培养的重要举措,如南方科技大学、南方医科大学顺德校区、香港中文大学(深圳)等;但我国现代大学的书院制,绝大部分都是先有大学,后有书院,明显有着"后天改造"的特征,也导致建筑及设施、人文环境、理念观念等方面需要有较长的发展过程。组织建设也是如此,复旦大学和西安交通大学等高校的书院制建设,是基于强调班级管理和院校两级建制的中国特色高校学生管理教育模式。[②]

二是现实支持较为薄弱。由于发展历史的巨大差异,导致现实的支持状况有很大不同,包括理论基础和研究积累、管理状况等。在理论基础和研究积累方面,国外关于住宿学院制的理论研究成果丰富,涉猎面广,既有理论基础的,

---

① 金耀基. 剑桥语丝(增订本)[M]. 北京:中华书局,2013:9-10.

② 黄厚明. 书院制与住宿学院制高校学生管理模式比较研究[J]. 高等工程教育研究,2010(3):110-111.

也有具体个案研究,特别是经过长时间跟踪研究,其成果为指导实践发挥巨大作用;我国由于探索时间较短,理论研究显得不系统不深入,对实践的指导和支持还有待加强。同时在思想观念上,国外住宿学院制的教育理念更深入人心,参与其中的支持力量更大。在学生参与管理的实际程度方面,两者都大力推行学生自主管理的现代社会管理模式,相比欧美高校高度的学生自我管理,我国内地(祖国大陆)高校学生参与管理的程度较低。[①] 在教育内容和评价标准方面存在不同,虽然重视学生综合素质培养,但对综合素质的界定和评价标准差异很大。[②]

三是发展程度相对较低,还处于探索发展阶段。由于发展历史和现实支持不同,其直接影响之一就是发展程度不同。西方住宿学院制发展更加成熟,而我国的书院还处于起步阶段,任重而道远。在系统构建上,西方住宿学院融合了住宿学院与大学院系两套系统,同一住宿学院的学生可能分属于不同的院系,同院系的同学也可能分属于不同住宿学院。西方大学正是依靠住宿学院与大学院系两套系统的互相交融,实现自己的使命;住宿学院制包括导师制和寄宿制两个核心要素,寄宿制注重对学生的纪律约束和环境熏陶,导师制注重对学生的思想引导和学业指点,两者相辅相成。[③] 大学的学院负责制定教学标准和专业知识的传授与创新,住宿学院负责课程之外的学习帮助与辅导,使宿舍成为学生身心发展的栖息地和精神家园。美国住宿学院的学生,入校后的第一年和第二年不分科系地混住在一起,既不分专业和院系,也不分班级,兴趣专长和才能资质各不相同的学生在宿舍集中开展各项活动,进行交流,学生在各学院之间可以相互切磋讨论、比较竞争;学生在学院内和学院间的多样化交流中,可以开阔视野和增加经验。而现今我国所推行的书院制大部分还是试点阶段,一些高校采取大一学生入学即进入书院,然后才进入学院选取专业;还有一些高校根据学生志愿或者学校安排,部分学生在入校时成为书院成员,而另外一些学生则不属于书院成员。西方住宿学院制在长期发展过程中,形成自身独

---

① 张治湘,冯林. 我国高校书院制与美国高校住宿学院制学生管理模式的比较研究 [J], 煤炭高等教育,2013,31(1):39-42.

② 郭俊. 书院制教育模式的兴起及其发展思考 [J]. 高等教育研究,2013,34(8):76-83.

③ 赵炬明. 论大学组织与大学德育 [J]. 高等工程教育研究,1991(2):1-11.

特的风格。如史蒂文孙(Stevenson)学院注重社会科学,克鲁恩(Crown)学院侧重自然科学,梅利尔(Merrill)学院以多元文化的研习为特色,第五学院(College V)发展艺术,克雷斯基(Kresge)学院注重社区关系和服务,奥克斯(Oakes)学院强调文化的多元和少数民族的经验,第八学院(College Ⅷ)则以成人教育和妇女学而著称,每一学院学生在 600～800 名。[①]而我们现代大学书院的特色还在发展过程中。

当然,我国的书院也有自身的特色,比如我国现代大学书院制更加具有集体文化的色彩,更加注重培养学生的集体荣誉意识,注重吸收我国传统文化以实现与现代大学教育精神相融合。

2.4.3　高职院校书院制与普通本科高校书院制比较

高职院校与普通本科高校的书院制相比,呈现出如下两方面特征。

一是高职院校书院制建设尚处在探索阶段。表现为数量少,比例低。目前,普通本科高校实行书院制的院校有 80 所,占 2018 年全国普通本科高校总数(1 245 所)的 6.4%;而实施了书院制的高职院校仅有 13 所,占全国高职院校(1 418 所)的 0.92%。

二是高职院校书院制的职业教育特色尚不突出。不同类型的高校在人才培养目标方面,既有共性更有差异性。高职院校书院制与本科高校一样,其功能重在促进学生的社会性发展。培养学生正确的价值观念,引导学生遵守社会规范,帮助学生学习社会技能,增强学生的社会判断和有效参与社会的能力,提高学生的社会认知能力,促进学生身心的健康发展。同样,不同类型高校的书院制在共性的基础上,还应该有各自不同的特色。研究型大学的人才培养目标是培养理论型、研究型人才,例如科学家、知识分子;地方本科高校的人才培养目标是应用型人才,例如工程师、律师、教师等;高职院校培养的是职业型(技能技术型)人才,未来指向是一线的技术专长或高级技师。[②]高校应根据自身办学特色,具体问题具体分析,采用最适合自身发展的方案,切忌千篇一律。将

---

①　黄坤锦. 美国大学的通识教育——美国心灵的攀登 [M]. 北京:北京大学出版社,2006:88-89.

②　赵庆年. 高校类型分类标准的重构与定位 [J]. 高等工程教育研究,2012(6):147-152.

书院制实施到研究型大学中,实行专业学生交叉融合,培养学生的学习研究和创新能力。将书院制实施到地方本科高校,应服务于人才培养目标,强化知识应用,促进全面发展。实施到职业院校过程中,应注重给学生更大的实践动手空间,为提高其职业素养和职业技能提供帮助。当前我国现代大学书院制在书院文化的塑造、书院文化活动、导师制、特色课程教育、完善的生活设施、健全的组织结构、注重学生自主管理等方面没有实质上的区别,部分高校结合实际进行了探索,如唐文治书院建立研究型教学模式,探索本科教育与研究生教育的有机结合,实施跨学科的教学方式,打通文史哲,培养复合型、学术型的高端文科人才。但高职院校整体类型特色并不明显。

现代大学书院制建设应该吸取古代书院和西方住宿学院的经验,适应时代发展的要求,充分利用网络技术、人工智能技术等,推进书院的生活教育,促进学生的全面发展。同时,现代大学书院制建设应结合学校实际开展,形成自身类型特色。

2.5　小结

本章首先梳理了我国现代大学书院制的基本概况,包括港澳台地区和内地(祖国大陆)的现代大学书院制实施情况。通过对 93 所书院的各种文字材料的文本分析,总结出书院制主要包括几层含义:第一,教育目标是培养"全面发展的人",重在促进学生的社会性发展;第二,教育活动强化合作交流、参与和体验,体现出不同于课堂教学的生活教育特点;第三,书院制是依托学生社区的一种教育制度。书院的核心是有利于促进学生的全面发展,体现了"三全育人"(即全员、全过程、全方位)的特色。我国现代大学书院的建设路径大约经历了建筑设施、组织建设、制度完善、文化内涵等不同阶段,相对应的,书院制呈现出物质层、组织层、制度层、文化层的 4 个发展层次。通过古今比较发现,我国现代大学书院制具有学习内容更为丰富全面、师生关系融洽程度较低、学习环境更为开放多元等特征;通过中外比较发现,我国现代大学书院制具有基于"后天发展"的客观现实、现实支持较为薄弱、发展程度相对较低等特征;通过高等教育类型比较分析发现,我国高职院校书院制数量少、比例低,尚处在试点探索时期,而且缺乏类型特色等特征。

第 3 章

现代大学书院制的理论审视

高等学校以人才培养为己任,将促进学生全面发展作为核心的教育目标。现代大学书院制也应该服务于这一核心目标。本章从学生发展理论出发,探讨书院制在促进学生全面发展中的地位和作用;从生活教育理论出发,探讨书院制是如何可能促进学生的发展特别是社会性发展;在此基础上对现代大学书院制进行理论审视,探讨现代大学书院制的价值。

3.1 书院制的理论基础

现代大学书院制的理论基础主要包括学生发展理论、生活教育理论等。学生发展理论为现代大学书院制的建设提供具体理论依据,生活教育理论为解决当前高等教育中课外生活教育严重缺失的问题提供了思路。

3.1.1 学生发展理论

学生发展理论是探讨如何促进学生更好发展的理论,它融合了心理学、教育学和社会学等多学科视角,得到学界的认可。学生发展即"人的发展理论在教育中的运用,它使每一个人能掌握越来越复杂的发展任务,达到自我实现和自身的独立"。①Rodgers, R, F. 在其 1990 年的研究中提到,"学生发展"一词被用作理论分类的名称,并且已经被用来研究青少年以及成人的发展。学生发展理论具体回答了四个问题:"学生在大学期间,在人际能力以及个人内在能力上发生了什么样的变化? 哪些因素造成了这些发展的产生? 学校的哪些环境促进或者阻碍了学生的发展? 哪些学习成果是我们应该努力在大学中获取的? "②

目前学生发展理论主要包括以下几种类型。一是环境互动论。该理论强调学生在发展过程中与学校环境的相互作用,通过系统的角度全方位论述学生个体在整个教育系统中的地位以及教育环境所起的重要作用。③二是社会心理学理论。该理论以 Erikson 提出的生命周期论为代表,重点关注学生个人发展的内容,并根据学生不同的发展阶段、所处的不同社会环境、学校文化,有不同的教育侧重,最终实现学生的个人成长。三是认知结构理论。该理论由认知心理学发展而来,研究了学生发展的方式及过程,强调了遗传的重要性以及智力发展过程中环境的作用。该理论认为个体对环境的认知矛盾促进了个体的发展和成长。四是类型学理论。该理论从社会人的角度出发,总结归纳人的普遍特征并将之进行归类,再结合不同类型学生的特点开展个性、认知、学习教育手段的研究,个性差异和群类特征是该理论进行教育项目设计的核心依据④。

3.1.1.1　大学生发展的基本内涵

1967 年,Sanford, N. 将"发展"定义为"走向复杂的组织"(the organization of increasing complexity),他认为发展是一个进步的过程,在这个过程中,学生

---

① 欧阳敏. 美国"学生发展"的理论与实践启示 [J]. 北京教育(高教版),2005(6):55-56.

② 朱红. 高校人才培养质量评估新范式——学生发展理论的视角 [J]. 国家教育行政学院学报,2010(9):50-54.

③ 克里斯汀·仁,李康. 学生发展理论在学生事务管理中的应用—美国学生发展理论简介 [J]. 高等教育研究,2008,29(3):20-21+24-25.

④ 马冬卉,陈敏. 美国高校学生发展理论及相关问题探讨 [J]. 现代教育科学,2007(5):132-136.

能够逐渐学会如何整合内化新的经验与知识。[①]在他看来,变化是多方向性的,既可能往好的方向也可能往坏的方向,而发展则是单方向性的,发展是往好的方向成长。同样,Rodgers,R,F. 也认为"学生发展"是"学生进入高校后,个人的成长以及在一些发展性能力获得的增长"。[②]首次将学生的全面发展总结为范式的《学生人事观》(Student personnel point of View),认为学生的全面发展应该包括价值观以及认知能力、职业技能等方面。[③]

Arthur Chickering 的大学生"七向量发展理论"是学生发展理论的典型,他将学生发展划分为发展能力、管理情绪、自我管理、确立同一性、成熟的人际关系、成长目标、自我完善 7 个向量,并指出教育成效的重要保证是要教育者先了解学生发展的内涵以及如何促进学生的发展。[④]这 7 个向量不是单独的发展,而是在学校教育以及学生成长系统中相互影响相互作用的,Arthur Chickering 的学生发展七向量理论为教育者阐述了具体要培养学生的哪些能力,最终使得学生成为一名合格的社会公民。[⑤]大学生通过接受教育实现专业知识、信息、技能的获取以及树立正确的社会价值观念,从而逐渐适应社会发展,成为对社会具有积极作用的合格公民。对照 Arthur Chickering 的大学生发展七向量理论,学生在这个发展过程中,学习专业知识提升专业能力是其中的一部分,自我认同、人际关系等方面则属于非学术发展的范畴。

目前我国学界对"大学生发展"的含义界定还较为宽泛,有的将其概括为认知能力(智商)的发展和非认知能力(情商和乐商)的发展两个层次,[⑥]也有将学生发展剖析为智力发展、行为与情感的发展。大学对于大学生来说就是一个

① Sanford Nevitt. Where colleges fail: The study of the student as a person[M]. San Francisco: Jossey-Bass, 1967.

② Creamer & Associates, College student development: Theory and practice for the 1990s[J]. Alexandria, VA: American College Personnel Association. 1990(49):27-79.

③ 克里斯汀·仁,李康. 学生发展理论在学生事务管理中的应用——美国学生发展理论简介[J]. 高等教育研究,2008,29(3):20-21+24-25.

④ 马冬卉,陈敏. 美国高校学生发展理论及相关问题探讨[J]. 现代教育科学,2007(5):132-136.

⑤ 谷贤林. 大学生发展理论[J]. 比较教育研究,2015,37(8):26-31.

⑥ 查颖. 关于我国大学生发展问题的研究综述[J]. 江苏高教,2016(1):115-118.

小社会,学生在大学里学习、生活,并进行反思、提高和发展。在高校的学习生活中,大学生一方面学习专业知识以提高专业学术能力和技术技能,另一方面参与大学学习生活提升进入社会的能力。

3.1.1.2　大学生社会性发展的基本内容

很多学者对社会性发展的内容进行研究,有学者认为"社会性发展是发展心理学的一个领域,它根据个体与环境的相互作用观点来看待发展变化";[①] 从心理学的角度看,社会性发展指的是人的社会性心理特征的发展,但在很多关于社会性发展的表述中,一些内容并不是心理层面的因素,说明这还不能完全反映社会性发展的内涵。[②] 从教育社会学的角度来看,一方面它指人与社会之间的互动关系协调发展,并获得真正的人的社会性特征,另一方面指人不断调节自身适应社会,从而获得对自身有益的社会人际关系,人的社会性发展指个体在社会参与中掌握价值观和行为规范、交往技能等社会生活所必需的内容,从而提高社会参与能力,完善社会属性。[③]

大学生社会性发展是学生全面发展的重要组成部分,是大学阶段的重要发展课题。根据党的教育方针和我国高等教育人才培养的要求,我国大学生的社会性发展内容主要包括:一是形成主导的价值观念,培育和践行社会主义核心价值观;二是遵守社会规范,履行自身义务;三是学习社会技能,包括生活、学习的基本方法与技能,如沟通表达、人际交往、团队合作等;四是增强社会判断和有效参与社会的能力;五是具备社会认知能力。[④] 此外,还应体现为身体和心理的健康发展等。

大学生由于社会经验少,同时存在以自我为中心和理想主义的倾向,往往容易导致社会认知片面化和表面化;大学生的社会性发展良好,形成正确的价值观,就能从换位思考的角度看问题,社会认知就能更为全面和客观。对于大

---

① 彭静. 网络交往对大学生社会性发展的影响研究 [D]. 呼和浩特:内蒙古师范大学:2010.

② 郑淮. 场域视野下的学生社会性发展研究 [D]. 重庆:西南大学,2007.

③ 彭静. 网络交往对大学生社会性发展的影响研究 [D]. 呼和浩特:内蒙古师范大学,2010.

④ 马东卉,李毅. 大学生社会性发展指导 [J]. 现代教育科学,2007(1):100-103.

多是独生子女的大学生,家庭成长环境容易造成他们自私、任性的情绪取向,缺乏与他人分享、关心他人等基本认识;大学生的社会性发展良好,可以帮助大学生学习沟通表达、人际交往等社会技能,从而提高社会适应能力。大学生社会阅历浅,当面临压力和冲突时,容易产生焦虑等不良情绪;大学生的社会性发展良好,可以帮助大学生自我发展,有效地调节情绪,减轻焦虑,抵抗外在压力,形成良好的心理素质。大学生进入大学校园,角色发生转变,需要完成新的学业以及各类实践性活动;学生的社会性发展良好,就能更好遵守普遍规范,养成与学校环境相融洽的个性和人格,融入集体,与同学、老师和谐相处,适应大学生活。由此可见,大学生的社会性发展对于学生的全面发展极为重要。换言之,大学生进入校园,其社会性发展将在价值观、社会技能、社会规范等方面得到发展。书院制的核心是促进学生社会性发展,是与学校的培养目标紧密相连的。因此,高职院校书院制的理论指导需要考虑学生发展理论,需要从大学生发展的具体维度进行设计、实践、研究。

3.1.1.3　学校应加大学生参与度以促进学生全面发展

学生发展理论成为学生事务实践的理论基础,它的作用在于帮助教育工作者了解学生的需要,从而有效开展学生培养项目,制定学生发展的政策,以及营造良好的学习环境。Astin 提出的学生参与理论是学校教育中的重要理论。他在《关键的四年》(*Four Critical years*:*Effects of College on Beliefs, Attitudes, and Knowledge*)阐述了大学的影响模式。[①]后来提出参与理论(theory of involvement),强调大学中个体参与的重要性。他认为理想的大学教育可以让学生获得正向发展,这些发展与大学生课程内外活动中的参与度有关。这种参与应该是投入精力的,持续的,有一定数量和质量的,学生投入越多收获也就越多,甚至学生的学术成绩也与课外活动的参与度有关系。学生参与理论认为学生的参与是学生学习和自身发展的关键。现代大学书院制的创建是为了更好促进学生全面发展,应该调动校内外各方资源创造有利于促进学生参与的环境和制度。美国高等教育界的研究表明,积极参与学校课外活动的学生在收

---

① Astin A W. Four Criticol years: Effects of College on Beliefs, Attitudes, and knowledge[J]. The journal of Higher Education,1978,50(3):N/A.

获上比少参与的学生更明显,因此学校的教育实践应该提供更丰富的课外活动机会。① 另外,人的社会性发展是通过社会交往来实现的。人的社会交往本质上就是一个包括物质和非物质层面的社会交换过程。人们在交往过程中相互影响,从而产生更好适应社会的品质。② 欧美国家的住宿学院为学生提供了具有教育意义的环境,通过在学生社区创造更多的师生之间和朋辈之间互动的机会,以及参与课外活动的公共空间,鼓励学生参与到活动中去,将课堂内外无缝衔接。③

概而言之,知识内容可以通过课堂教学、网络、图书馆等途径获得,但价值观、品格态度等社会性发展只有通过老师和朋辈的引导、陪伴,才能更好地发展。现代大学书院的创建是为学生提供一个可以获得最大可能的快速成长的情境,某种意义上说,书院是一个催化剂。④ 现代大学在书院制建设中,创造一种支持性的教育环境,为学生提供多元参与和体验,最终促进学生的全面发展。书院制也创设一个良好的对话环境,让学生与老师、学生与学生之间有更多的相处交往机会。

综合已有的研究成果,本研究认为,大学生发展应包括专业性发展和社会性发展两个维度。专业性发展的高低决定学生是否符合一个职业群体的专业标准,从而能够成为某一领域的专业人才,获得相应的专业身份和专业地位。专业性发展是相对的,也是一个不断提高和完善的过程。具体来说,专业性发展包括了专业知识、职业技能(如操作设备、使用工具等)、分析问题和解决问题能力、创新创业能力的发展。社会性发展是指个体通过人际交往和社会互动,不断形成社会规范、掌握社会技能以及协调人际关系的能力等的过程。⑤ 社会

---

① 余东升. 评估一流的本科教育:路径与价值——美国的经验及其意义[J]. 高等工程教育研究,2012(5):126-131.

② 吴文君,张彦通. 教育交往促进大学生社会性发展的机制探析[J]. 河南社会科学,2018,26(5):113-116.

③ Pike, Gary R. The effects of residential learning communities and traditional residential living arrangements on educational gains during the first year of college [J]. Journal of college student development, 1999, 40(3):269-284.

④ 周舟. 两岸现代大学书院制比较研究[D]. 长沙:湖南大学,2017.

⑤ 冯维. 高等教育心理[M]. 重庆:重庆出版社,2006:10-12.

性发展侧重于学生的价值观、社会规范、社会技能等非学术性、非专业性目标的发展。社会性发展的高低影响学生未来融入社会的程度。学生发展理论告诉我们,通过创造有利于学生参与的环境和制度,促进学生的社会交往以实现学生的社会性发展;同时也为高职院校书院制建设指明未来发展的着力点,告诉教育者促进学生哪些方面的发展,具体如主导价值观念、社会规范、社会技能、社会判断和有效参与社会的能力、社会认知能力等,明确书院各项措施所指向的发展目标,从而促进学生的全面发展,实现高职院校人才培养目标。

3.1.2　生活教育理论

关于生活与教育的关系,杜威提出"教育即生活"等基本观点,构成了实用主义教育思想的完善体系;[①] 我国最具有代表性的是陶行知先生的"生活即教育"等教育思想,构成了生活教育理论的基本内涵。[②] 由此可见,在生活教育理论中,其核心之一就是探讨生活和教育的关系。

3.1.2.1　课外生活是学校教育的重要组成部分

针对斯宾塞的"教育准备生活说",杜威批判性提出"教育应该是生活本身而不是生活的准备。所有有理性的生活(intelligent living)都是学习",[③] 所以学校教育在内容上也应该包括学生课堂学习之外的生活。教育是一个过程,是一个目标,杜威认为学校教育应该结合学生的年龄特点,将教育过程放到学生的生活情境中开展。生活是人的个人属性和社会属性的结合,通过教育实现的个人成长,往往体现在个人生活实践中与周围环境的关系和相互作用。人的社会性决定其无法脱离环境生活,由人组成的学校同样无法脱离环境开展教育工作,所以在同样的社会环境下我们可以得出教育就是生活,生活验证了教育成效的结论。由此可知,杜威提出的"教育即生活"概念的核心内涵就是将教育与生活相融合,从教育视角出发即教育就是生活。

杜威在《民主主义与教育》中指出,教育是生活的需要,认为"生活就是通

---

① 周琴. 杜威的实用主义教育观与陶行知的生活教育观之比较 [J]. 淮北职业技术学院学报,2016,15(6):26-27.

② 张颖. 陶行知心理健康教育思想研究 [D]. 扬州:扬州大学,2012.

③ 黄济. 教育哲学通论 [M]. 山西:山西教育出版社,2012:212-213.

过对环境的行动的自我更新过程"。[1] 杜威关于教育与生活的关系论述主要包括以下几个方面：首先，生活离不开教育。生活是向前发展，教育推动了个人的成长与发展，因此生活需要教育，教育就是生活；其次，成长是生活的主要特征，也是教育的目标，是将生活和教育相融合的契合点。最后，教育可以引导和改变生活。教育的效果对个人生活的改造，对个人的发展、个人与他人的关系、个人与社会环境的关系具有长久或者为期一生的影响。

陶行知提出"生活即教育"的思想实现了生活和教育相统一，将中国传统文化中"高高在上"的贵族教育与庶民生活有机结合，将传统教育思想和理念改造得更加贴近人民大众的普通生活。自古以来，中国文化尤其重视人与人、人与自然、人与社会之间的关系，以和谐为标志的精神理念指导着人民大众的生活，将人类追求社会美好生活目标的精神引导归属为教育。通过教育改造生活，改造自然和社会是陶行知生活教育理论的核心。陶行知指出：生活教育首先是给生活以教育，用生活来教育；其次是生活决定教育；再次，教育要通过生活才能发出力量而成为真正的教育。[2] 在此逻辑关系中，阐明生活的教育作用，辩证认知教育与生活关系的核心即明确教育本就是生活的必需和必要组成；人类社会和个人生活在随时发生变化，同样教育随之随时在进行变化着，教育的发展可以促进人类更好的生活，生活的变化就是教育的目标和存在意义，这就是"生活即教育"的重要内涵。

学校是学生学习和生活的重要场所。学生在学校的课外生活表面看处于学习之外，实质上与学生的学习有密切联系，占据了大量时间且发挥重要作用。课外生活以自身的影响力对学生的成长产生各种影响，理所当然，课外生活应该是学校教育的重要内容。美国高教学务学会（ACPA）与学生人事管理者协会（NASPA）共同倡议大学生学习经验是兼顾教室内外的，在宿舍的课外学习经验，其对学生影响更为深远。[3] 我们需要把学校教育贯穿到学生课堂学习和课

---

① 杜威. 民主主义与教育 [M]. 王承绪译. 北京：人民教育出版社，2001. 6-7.

② 陶行知. 陶行知文集 [M]. 南京：江苏教育出版社，2008：488-489.

③ Keeling, R. P. Learning Reconsidered: A Campus-Wide Focus on the Student Experience. [M]. Washington, DC: Na-tional Association of Student Personnel Administrators, 2004: 21-22.

外生活的各个角落和不同场合。

3.1.2.2 学校应设计并引导课外生活的教育

杜威在其所处的社会背景下,针对教育脱离社会生活的问题提出"教育即生活"的重要观点。首先,关于"生活"概念的内涵,杜威认为"生活"表示个体的和种族的全部经验,包括信仰、习惯和制度等,而教育在广义上说就是这种生活的社会延续。①杜威所指的"生活"可以理解为一个人在社会的活动形式,也是一个人在社会的经验积累形式。人类社会的生存与延续是依靠经验的传递,传递可以通过多种形式,包括信息、情感,最终形成知识、文化,经验传递多是由长辈通过长期积累传递给晚辈。在经验传递的过程中,有无效的、无意义的、不科学的,反之我们将其中有效的、有意义的、科学的部分称之为教育。因此,这个教育过程是一种"净化加工过的生活",是能够帮助人类中的年轻人更高效地适应和改造自然和人类社会,最终得到一种更好的、更高质量的生活,这就是杜威所说的"新的生活"。生活为教育提供了内容,而最好的教育应该从生活中学习。

杜威认为:"努力使自己继续不断地生存,这是生活的本性。"②教育可以帮助人类创造更加美好的生活,在教育的扶持下,人类可以提升自己、继承经验、不断改造。社会的发展本身就需要继承,思维的发展不是一个战胜一个,在文明的后续发展中,更高的文明形式中总是保留有现代文明的影子,所以人类的生活与发展需要持续的学习,共同生活过程本身就是教育。社会公共生活可以提升人类集体智慧,扩大和启迪生产经验,担负着社会言论和思潮正确的责任。杜威通过阐述生物体是以更新来维持自我的,说明和教育一样,生活也是一个自我更新的过程,也由此论证了生活为教育提供了内容,而最好的教育应该从生活中学习并为生活提供前进的方向和动力。

陶行知的"生活即教育"理念指出生活是教育的源泉,教育如果脱离生活,没有结合学生特点开展的范式教育,就无法启迪学生思维改变学生未来的生活,也就不会培养出社会所需要的人才。教育科研促进人类生产生活发生变

---

① 杜威. 民主主义与教育[M]. 王承绪译. 北京:人民教育出版社,2001:7-8.
② 杜威. 民主主义与教育[M]. 王承绪译. 北京 人民教育出版社,2001:14-15.

化,是"为生活向前向上的需要而教育",所以学校教育是随人类生活的变化而不断发展的。生活教育是人类社会与生俱来的,即使个人生活或者社会生活在一定时期内暂时不变,教育也始终在发展,而不是静止不变的。于是我们可以得出教育与生活相一致的结论,高质量的生活使我们接受良好的教育,良好的教育让我们享有好的生活。

学校应该给学生营造良好的校园环境以推进生活教育。大学校园环境对学生的影响起到重要作用,具体体现在学生的认知方面和情感心理方面的发展。学生如果长期处于不良环境,就会影响生活教育,阻碍大学生的社会性发展,因此学校有责任加强环境建设,避免消极因素对学生的不利影响。学校的校园环境综合体现为人与人之间的影响,如教育活动、教育资源、教育文化、教育理念的综合影响。[①] 学校的校园环境包括教学环境、课外生活环境、人际交往环境等。校园环境也可进行分类为课堂教学和课外生活的环境,课外生活环境当然是学校环境的重要组成部分。在学校这一教育载体中,来自不同的地区、不同家庭背景的学生一起生活学习,他们有着不同的风俗习惯和认知水平,对社会和人生也有不一样的见解。[②] 同时,当前学校环境条件日趋多样,环境的构成日趋复杂,环境对学生学习、生活和成长的影响更加突出。学校的职责在于统筹分配学校、社会、教师资源,平衡教育环境中的各种成分,建立科学和谐的教育生态系统,掌握教育生态系统中各个组成之间的联系和规律。教育对象在学校教育环境中所享用的课外生活,是社会生活的重要组成,学生的信念、情感、知识都要通过环境这一中介发展联系。[③]

我国高等教育往往忽视了生活环境的教育功能。一方面,虽然我国高校学生大部分在学校内住宿,然而当前宿舍只体现了生活住宿功能,文化氛围、人际交往、素质拓展等得不到应有体现,甚至一些宿舍的卫生、安全也得不到保障,生活空间的教育功能严重缺失。另一方面,即使有些高校在生活园区开展了一些活动,但呈现碎片化的倾向,缺乏顶层设计,没有系统推进,生活空间的教育

---

① 李柯茜. 现代大学书院制学生管理模式优化策略研究 [D]. 西安:陕西师范大学,2017.

② 杜威. 民主主义与教育 [M]. 王承绪译. 北京:人民教育出版社,2001:27.

③ 杜威. 民主主义与教育 [M]. 王承绪译. 北京:人民教育出版社,2001:28.

功能体现不足。现代大学书院制的创建就是针对生活教育存在严重缺失的现状,有针对性地在课外生活中推进生活教育。在书院制建设中,通过有目的设计学生社区的教育环境,在学生社区开辟教育阵地,加强教育的设计和引导,给学生在生活中接受教育的机会,更好促进大学生的社会性发展。

3.1.2.3 学校应倡导学生体验和参与课外生活

知识是信息的交换,是人类在生产生活中与自然环境、社会环境"相处"的经验。社会个人参与某种共同活动的程度决定了社会环境能够产生的教育效果。[①] 因此,学校教育要保证学生与环境的信息交换渠道通畅,营造自由而广阔的空间和环境让学生充分参与自然与社会活动,这样才能让教育更加积极并充满生机。学生直接知识的获得,就是与环境的直接接触,即杜威倡导的"从做中学"。"从做中学"要求学生的体验和参与,改变学生作为灌输对象的倾听者角色。因此,教育的课程需要来源于实际生活,教材必须以社会生活为基础,符合社会的实际需求和现实状况并根据社会的发展而不断发展。

陶行知在杜威思想的基础上发展了"从做中学"的理论,即较早的"教学做合一"教育理念。他提出"一面做,一面学,一面教",着重强调围绕"做"为中心,从实践入手,最终实现教的实践与学的实践相统一。教法、学法以生活方法为核心,相辅相成相互促进,是陶行知教、学、做一体化的教学论与方法论。作为生活过程的三个方面,"教学做合一"具体表现为:教而不做,脱离的生活本质则不能算是教;学而不做,不能传递和应用则不能算是学。[②] 个人在社会生活中需要"做"事,需要通过"学"让自己不断进步,需要通过对他人的影响来完成"教"。因此,"学"是在获取知识,"做"是在验证学习的知识,"教"是在传授已经掌握的知识;通过个人在"教学做"的发展过程中进一步推动社会的不断前进,而学校必须为人民提供公平的受教育机会,推行民主的教育,在科学的教育、科学的生产劳动基础上实现国家的富强和民族的振兴。"教学做合一"改变了传统教学方式的弊端,不是单向的灌输,而是确立学生在教学中的主体

---

① 杜威. 民主主义与教育 [M]. 王承绪译. 北京:人民教育出版社,2001:28.

② 吴洪成. 20 世纪二三十年代中国的乡村教育实验 [J]. 四川师范大学学报(社会科学版),2002(5):96-106.

地位,教师在这个过程扮演指导者和合作者的角色。

　　陶行知还提出"社会即学校"的重要观点。他认为有人类社会就有了教育,人类社会为教育提供了天然的场所,这推动了教育回归大众的普及方向。大众教育的立场要求社会是大众的学校,生活是教育的内容,所有人都是教育的对象。"社会即学校"理念是将学校的外延扩大,不仅仅局限在学校的地域和资源范畴,教育所需的一切资源和材料都可以从社会中去寻找。因此,社会即学校同样是为应对教育与生活脱节,学习与社会脱节的问题而提出,教育不应该是阻隔学生和社会的一道墙,学校更不能成为学生和社会的一道屏障。拆除学校与社会之间的高墙,共享社会和学校的资源服务教育,就是主张"生活即教育"和"社会即学校"的教育理念。

　　生活教育理论既回答了学校课外生活的重要性,在我国高等教育依然存在忽视学校生活教育的当前,明确了现代大学书院制的创建就是针对弊端的有益探索,为书院制建设提供了理论支撑。同时也针对当前高等教育课外生活教育缺失的问题提出了解决方法,就是改变讲授有余而体验参与不足,设计并引导课外生活的教育,告诉我们需要重视大学生所接受环境影响时投入的程度,充分利用各种资源,为书院制建设提供了具体方法。尤其是生活教育理论倡导学生体验和参与课外生活,告诉教育者为学生提供更多亲身体验的机会、动手操作的机会,通过方案设计和教育服务,为学生创造动手、动脑的机会,使课外生活发挥促进学生发展的功能。

3.2　书院制在现代大学中的价值

3.2.1　高等教育的价值取向及实现

　　高等教育是教育系统的重要组成部分,其教育对象是已经完成中等教育的人,以培养高层次人才为目标,同时肩负教育教学、研究和社会服务的任务。

3.2.1.1　高等教育的价值取向

　　在长期的教育实践中,高等教育有个人本位和社会本位的两种价值取向。社会本位是立足于社会观察问题,每个人分布在社会各个子系统中,类似于社会这个"有机体"中的"细胞"。个体只有担任社会角色才具有价值,体现为从属的地位。[①] 在这种价值观的主导下,高等教育更注重社会服务功能,更强化政府指导。专业设置紧密贴近社会产业结构变化,社会职业对人才规格的要求直接影响人才培养计划和教育活动。[②] 个人本位则立足于个体观察问题,社会是个体生存发展的必然条件,个体与社会之间的关系相当于"有机体"和"环境",体现为个体处于中心地位。[③] 在个体本位价值观的主导下,高等教育更多关注学生个体,包括学生的兴趣和发展、社会参与及自我实现等;教育目的更多强调促进人的全面发展,注重个人品质的形成和个人潜在才能的发挥,为个体发展提供良好的人文基础。[④]

两种价值观都对教育发展产生了深远的影响,但也有各自的局限性。两种价值观的整合,正成为当前社会背景下的一种理性选择。体现在教育实践中,一方面需要依据社会产业变革调整专业设置,针对职业和岗位的需求确定培养计划;另一方面需要遵循大学生发展规律,将学生需求作为工作准则。相对而言,学生的发展需求比社会需求更能体现出主体性。社会期望只有转变为个体内部的心理需要,并且与受教育者的生理机制、心理机能相吻合,才能促进其身心全面发展。[⑤] 马克思主义关于人的全面发展学说提供了人的科学发展观,指出了人的发展的必然规律。随着20世纪末扩招带来的高等教育大众化,我国高等教育体系发生了巨大的变化。经济社会的发展导致学生需求多元化的趋向,学生需求由原来能上大学变成能上一所好大学,学生自主选择的愿望更加迫切。同时,高等教育的竞争不但体现在国内高等学校之间,还体现在与国外高校之间。面对外部竞争的挑战和高校内部管理体制的挑战,高等学校在满足社会发展需求和受教育者需求的双重取向下,需要形成自身的办学特色,积累

---

① 范先佐. 知识经济与现代高等教育观念 [J]. 江汉大学学报,2000(8):79-85.

② 叶芃,胡建文,闻洁. 人的全面发展学说对高等教育目标的指导作用 [J]. 湖北大学学报(哲学社会科学版),2003(3):119-121.

③ 赵健. 学习共同体-关于学习的社会文化分析 [D]. 上海:华东师范大学,2005.

④ 谢安邦. 高等教育学 [M]. 北京:高等教育出版社,1999.

⑤ 鲍风雨. 高等职业教育理论及辽宁省高职教育需求与对策研究 [D]. 天津:天津大学,2004.

自身的竞争优势。

3.2.1.2　高等学校的教育活动

高等教育是实行专才教育还是通才教育,在高等教育领域中尚未定论。专才教育是指培养专门人才的教育,通过系统讲授某一学科专门知识,培养掌握一定专业知识同时具备一定专业技能的人才。[①] 专才教育具有明显的特征:教学内容偏重应用、注重学生实际工作能力的培养以较快适应社会需要、培养的人才短期内具有不可替代性。通才教育是一种通识教育,其目的是为了培养具有高尚情操,有高级思维,能自我激励和自我发展的人才。[②] 通才教育具有教育形式多样灵活、知识重视基础和经典、内容综合且广泛等特征,强调基本知识和基本技能的训练,体现学科交叉和综合,采取综合学科讲座等各种途径。同时,两者的过度发展,也有不利的结果:过于通博,导致经典性的知识与实际生活相脱节;划分过细,会影响学生可持续发展。如今通才教育与专才教育的争论,已演变成为通识教育与专业教育关系的处理,即在高等学校的教育活动中寻求二者的均衡与结合。[③]《中华人民共和国高等教育法》规定:"高等教育的任务是培养具有创新精神和实践能力的高级专门人才,发展科学技术与文化,促进社会主义现代化建设",这意味着我国高等教育还是分科或分专业进行的。[④] 同时,在学生在校学习期间,学校有必要给予他们全面教育以促进发展。

3.2.1.3　高等教育的分类发展

我国高等教育体系包括职业教育和普通教育两大组成部分,两者具有同等重要的地位。当前,我国高等教育一般分为研究型、应用型和职业技能型三大类。在这 3 个类型的高校中,"研究型高校主要培养学术研究的创新型人才以开展理论研究与创新,应用型高校主要培养本科以上层次应用型人才以从事服

---

① 包寒蕊. 高校人才培养质量理论与实证研究 [D]. 天津:河北工业大学,2005.

② 李松林,朱逾. 通识教育呼唤高校教学及课程体系改革 [J]. 云南民族学院学报(哲学社会科学版),2003(5):105-107.

③ 李剑萍. 20 世纪中国的高等教育:通才教育与专才教育的张力 [J]. 山东师范大学学报(人文社会科学版),2002(5):109-113.

④ 宁玉霞. 通才教育与专才教育之争的误区与出路 [J]. 内蒙古师范大学学报(教育科学版)2003(4):21-23.

务经济社会发展和科技应用,职业技能型高校主要培养专科层次技能型人才以从事生产管理服务一线的技术服务、应用及创新"。[1] 相对而言,理论导向的研究型高校更注重学生的专业理论水平的提升,应用型、职业技能型更注重专业实践能力的提高。各种类型特别是职业教育有其特殊要求。应用型只是类型上的不同,对各类高校国家应该从分类进行指导,促进多样化的发展。[2] 高校根据学校不同的人才培养目标,不同类型的高等教育学校以人才培养目标为基准,决定学校教育资源的设置、师资的配比等。高等学校将教学、科研、社会服务作为基本职能,但根据不同高校类型有不同的侧重。其中研究型大学能够更加齐全地实现以上三大功能,而应用型大学和职业技能型大学则以教学和服务地方经济为主要职能。

高等教育大众化的今天,分类发展成为教育实践的现实课题。研究型高校、应用型高校、职业技能型学校在人才培养的发展方向上有差异,高等教育分类发展有利于满足人才培养的多样性的要求,不同类型的高校在坚持立德树人根本任务的前提下,需要根据自己的具体情况选择教育活动,有不同的发展方向。因此,高校教师根据学校类型不同也形成新的工作分工模式,在教学、科研和社会服务工作上分配不同的资源和精力。同时,不同类型学校人才培养地位不同,研究型高校的教育目标是培养学术型人才与理论型人才,应用型高校的教育目标是培养应用型及理论型人才,职业型高校的教育目标是培养技术操作型人才。[3]

3.2.2　书院制在高校人才培养系统中的地位

在学生发展理论、生活教育理论等理论分析的基础上,基于培养目标来考察高校的人才培养,形成了"培养目标—教育参与—学生发展"的高校人才培养系统分析框架,如图3-1所示。具体包括3个维度:一是高校的人才培养目

---

① 中华人民共和国教育部. 教育部关于"十三五"时期高等学校设置工作的意见 [EB/OL]. http://www.moe.gov.cn/srcsite/A03/s181/201702/t20170217_296529.htm. l. 2017-02-04/2019-04-29.

② 潘懋元,车如山. 略论应用型本科院校的定位 [J]. 高等教育研究,2009,30(5):35-38.

③ 李立国. 建立以人才培养为核心的高校分类体系 [J]. 山东高等教育,2014,2(8):11-22.

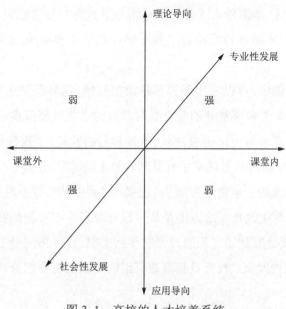

图 3-1　高校的人才培养系统

标,具体细分为理论导向与应用导向;二是高校里学生的教育参与的方式,可以分为课堂内和课堂外;三是学生的发展,主要体现为专业性发展(也可称之为学业发展)和社会性发展。

　　在这个系统中,首先是高校的人才培养目标。在我国研究型、应用型和职业技能型 3 种类型的高校中,研究型高校培养精英人才,更注重学生专业理论水平的提升,即理论导向;应用型、职业技能型更注重专业实践能力的提高,即应用导向。高校的人才培养目标体现了高校在高等教育系统中的人才培养分工,体现了学校的自身定位和人才培养追求。高等教育的分类发展,要求高等学校根据自己的具体情况选择教育活动,给学生提供更多地参与和学习。其次是教育参与。学生在学校教育中不但接受课堂内教育,系统学习思想政治、专业知识,训练专业技能,还有丰富的课堂外生活。课堂外生活实质上与学生的学习有密切联系,占据了大量时间且发挥重要作用,对学生的成长产生各种影响。教育参与体现了学校教育教学的组织实施、学生主体的参与,特别是学校与各学院在专业课程、实习训练以及校园文化活动等。再次是学生发展。大学生进入校园,通过参与各项教育教学活动,在专业知识、技能等方面的专业性发展和价值观、行为规范等方面的社会性发展得到促进和提升。学生发展体现了学校教育的成效,是学校人才培养目标指导下教育参与的结果。这 3 个维度是相互关联的,人才培养目标决定了整个学校的设计和实施,影响着教育参与和学生发展。

在这个系统中,可以看出不管哪种类型高校,都涉及学生发展和教育参与两个维度。课堂内和课堂外的教育参与共同为学生发展提供了支持,而学生发展反过来对教育参与提出需求,推动教育参与的发展。"教育参与-学生发展"两个维度在我国高等教育现实中有着具体的表现情况,具体有以下 4 种情况。

第一,"课堂内-专业性发展"。这里的"课堂内-专业性发展"是指学校制度安排下的专业教育。这方面是我国原有教育组织实施的常规模式,专业的基础课、实践课等都是通过班级授课制得到实现,目标指向学生的专业性发展。"课堂内-专业性发展"教育是我国教育组织实施的主要部分,也是各种考核评估的重要内容。

第二,"课堂内-社会性发展"。这里的"课堂内-社会性发展"是指学校制度安排下的非专业教育。这方面也是我国原有教育组织实施的常规模式,传统教育当中的马克思主义理论课、思想政治教育课以及体育等都是通过班级授课制得以实现,目标指向学生的思想品德、身心发展等非专业领域。

第三,"课堂外-专业性发展"。这里的"课堂外-专业性发展"主要是通过非正式的实习实训、技能大赛、专业型学生社团活动等形式来促进学生实践操作能力的发展,是课堂外(当前主要是学校非制度性的正式安排)的专业教育。这一情况多是学校制度性正式安排满足不了学生需求而学生主动参与,或原有制度安排满足不了形势发展的需要而增加的教育,比如各种技能大赛的培训、练习等。当今随着学生专业型社团的快速发展,学生有了更多参与课外专业实践的机会;网络技术的发展,为"课堂外-专业性发展"提供更大的可能,也更加得到学校的重视与支持,使得这一模式有了新的发展空间。

第四,"课堂外-社会性发展"。这里的"课堂外-社会性发展"是指课堂外的非专业教育。个体的社会性发展进程受自然基础、社会基础和实践活动等因素的影响,其中实践活动对于大学生来说是关键因素。课堂外主要就是学校的课外生活,这种生活实践的内容涵盖广,通过与他人的接触交往,参与集体活动,明确生活目标,掌握价值体系、社会规范等,成为社会的一分子。在这一模式中,其重心有二:一是有助于学生价值观、行为规范、个人品德的形成;二是有利于学生的专业实践能力的提升。

　　一直以来,我国教育工作者更多注重课堂内教育,对课堂外教育未给予应有的重视,由此导致"课堂内-专业性发展"较强、"课堂外-专业性发展"较弱的现状;而"课堂内-社会性发展"是我国教育组织实施的主要部分,一直也是教育工作者讨论的热点和难点,当前其效果并不如预期;由于课堂外和社会性发展两者的高度一致性,"课堂外-社会性发展"作用效果相对较强。

　　在这个系统中,书院制服务于高校的人才培养目标,立足于课堂外的校园生活空间,通过营造良好的环境,设计并引导课外生活的教育,促进学生的发展。同时,书院制将育人融合到学生在校生活的全过程,为学生成长提供支持性的教育环境,尤其是在价值观、品格态度等社会性发展方面发挥重要作用。由此可见,书院制弥补了"课堂内-社会性发展"效果不如预期的现状。生活是教育的源泉,书院制促进生活和教育相统一,通过老师和朋辈的引导、陪伴,为学生提供多元参与和体验,促进教育交往,最终促进学生的全面发展。

3.3　小结

　　本章探讨现代大学书院制的理论基础,并对其价值进行审视。在学生发展理论中,明确了大学生发展的基本维度和内涵;探究了大学生社会性发展的基本内容,以及它在大学生全面发展中的重要作用;明确了学生的社会性发展是学生发展的重要组成内容,加大学生参与度以促进学生全面发展。在生活教育理论中,核心之一就是探讨生活和教育的关系。首先明确了课外生活是学校教育的重要组成部分;其次强调需要设计并引导课外生活的教育,在学校教育中落实生活教育;最后倡导学生体验和参与课外生活,促进学生社会性发展。高校始终将立德树人作为教育的根本任务。高等教育有个人本位和社会本位的两种价值取向,两种价值观的整合,正成为当前社会背景下的一种理性选择。高等教育大众化的今天,分类发展成为教育实践的现实课题。研究型高校、应用型高校、职业技能型学校要根据自己的具体情况承担不同的教育任务,满足人才培养的多样性要求。在学生发展理论、生活教育理论的基础上,基于培养目标考察高校的人才培养,形成了"培养目标—教育参与—学生发展"的人才培养系统分析框架,具体包括3个维度:一是高校的人才培养目标,包括理论导向和应用导向;二是高校里学生的教育参与,包括课堂内和课堂外;三是学生的发展,主要体现为专业性发展和社会性发展。在这个系统中,书院制立足于课堂外的校园生活空间,通过营造良好的环境,设计并引导课外生活的教育。弥补了"课堂内-社会性发展"效果不如预期的现状。书院制促进了生活和教育的统一,为学生提供多元参与和体验,促进教育交往,最终促进学生的全面发展。

第 4 章

高职院校实施书院制的适切性分析

书院制目前主要在本科院校实施,成为研究型大学人才培养的优势之一。高职院校在人才培养的目标、模式和质量评价等方面与其他类型高校有着重要的差别。高职院校建设书院制是否有必要,书院制是否适合我国高职院校的人才培养模式,具体体现在是否契合高职院校的人才培养目标,是否与学徒制、顶岗实习、订单培养等特殊的工学结合培养方式相冲突,高职院校推行书院制如何办出自己的特色,等等。本章在第二章和第三章分析结论的基础上,力求对以上问题进行梳理并做出回答。

4.1 高职院校实施书院制的必要性

在我国高职院校中实施书院制存在着一些疑问,其中最主要的疑问是,书院制作为通识教育的一种手段,是否适合我国高职院校的人才培养实际。本节将从高职院校的发展历程、培养现状及当前主要挑战入手,分析推进书院制的必要性。

4.1.1 新时期高职教育高质量发展的新要求

我国高职教育的历史发展,可分为几个时期。中华人民共和国成立前有清末时期、民国时期,中华人民共和国建立后有中华人民共和国成立初期、改革开放初期和高等教育大众化时期(示范校时期)、后示范校时期、新时代的高职教育等。每一个发展时期,高职院校都面临着不同的发展任务。1985年我国正式提出积极发展高等职业教育。因此,本研究对1985年之前的职业教育做简要概述,重点剖析1985年之后特别是新时期高职教育面临的任务,主要依据是对中央政策和文件作出的分析。

4.1.1.1 改革开放以前

我国的高等职业教育始于洋务运动时期,1866年福建船政学堂的创建,启动了中国的职业教育。民国时期先后颁布的"壬子学制"(1912年)和"壬戌学制"(1922年)正式确立了职业教育的地位,1917年中华职业教育社的成立开始了与实业界联合举办职业教育的先例。[①] 这一时期的职业教育重视社会需求,注重教育与职业的联络,但具体教育内容往往脱离生产实际,不利于实业发展和学生就业。中华人民共和国成立初期,我国职业教育的任务就是培养技术人员。为了满足人才需要,我国从苏联引进中等专业学校和技工学校的教育模式,并在参考本科人才培养模式的基础上进行简化,作为普通高等专科教育的技术人才培养模式。这一时期,在"教育与生产劳动相结合"的办学方针指导下,开展半工半读,探索了符合我国国情的发展道路。

4.1.1.2 改革开放初期

1980年我国第一所高职院校——天津职业大学成立,拉开了高职院校建设的序幕。1985年,国家在《中共中央关于教育体制改革的决定》中提出要逐步建立从初级到高级连贯发展的教育体系;[②] 随着对职业技术教育有了认识的突破,在1991年颁布的《国务院关于大力发展职业技术教育的决定》中,明确了职业技术教育的性质、地位和作用等;在1998年颁布的《中华人民共和国高等教育法》中更明确提出高等职业学校属于高等教育的一部分。[③] 这一时期正

---

① 肖莉. 基于CDIO理念的应用型创新人才培养模式研究 [D]. 昆明:云南民族大学,2012.

② 孙帅帅,祁占勇. 新中国成立70年来我国职业教育地位变革的审视——基于政策文本分析的视角 [J]. 职业技术教育,2019(4):19.

③ 党鸿钟. 高职院校毕业生就业阻滞问题研究 [D]. 长沙:湖南师范大学,2010.

式出现了高等职业教育的概念,我国高职教育得到迅速发展。这一时期由于过分强调理论知识但忽视应用和实践,导致职业教育的特色尚不鲜明。同时高职院校存在定位不准的问题,教学上强调学科型教育,毕业生盲目追求"专升本"升学率。有些人误解为高职就是高专,高职和过去的大专没什么不同,只是压缩型的本科。①

4.1.1.3　高等教育大众化时期(示范校建设时期)

1999 年,我国高等教育进入扩招阶段,高职教育的合法地位得到进一步加强,这表现在如下几个方面。一是加强了国家对高职教育的领导。教育部将高等职业教育、高等专科教育和成人高等教育进行统筹管理,简称高职(高专)教育。二是明确了类型定位。2002 年发布的《国务院关于大力推进职业教育改革与发展的决定》明确指出高职教育是高等教育的一种类型。②三是清晰了培养目标,《关于进一步加强职业教育工作的若干意见》(2004 年)、《教育部关于全面提高高等职业教育教学质量的若干意见》(2006 年)等文件确立了技术技能型人才培养的目标,对初创时期的"压缩本科"具有纠偏的作用;都强调了高职教育要把立德树人作为根本任务,全面实施素质教育。四是明确了发展路径。2005 年 11 月《国务院关于大力发展职业教育的决定》提出建设示范性高等职业院校的目标,在坚持技能型人才的要求下,强调了要高水平地培养,大力推进新时期高职教育的人才培养模式改革。③2007 年 4 月召开的全国首届高职高专院校文化素质教育工作研讨会,发出了推进文化素质教育的倡议。④

4.1.1.4　后示范校时期

在这一时期,国家通过多方面举措推动高职教育的发展。一是 2010 年 6 月颁发的《关于进一步推进"国家示范性高等职业院校建设计划"实施工作的通知》,决定扩大国家重点建设院校数量。二是 2010 年 7 月颁布的《国家中

---

① 张志坚,许劭艺. 职业自觉:德育机制创新与职业素质提升 [M]. 北京:中国经济出版社,2013:7-8.

② 张银全. 湖南经济管理职业学院发展战略研究 [D]. 长沙:中南大学,2006.

③ 张志坚,许劭艺编著. 职业自觉:德育机制创新与职业素质提升 [M]. 北京:中国经济出版社,2013:7-8.

④ 俞步松. 关于高职文化素质教育的理性思考及其实践 [J]. 职教论坛,2011(17):4-6.

长期教育改革和发展规划纲要（2010—2020 年）》，明确了发展高职教育必须摆脱传统学术教育的影响，"实行工学结合、校企合作、顶岗实习的人才培养模式，着力培养学生的职业道德、职业技能和就业创业能力"，"把提高质量作为重点"，提出高等职业教育要重点扩大应用型、复合型、技能型人才培养规模。[①]可以看出人才培养目标有了更丰富的内涵，在强调高技能的同时，更加关注职业道德、就业创业、复合型等新形势下人才需求。三是 2012 年 12 月教育部成立了高职院校文化素质教育指导委员会，统筹推进高职院校的文化素质教育。这一时期高职教育的类型特点更加突出，工学结合等人才培养模式得到强化，开始重视文化素质教育，体现出注重学生的社会性发展，为书院制的实行创造了条件。在此期间，深圳职业技术学院、青岛职业技术学院等高职院校开始书院制建设。

4.1.1.5　新时代的高职教育

党的十九大做出了我国进入新时代的重要判断，这对我国职业教育的发展目标和任务提出了新要求。在新时代，人民群众对职业教育有着优质、多层、多样的需求，而职业教育自身发展有着不优、不强、不活的不足，两者之间的矛盾正是当前职业教育需要面对的。[②]解决这个基本矛盾，国家提出了分阶段的职业教育发展目标，那就是实现现代职业教育体系、实现更高水平的现代化、走在世界前列。2019 年，国家先后印发《国家职业教育改革实施方案》《中国教育现代化 2035》，明确提出职业教育的发展路径：由过去的规模扩张向提高质量转变，吸收企业、社会参与，强调类型教育，到 2035 年职业教育要实现更高水平的现代化，明确职业教育的培养目标是培养"高素质劳动者和技术技能人才"。[③]这一时期高等职业教育的重点是"高质量发展"，成为优化高等教育结构的重要方式。在新时代，高职院校要实现高质量发展，才能满足优质、多层、

---

①　国家中长期教育改革和发展规划纲要（2010-2020 年）[EB/OL].［2010-07-29］（2018-10-08）. http://www. moe. gov. cn/srcsite/A01/s7048/201007/t20100729_171904. html.

②　李玉静，刘娇. 新时代我国职业教育发展的目标、任务与核心议题[J]. 职业技术教育，2017,38(36):11-14.

③　国务院关于印发国家职业教育改革实施方案的通知[EB/OL].［2019-02-13］（2019-10-08）. http://www. gov. cn/zhengce/content/2019/02/13/content_5365341. htm.

多样的需求。高职教育要正确处理人的职业属性与社会属性的关系,促进人的职业发展与社会性发展的有机统一。[①] 对于高职院校而言,促进人的职业发展就是要培养具有良好职业技能的技术技能人才,促进人的社会性发展就是要培养具有良好职业精神和综合素质的人才。在新时代,要实现这个目标,高职院校不仅要注重职业能力培养,强化岗位的动手实践能力,促进学生的专业性发展,更要重视学生职业素养和文化素质的培养,促进学生的社会性发展。书院在促进学生全面发展,尤其是社会性发展方面发挥重要的作用,由此可见,在高职院校高质量发展中书院具有重要的地位。高职院校要满足优质、多层、多样的需求,有必要实施书院制。

纵观我国高职院校的发展历程,高职院校大体上经历了"理论知识 + 较强实践能力""全面发展的高等技术应用型专门人才""高素质的技能型"和"高素质的技术技能型"等不断发展的过程,这个过程体现了国家对高职教育人才培养定位的发展,从单纯强调高技能的专业性发展,到更加关注职业道德、就业创业、复合型等的社会性发展。国家政策层面针对人才培养目标的变化,让高职人才培养的内涵更加丰富,对高职院校的要求更高。

4.1.2　产业变革对高职人才的新要求

中国制造业在改革开放过程中迅速发展,其中高职教育发挥了人才支撑的重要作用,毕业生成为产业的生力军。但我国的产业结构不合理,大多数产业还处于价值链的中低端,呈现出大而不强的鲜明特点;尤其在创新能力方面,一些关键领域尚未掌握核心技术,发展水平还处于追赶阶段,导致发展受制于发达国家。当前世界正处于信息技术的快速发展期,各项新技术得到了广泛应用,在机器人、控制系统、仿真系统中不断取得突破。未来社会的生产方式将会发生天翻地覆的变化,如果教育跟不上发展需要将会激化未来的产业结构分化:"基于高度人工智能化生产方式的产业和企业会向发达国家回流,传统落后产业以及缺乏人工智能化生产方式的产业向发展中国家倾斜",由此"完全使用人工智能生产的可能就会重回西方……完全不能人工智能的生产可能会搬到

---

① 刘洪一,李建求,徐平利等. 中国高等职业教育改革与发展研究——以深圳职业技术学院为例 [M]. 北京:高等教育出版社,2008:12-14.

东南亚、拉丁美洲、南欧等人力成本低的国家去了"。① 同时，《制造业人才发展规划指南》要求"促进产业链、岗位链、教学链深度融合"，是对产教融合提出的更高和更明确的要求。② 进入智能制造时代，生产模式体现出定制化、个性化和服务化特征，产业和企业对学生的能力要求发生转变，学生不仅需要掌握操作、维护、保养等职业能力，还必须具备终身学习、跨学科思维等基本素质，智能制造背景下高职人才培养目标定位的落脚点为高素质技术技能人才、核心点为专业知识和专业能力、增长点为通用能力与职业素养。③ 可以看出，新技术革命导致新的产业变革，由此带来职业人才素质要求的变化：一方面要求具备更扎实的符合产业发展的技术技能，另一方面还要有大量的非技术方面的胜任力要求，如社会责任意识、工匠精神、职业道德、交流沟通能力和合作精神等等。地方经济是高职院校发展的强大支撑，而为社会提供高素质技术技能人才是高职院校的使命与价值。产业变革改变社会就业结构和人才需求，引发高职院校人才培养目标对应演变。针对产业变革需要完善人才培养体系，破解人才培养设置滞后、资源配置失衡等问题，使毕业生专业技能和职业素养等符合产业变革需要。高职院校可以根据产业变革，科学制订人才培养方案。与产业结构调整升级和新技术、新经济发展的需要相比，我国高职教育还存在认识偏差、特色不鲜明等不足，导致高职院校的人才培养质量不能完全满足需求。在这种形势下，如何服务于产业转型升级，是高职院校必须应答的问题。解决之道就是要进一步创新高职教育的教育理念和人才培养模式，改变重技能轻素质、重专业轻文化的偏颇，在巩固学生技术技能培养的基础上，更加重视学生的职业素养、工匠精神的培养，不但促进学生的专业性发展，也促进学生的社会性发展，实现高素质技术技能人才的培养目标，为社会主义现代化建设提供人才支撑。

---

① 王擎宇. 任正非答中国媒体 30 问:准备了十几年应对今天碰到的问题[OB/EL]. [2019-01-18]（2020-02-10）. http://finance.china.com.cn/industry/renwu/20190118/4874298.shtml.
② 三部门关于印发《制造业人才发展规划指南》的通知 [OB/EL]. [2017-02-24]（2019-01-18）. http://www.gov.cn/xinwen/2017-02/24/content_5170697.htm.
③ 李伟. 智能制造背景下高职人才培养模式改革研究 [D]. 上海:华东师范大学,2018.

学生进入大学校园,理想的情况是,一方面通过课堂的理论学习和实践操作进行专业学习,促进专业技能发展;另一方面通过课外的校园文化活动、社会实践、生活体验等,促进社会性发展。我国高职院校学生虽然大部分在学校内住宿,然而课外教育存在严重缺失,主要表现为绝大部分宿舍缺乏教育功能。当前只体现了生活住宿功能,宿区内的文化氛围、人际交往、素质拓展等得不到应有体现,甚至一些宿舍的卫生、安全都得不到保障,生活空间的育人功能严重缺失。即使有些高职院校在生活园区开展了一些活动,也呈现碎片化的倾向,缺乏顶层设计,得不到系统推进,生活空间的教育功能体现不足。高职院校作为高校的一种类型,理应完善学校的育人体系,营造良好的育人氛围。作为课堂以外的重要空间,学生宿舍在学生整体校园生活占有重要位置,很多学生在宿舍的时间占到一半以上。从全过程育人的角度出发,学生生活园区育人功能的缺失及弱化,导致教育过程的缺位。高职院校需要以立德树人的责任感和使命感,强化生活园区的育人功能。

另外,随着网络和多媒体技术的快速发展,大学生群体实现了网络的广泛应用;智能手机的普及和 QQ、微信、微博等交流软件的支持,为大学生利用网络交流学习提供了便利条件;尤其是翻转课堂、MOOC 等新教学手段的发展,极大丰富了大学生的学习资源。在信息网络时代,由于信息快速传递,交流互动便捷,高校原有的教育管理制度受到冲击,这种变化对高等教育产生了深刻影响,而书院在这方面可以发挥独特的作用。

4.1.3　现有人才培养质量存在的缺陷

经过多年发展,我国高职教育培养了大批产业和企业急需的人才,满足了经济社会发展的需要。但是,由于过于强调专业技能培养或者将学生的职业技能作为唯一目标,弱化学生综合素质的培养,较少关注学生心理素质,缺少学生职业精神和人文素养的培养,导致高职院校学生中由于心理障碍、人文素养缺乏等的负面案例并不鲜见。同时,来自校友、教师、用人单位等不同方面对人才培养状况的评价表明,高职院校人才培养中还存在一些突出问题,既表现在毕业生专业知识的学习和实践能力不足等方面,更多的则是表现为毕业生的社会性发展的严重滞后。

4.1.3.1 来自对毕业生的调查

高职院校毕业生就业存在一种现象，就是整体就业率较高，但就业后的离职率同样较高，呈现出就业质量的问题。根据麦可思研究院高职毕业生全国抽样调查结果，其中关于"毕业生毕业3年内的离职率"这一指标，高职院校是本科院校的1.47倍。[①] 在毕业3年内的高职毕业生中，有20%的人一直服务于一个雇主，21%的人服务于4个及以上的雇主，这说明毕业生离职率较高。有关大学教育教学活动对高职毕业生毕业后职业晋升帮助情况的调查显示，排在前列的是课外自学的知识、技能（含培训），以及社会人脉关系，而课堂上所学的知识技能只排到第4位。[②]

4.1.3.2 来自用人单位的调查

社会反馈普遍反映，市场和企业对单一技能型人才的需求不断下降，对复合型技能人才的需求日益增加，这突出表现为具有良好综合能力和文化素质的毕业生在就业市场越来越紧俏。在一项关于用人单位对人才素质需求的跟踪调查中，结果表明用人单位看重的毕业生素质依次为：积极主动、责任心、团队精神、执行力、沟通能力等，这在很大程度上反映了用人单位对高职院校人才培养质量的需求和期待。[③]

4.1.3.3 来自教师方面的调查分析

1995年以来，我国教育界开展一场轰轰烈烈的素质教育运动。高职院校也进行了以文化素质教育为基础的加强大学生素质教育的探索。文化素质教育本质上强调了教育的文化属性，强调了教育的根本任务是育人，即提高人的素质。[④] 实质上，文化素质教育指向学生的社会性发展。在一项关于学生素质状况的调查中，一方面，大部分教师认为在校大学生的综合素质属于"一般"甚至以下水平，另一方面，大部分教师认为高职院校开展文化素质教育切中时弊，

---

① 麦可思研究院.2012年中国大学生就业报告[M].北京：社会科学文献出版社，2012：170.

② 麦可思研究院.2012年中国大学生就业报告[M].北京：社会科学文献出版社，2012.218.

③ 刘洪一.文化育人的理念与实践研究[M].北京：高等教育出版社，2014.22.

④ 杨叔子，余东升.高等学校文化素质教育的今日审视[J].中国高教研究，2008（3）：6.

既能改变传统高职教育重技能轻素质、重专业轻文化的偏颇,也能够促进学生全面发展、培养复合型技能人才;调查表明,高职院校专任教师、行政和教辅人员普遍认为,有必要在高职院校开展文化素质教育。[①]

关于教师、学生、用人单位等多方面的调查显示,现有人才培养质量存在缺陷。有学者也指出:"高职教育今天所遇到的困境,与 30 年前中国本科院校所遇到的困境以及美国高校近 200 多年来遇到的困境非常类似,都是由高等教育专业化所引起……正如杜威所指出的技能训练是职业教育的最低境界,职业教育的终极目标仍是人的全面协调发展"。[②] 高职教育在实施文化素质教育的过程中,经历了模仿本科院校、思想争论、初步实践的历史发展过程,直到 2010年才普遍进行实践。[③] 在高职教育的发展过程中,教育工作者孜孜不倦地探索高职院校的自身定位,在人才培养目标的内涵上付诸实践。不管是学校的定位,还是人才培养目标的内涵,都直接受到管理者、专业教师等广大教师所具有的教育理念的影响。一直以来,教育界存在两种不同的教育理念:一种是实用主义,强调教育为经济社会发展而服务;另一种是人本主义,强调教育服务于人的自身发展需要。当前两种教育理念的融合正成为一种新的方向,高职教育不但要关注社会的需要,也要关注学生的社会性发展,注重学生的综合素质和可持续发展。高职教育在回应学生发展和社会需求的过程中,需要对人才培养方式进行改革与发展,丰富高职教育"素质本位"的内涵。高职院校当前探索的书院制,遵循以人为本教育理念,通过非形式教育、师生交流和社会实践活动,还有与学科专业教育密切相关的专业型社团、科技创新活动,促进学生的全面发展。由此可以看出,书院制可以弥补现有人才培养质量存在的缺陷。

综上所述,高职院校实施书院制,提升技术技能人才培养质量,不仅适应了产业转型升级和经济社会发展的客观需求,也契合了高职院校人才培养质量提升的实际需要。

---

① 彭远威. 高职院校实施文化素质教育的困境与出路——基于教师视角的调查分析 [J].
职教论坛,2016(11):6.

② 刘洪一. 文化育人的理念与实践研究 [M]. 北京:高等教育出版社,2014:37-38.

③ 王文涛. 高职文化素质教育的历史发展与基本特征 [J]. 高等教育研究,2015(6):74-
75.

4.2 高职院校实施书院制的可行性

在明确高职院校实施书院制必要性的基础上,紧接需要探索的是:高职院校实行书院制在具体操作上是否具有可行性? 与高职院校既有人才培养模式的优势是否会产生冲突? 是否适合我国高职院校的人才培养实际?

4.2.1 高职院校实施书院制的政策支持优势

早期探索书院制的高校,大多是出于提高人才培养质量的自觉。随着我国教育的持续快速发展,对职业教育规律的认识越来越深刻,制定的人才培养政策制度更加完善,对书院制的实施形成有利的政策支持优势。

4.2.1.1 党的教育方针

"高校要坚持马克思主义指导地位,贯彻新时代中国特色社会主义思想,坚持社会主义办学方向,落实立德树人的根本任务……培养德智体美劳全面发展的社会主义建设者和接班人"。[①] 党的十九大明确提出,建设教育强国是中华民族伟大复兴的基础工程,高校落实立德树人的根本任务,是培养德智体美劳全面发展的社会主义建设者和接班人。在新的历史时期,包括高职院校在内的高等学校的人才培养目标更加明确,就是"德智体美劳"五育并举,把握社会主义办学方向培养建设者和接班人;人才培养的内涵更加丰富,既有专业性发展的内涵,也有社会性发展的内涵。德智体美劳这五个方面各自有其本质特征,同时德智体美劳五个方面是一个相辅相成、相互渗透、不可或缺的有机整体……在落实过程中,要把德智体美劳作为一个整体予以考虑,把握好德智体美劳五育之间的内在联系与相互融合、相互促进的发展规律。[②]

4.2.1.2 加强人才培养的政策

《中共中央国务院关于加强和改进新形势下高校思想政治工作的意见》指

---

① 习近平总书记在学校思想政治理论课教师座谈会上的讲话[EB/OL]. [2019-03-18](2019-10-08). http://www.moe.gov.cn/jyb_xwfb/gzdt_gzdt/201903/t20190318_373973.html.

② 陈宝生. 落实立德树人根本任务构建德智体美劳全面培养体系[J]. 时事报告(党委中心组学习),2019(6):28-29.

出,"要坚持社会主义办学方向,扎根中国大地办大学,以立德树人为根本……切实抓好各方面基础性建设和基础性工作"。① 《高校思想政治工作质量提升工程实施纲要》(2017)指出当前高等教育存在不充分的问题之一就是"全员、全过程、全方位育人格局还未完全形成"等。教育部办公厅《关于开展"三全育人"综合改革试点工作的通知》把破解高校问题作为目标指向,从省级、学校、院系三个层面发力,构建"一体化育人体系",打通"三全育人"最后一公里;指出"形成全员、全过程、全方位育人格局,切实提高工作亲和力和针对性"。②

同时,教育部大力推进"一站式"学生社区综合管理模式建设试点工作。2019 年 10 月,西安交通大学等 10 所高校成为建设试点,"是西安交大书院制长期建设取得的成果,也是上级部门对学校人才培养及书院制建设的充分肯定"。③ 此项建设试点工作是由国家领导人亲自点题,并纳入了 2019 年高校党建重点推进的 10 项任务。入选的 10 所高校不同程度都有书院制建设的基础,都在持续推进学生社区的教育、管理、服务,其中有一所高职院校入选。"依托书院、宿舍等学生生活园区,探索学生组织形式、管理模式、服务机制改革,推进党团组织、管理部门、服务单位等进驻园区开展工作,把校院领导力量、管理力量、服务力量、思政力量压到教育管理服务学生一线,将园区打造成为集学生思想教育、师生交流、文化活动、生活服务于一体的教育生活园地"。④ 由此可以看出,立德树人工作得到国家的高度重视,书院制得到了教育部的认可和具体推进。在教育部等部门文件中,进一步推动了高校的学生社区建设。

---

① 中共中央国务院印发《关于加强和改进新形势下高校思想政治工作的意见》[J]. 社会主义论坛 2017(3):4.

② 教育部办公厅关于开展"三全育人"综合改革试点工作的通知 [EB/OL]. [2018-05-25] (2019-10-08). http://www.moe.gov.cn/srcsite/A12/moe_1407/s253/201805/t20180528_337433.html.

③ 西安交大入选教育部"一站式"学生社区综合管理模式建设试点高校 [EB/OL]. [2019-10-09] (2019-11-08). http://office.xjtu.edu.cn/info/1002/21239.htm.

④ 教育部等八部门关于加快构建高校思想政治工作体系的意见 [EB/OL]. [2020-04-28] (2020-5-28). http://www.moe.gov.cn/srcsite/A12/moe_1407/s253/202005/t20200511_452697.html?from=timeline.

4.2.2　高职院校实施书院制的经验及环境优势

我国悠久的书院教育传统、现代大学书院制的实践探索经验以及高职院校学生住宿实际,为高职院校书院制建设提供了经验及环境优势。

4.2.2.1　我国悠久的书院教育传统

中国古代书院作为具有半官半民属性的一种特有的教育组织形式,对我国教育发展产生了重大影响。古代书院的宝贵财富可以为高职院校书院制建设所利用,通过对这些传统经验总结归纳,然后进行创造性转化,可以提供思想资源和实践经验。古代书院制优美的环境,功能齐全的校舍,为书院教育提供了良好保障;古代书院平等的师生关系,提倡学研结合、理实结合,鼓励对话和交流的教育;书院讲学的主持人一般是退职的官员、名儒或退隐人士,为人正直,学识渊博,德高望重;古代书院比较普遍吸收生徒参与管理,很多职务由学生兼任,整体的管理人员精简,毛泽东曾用"没有教授管理,但为精神往来,自由研究"来概括书院重视自主管理的特点;[①] 这些都可以为高职院校书院制建设提供帮助。同时,悠久的书院教育历史深入人心。古代书院研究并传播中国传统文化,教育学生修身、齐家、治国、平天下,这些都深刻影响到师生、家长以及社会人士,促进形成对书院制的高度认同,产生良好的舆论环境。

4.2.2.2　部分高校的先试先行

当前高校书院制的实践探索,不论普通本科院校,还是高职院校,都积累了一些经验,虽有待进一步完善,但已被社会初步认可。在导师制方面,形成了导师队伍多元构成、对学生因材施教的好做法,教育的针对性更强;在学生自主管理方面,形成了学生社区组织设置、发挥学生作用的好做法,学生主体性得到体现,促使学生更加积极主动投入到课外学习实践中;在书院设施建设方面,积累了书院空间布局、文化空间发展等的好做法,有利促进书院文化氛围的营造;尤其是书院特色课程的设置,形成了丰富课程体系、贴近学校实际的好做法,对学生的职业技能、职业素质都有积极作用,实现学生综合素质的提升;比如复旦大学,在书院制建设中扬长避短,创新得出符合自身实际情况的通识教育核心

---

① 毛泽东. 湖南自修大学创立宣言 [J]. 党的文献,2011(1):3-4.

课程,构建的通识教育核心课程有六大模块近 180 门,学生可以根据兴趣所求学习获得不同学分,课程更贴近社会需求和学生需求,为学生提供了广阔的平台,^① 为实施书院制的高校经验提供了借鉴。尤其是众多学者对现代大学书院制进行了研究,将实践探索提升为理论总结,为书院制发展指明了方向;还有通过学术研讨会,众多书院制建设者、理论专家聚在一堂,聚焦书院问题和发展,不断推进书院制建设。

4.2.2.3 学生住宿制的广泛存在

我国高校普遍实行住宿制,宿舍成为学生的关键集聚地,集体住宿为书院制创造了条件。宿舍不但是学生生活住宿的地方,还是学生学习、思想交流、人际交往的重要场所。高校宿舍的广泛性以及住宿学生的广泛性,使得大学宿舍成为具有广泛性的载体。^② 学生在学校的主要地点包括课室、图书馆等,在宿舍的时间占了大部分。尤其是当前一些高校进行新的规划和建设,生活设施更加完备,各种教育资源汇集进入生活社区,包括各级领导与学生一线交流,学业辅导、心理咨询等师资力量进驻社区,为书院制建设提供了新的动力。

4.2.3 高职院校实施书院制的模式契合优势

书院制与高职院校特殊的培养方式如学徒制、工学结合、顶岗实习、订单培养、校企结合等并不产生冲突,在人才培养模式上形成模式契合优势。《国家中长期教育改革和发展规划纲要》明确指出职业教育的人才培养模式,就是以就业为导向,实行工学结合、校企合作。^③ 在高职院校中是否合适推行书院制,考察重点就是要分析书院制与既有的人才培养模式是否匹配,会不会产生冲突甚至不可调和。与普通本科教育相比,坚持校企合作、工学结合,培养适应产业发展需要的技术技能人才,是高职教育的基本特点。^④ 工学结合就是工作和学

---

① 黄娇姣. 对于复旦大学书院制通识教育核心课程改革的思考[J]. 改革与开放,
2016(6):25-26.

② 刘敏. 大学生思想政治教育宿舍载体研究 [D]. 山东师范大学,2014.

③ 国家中长期教育改革和发展规划纲要 [EB/OL]. [2010-07-30] (2017-01-26). http://
edu. sina. com. cn/l/2010-07-30/0811191352_4. shtml.

④ 刘洪一、李建求,徐平利等. 中国高等职业教育改革与发展研究——以深圳职业技术学
院为例 [M]. 北京:高等教育出版社,2008:5-8.

习的有机结合,职业导向贯穿于人才培养过程之中,实现学校教育和工作实践的结合,这是国际职业教育通行的办学模式。① 高职院校在办学过程中充分利用各种资源,提高对社会需求的适应能力,同时实现学生的综合素质和就业竞争力的提高。学校在校企合作过程中把企业的优秀管理制度、先进的企业文化引入到校园,让专业学习更加贴近工作一线的要求。在国家示范性高等职业院校建设计划实施后,院校开展校企合作的途径有"订单式"培养、开展项目合作、校企联合办学等。② 顶岗实习是指高职院校学生需要到企业实行半年以上的真正在岗实习,成为企业的一名员工。订单培养是指高职院校为企业人才需求进行零距离对接,在师资、技术等方面从方案制订、教育教学活动和企业紧密配合。近些年,我国高职教育在探索学徒制的实施,其主要特点有全程教育、以技能为中心、现场学习、亲密的师徒关系等。③ 在明晰高职院校既有人才培养模式内涵的基础上,下面从目的、内容、时间、场域、参与主体等方面分析两者之间的关系。

4.2.3.1 教育目的一致

高职院校既有人才培养模式的根本目的是提高学生的职业能力,从而提升就业竞争力,满足经济社会发展的需求。书院制的根本目的是提高学生的社会性发展,实质上也为学生的就业竞争力提供帮助。工学结合、校企合作的人才培养模式是高职院校的特色所在,彰显了高职文化特色,形成高职文化的独特风格。④ 高职院校实行的工学结合是通过贴近企业、贴近生产一线实现学生专业能力的提升,书院制通过贴近学生的生活实现社会性发展的提升,两者的目的是一致的,都是为了提升学生综合素质。

4.2.3.2 教育内容互补

高职院校的人才培养模式注重与企业的合作,强化学生动手实践能力的培

① 石伟平,徐国庆. 世界职业体系比较研究 [J]. 职业技术教育,2004,25(1):18-21.
② 张志坚,许劭艺编著. 职业自觉:德育机制创新与职业素质提升 [M]. 北京:中国经济出版社,2013:3-7.
③ 石伟平. 比较职业技术教育 [M]. 上海:华东师范大学出版社,2001:5-6.
④ 李仁平. 略论高职校园文化建设中的校企结合问题 [J]. 武汉职业技术学院学报。2009(2):43-45.

养。工学结合、产教合作主要体现在实践教学环节,主要内容涉及专业理论课程和专业实践课程,还有见习、实习等安排;书院制开设通识类课程,推进社会实践,特别是师生、生生的交流互动等内容,两者形成有效的互补。

4.2.3.3　教育时间延展

高职院校既有人才培养模式主要都是教学计划的课堂内学习,书院制主要体现在课堂外的生活与学习,从时间看和既有人才养模式实现了有效补充。书院通过课堂外的书院讲堂、志愿服务等非形式教育,尤其是学生社团活动,在学生发展中发挥作用。对于学生,即使是顶岗实习期间,很大一部分学生也是返回学校进入书院,书院制实现了教育时间的延展,更加有效体现全过程育人。

4.2.3.4　教育场域互补

高职院校既有的人才培养模式实现场域主要在课堂内,包括了实训室、企业车间等;书院制的实现场域重点在生活空间,是课堂外的部分,两者共同构成大学整体的教育场域。学生是完整的个体,书院制在场域上与高职院校既有人才培养模式的互补,形成专业学习空间和生活教育空间的有机配合,实现了教育场域的有效拓展,更加有效体现全方位育人。

4.2.3.5　参与主体多元

既有人才培养模式的参与主体是企业(员工)、学校(教师),其基本思路是发挥多主体的资源优势,共同服务于人才培养。书院制中参与主体也是多元的,有学校(教师),也可以有企业(员工),还可以有政府、社会人士、校友、家长等,也充分体现了多主体的资源优势。书院还强调学生的主体地位推进学生自主管理和自我服务,既有人才培养模式也通过学生分组讨论、生产管理等发挥学生自主管理作用;学徒制的实施和书院制推行的导师制具有异曲同工之妙,有利于对学生的精准指导。书院制的实施,更加有效体现全员育人。

通过以上目的、内容、时间、场域、参与主体等方面的分析,书院制和高职院校人才培养模式高度契合。

4.2.4　高职院校实施书院制的体系互补优势

在课程教学体系建设上,示范性高等职业院校按照岗位的能力要求构建课程体系,课程内容较好满足了岗位工作任务的需要。[①]

4.2.4.1 从课程体系建设看是否适合书院制的实施

我国高职院校课程体系建设取得重大成绩的同时,也存在一些不足和问题。"课程价值取向不明,具有高职教育类型特点的课程体系还不是很成熟……以学生为主体、以职业能力培养为主导的课程实施与评价模式还未真正成为主流模式……忽视学生主体地位,高职教育课程建设有一种功利化的倾向"。[②]从相关调查也得出相应的结果,学生对相关课程的满意度评价不高,对相关课程的贡献度评价不高。其中原因之一是课程内容主要关注了专业知识和专业实践能力,对专业以外的课程内容没有明确提出或不在关注的重点之列。书院制中实施的特色课程教育内容正好与专业课程互为补充。书院制的实施为课程内容的丰富提供了有益补充,根据相关调查,学生不但需要与专业能力相关的课程,从岗位能力需要的角度出发,沟通、写作、管理、统计等相关知识也是非常必要的。根据已有书院的实施情况,课程体系建设的关键是贴近社会和学生的需求,加大课程开发力度,扩大课程供给,为学生发展提供保障。书院制中丰富的非形式教育,与原有课程体系不相冲突,实现了教育的时空延伸。

4.2.4.2 从教学体系看是否适合书院制的实施

职业教育是技术性、职业性很强的专业教育,制定的教学计划及教学组织紧紧围绕专业培养目标,体现了很强的职业倾向性。为满足专业能力的培养,高职院校采取了相应的不同做法,教学过程较多体现实践导向、任务驱动,把教、学、做有机结合起来。主要做法有以工作任务为指导,以"必需、够用"为原则组织教学内容,教学过程参照工作流程组织实施,依据工作效果进行教学评价。高职院校学生在理论教学和实践教学之间更加喜欢实践教学。教学组织过程中,有计划地加大实践教学的比例,强调通过实验、实训、实习等环节提高学生的实践能力。在学时安排上,突出了专业教学的主体地位。

---

① 张志坚,许劭艺. 职业自觉:德育机制创新与职业素质提升 [M]. 北京:中国经济出版社。2013:3-7.

② 刘洪一,李建求,徐平利等. 中国高等职业教育改革与发展研究——以深圳职业技术学院为例 [M]. 北京:高等教育出版社,2008:135-136.

书院制的学习内容在前面已有讨论,作为其核心内容的特色课程教育,可以通过课堂实现,也可以通过讲座、沙龙、实践等得以实现。就以课堂实现为例,可以采取"嵌入式"的实现方法,在不冲击既有教学安排的基础上,嵌入特色课程教育的内容。至于沙龙、讲座等书院制教学内容更多体现自主性,即学生自主选择参加;体现参与性,即学生在活动参与中得到提高;体现实践性,即注重社会实践,在实践中锻炼;体现体验性,即关注学生感受,让学生在设施、环境、活动等方面有丰富体验;体现互动性,在参与中强调师生互动,学生之间互动。由于我国高职院校的书院制基于生活社区实施,是一种"后天"的,是在原有教学实施基础上改革推进的,更多体现嵌入式的特点,需要在原有基础上进行整合、提升,以期更加系统化的实施。

书院制推进专业课堂以外的教育,实现寓教育于生活,其作用区别于专业课堂,甚至发挥专业课堂无法达到的效果,与高职教学体系互相促进。其核心之一的特色课程教育,塑造具有融通知识、融通远见、有责任感的成人和公民,与高职院校的教育目标相一致。[①] 书院制推进课堂专业教学以外的教育,内容丰富,和当前高职院校的人才培养目标的定位不但没有产生冲突,而且起到更好贯彻落实人才培养目标的作用,两者非常契合。

综上所述,高职院校实施书院制,不但有政策支持优势,还有经验及环境优势,与高职院校的人才培养模式契合,课程教学体系互补,这些都为高职院校实行书院制提供了现实可行性。

4.3 高职院校实施书院制的特色发展可行性

在明确了在我国职业院校实施书院制的必要性和可行性之后,是否可能在高职院校构建职业教育特色的书院制,从而为书院制在高职院校的特色发展、内涵发展理清思路。本节将从高职院校紧密依托的城市、行业产业以及职业院校人才培养目标等方面入手,探索高职院校的类型特色,实施不一样的书院制是否具有可行性。

---

① 刘洪一. 文化育人的理念与实践研究 [M]. 北京:高等教育出版社,2014:37-38.

4.3.1 高职院校书院制的区域特色发展

高职院校所处区域为书院提供地方特色和城市文化。高职院校紧密服务于地方经济社会的发展,这是高职院校的使命,也是高职院校的特色。从某种意义上讲,高职院校所在的城市就是高职院校的服务对象,包括在校生培养、科研服务以及市民的终身教育等,其实就是人才支持和技术服务的输出;同时,高职院系所在的城市也为书院发展提供厚实的文化土壤,一个城市的文化基因影响学校校风,渗透到师生的观念,体现文化和价值观的输入。从这个角度,要在高职院校构建职业教育特色的书院制,其实就是构建有地方特色、有城市文化基因的书院文化。

城市作为一个特定地域,长期形成的精神和文化会给人整体且固定的印象。比如深圳,特区改革创新的特区精神,深圳在世界大学生运动会中形成的志愿者文化,还有崇尚阅读、科技创新等城市文化品质,形成了深圳的城市文化;青岛,有着开放包容的人文环境,中德文化一个世纪前交汇融合,市民钟情于钢琴和小提琴等,体现着青岛包容、灵秀、典雅的城市文化。以深圳职业技术学院为例,地处深圳特区,改革创新的特区精神融入学校文化中,在高职院校中率先探索书院制就是例证之一;还有深圳在世界大学生运动会中形成的志愿者文化,成为建设"志愿者之校"的引擎,也成为后来书院文化的重要组成部分。

4.3.2 高职院校书院制的产业特色发展

高职院校对接行业产业,为书院提供产教融合特色。高职院校与产业行业的紧密关系是高职院校的办学优势。产业行业的发展为高职院校的人才培养既指明方向,也为学校提供技术、人力等的资源支持。从这个角度看,要在高职院校构建职业教育特色的书院制,其实就是发挥行业产业资源的优势,使其成为书院的有机组成部分。深圳职业技术学院在发展过程中,与行业协会紧密合作,如机电学院发挥市机械行业协会的作用,与会长企业开展订单培养,根据岗位需求有针对性进行人才培养;紧跟产业发展需求,对接行业龙头企业,与比亚迪、阿里巴巴等公司深度合作,建立教师工作室,通过订单班、学徒班等合作培养高水平技术技能人才。青岛职业技术学院地处青岛,在与海信集团有限公司多年合作的基础上组建冠名学院"海信学院",在学生实习、文化育人以及实操训练等方面为人才培养提供有力支撑。从高职院校对接行业产业看,校企合作,在服务地方经济升级转型的过程中,行业产业资源的优势成为高职院校人才培养的特色。

4.3.3 高职院校书院制的职业特色发展

高职院校书院学院协同有利于深化书院的职业特色发展,实现人才培养目标。高职院校高素质技术技能人才的培养目标是育人工作的统领,学校所有教育实践都应服务于这一目标,实施的书院制当然也不能例外。对应于高职院校的人才培养目标,"高素质"应是书院制的着力所在,"技术技能人才"应该是学院专业教育的任务。而对于学生完整的一个人,高职院校需要提供完整的教育,书院制提供的教育不应该和专业教育泾渭分明,应该是书院学院互相协同。书院制在高职院校的定位,是在重点促进学生的社会性发展的同时,为学生的专业性发展提供帮助,在"技术技能"方面有具体举措,形成职业教育的特色所在。在第三章的分析框架中,从历史发展和当前现状看学校在"课堂外-专业性发展",发挥作用相对较弱。而书院制的实施为"课堂外-专业性发展"提供了组织保障,书院可以通过提供空间、设施,尤其适合通过技能大赛、专业学习型社团等促进学生实践操作能力的锻炼,让学生有更多机会参与专业实践。

4.4 小结

从新时期高职教育高质量发展的新要求,产业变革的新要求和现有人才培养质量存在的缺陷,都可以看出高职院校需要进行新的探索,以应对客观发展的需要。在新的历史时期,书院制的独特优势正好吻合高职院校的需求,回答了高职院校推进书院制的必要性问题。高职院校实施书院制,不但有政策支持优势,还有经验及环境优势,同时与高职院校的人才培养模式契合、与课程教学体系互补,这些都为高职院校实行书院制提供了现实可行性。从高职院校紧密依托的城市、行业产业以及职业院校人才培养目标等方面入手,探索高职院校发挥自身类型特色,从理论上论证了高职院校有着区域特色发展、产业特色发展和职业特色发展等。

第 \5/ 章

高职院校书院制建设成效的实证分析

为了掌握我国部分高职院校书院制自发探索的实施情况及效果,在前面书院制实施概况以及我国现代大学书院制的特征、内涵等方面分析的基础上,本章采用质化分析与定量分析结合的混合式研究方法,对实施书院制的高职院校进行考察,旨在整体掌握高职院校实施书院制的现状,特别是案例学校实施书院制的成效和存在问题,为建设职业教育特色的书院制奠定现实基础。

5.1 研究设计

5.1.1 案例学校的选取

综合 13 所实施书院制的高职院校的政策文献分析发现,目前书院制建设的措施包括特色课程、实体空间、导师制、书院活动、学生社区自主管理等 5 个方面,但不同学校之间存在着差异,具体见表 5-1。全面实施 5 项措施的院校有深圳职业技术学院、青岛职业技术学院和广东岭南职业技术学院(以下简称深职院、青岛职院、岭南职院)。同时考虑到建设时间、书院数量等实施情况,这3 所学校的书院制实施更具有代表性,故选取这 3 所学校为案例学校进行深入研究。

表 5-1　我国内地(祖国大陆)部分高职院校实施书院制的措施概况

序号	高　校	特色课程	实体空间	导师制	书院活动	自主管理	备　注
1	深圳职业技术学院	□	□	□	□	□	与学院协同育人
2	青岛职业技术学院	□	□	□	□	□	与学院协同育人
3	广东岭南职业技术学院	□	□	□	□	□	与学院协同育人
4	浙江工商职业技术学院	-	□	□	□	□	与学院协同育人
5	苏州工业园区职业技术学院	□	×	□	□	□	与园区的书院进行活动对接,课程对接,是社团平台,尝试过一届
6	泰山职业技术学院	□	-	-	×	□	重点在于泰山文化推广工作
7	无锡科技职业学院	-	-	-	□	-	依托学院资源搭建校级文化研究、交流平台
8	广东工商职业学院	-	×	□	□	×	与学院协同育人,重在书院文化活动
9	雅安职业技术学院	-	□	-	□	□	与学院协同育人
10	四川城市职业学院(眉山校区)	-	□	□	□	□	与学院协同育人
11	枣庄职业学院	-	□	□	□	□	与学院协同育人
12	武昌职业学院	-	□	□	□	□	与学院协同育人
13	徐州工业职业技术学院	-	□	□	□	□	与学院协同育人

注:"□"表示有或是,"×"表示无或否,"-"表示数据暂无或不适用。数据来自学校网站和相关文献资料。

深职院自 2013 年系统实施书院制,其人才培养目标是培养适应智能时代需要的复合式创新型高素质技术技能人才。在实现目标的过程中,实施基于学习产出的教育模式(outcome based education, OBE)人才培养模式改革,以"六个融合"即产教融合、职普融合、理实融合、技术与文化融合、教育与生活融合、现代信息技术与教学融合为推进策略,提升学生的就业能力、职业生涯拓展能力和幸福生活创造能力。书院制作为教育与生活融合的重要体现,成为学校推进"文化育人、复合育人、协同育人"系统改革时期的重要载体,被师生认同为文化育人的平台。深圳职业技术学院目前已经建设有崇理、杏林、三尚、博达、日新等 10 所书院,共有 24 000 余名学生入住书院。书院制在实施过程中,主要措施有通过建设书院功能房等创造良好的学习生活环境,推进导师制、特色课程、学生社区自主管理、开展丰富的书院活动等。

青岛职院从 2014 年开始书院制探索,陆续建成知行书院等 7 所书院,开展"二级学院＋书院"的"双院"协同育人方式。书院制建设紧紧围绕学校"技高品端"的人才培养目标,培养德智体美劳全面发展的高素质技术技能人才。在实现目标的过程中,实施"品牌办学"战略,在"实境耦合""学教做合一"的基础上探索"育训结合、知行合一"人才培养模式改革。书院的建设宗旨是建有温度的书院,培育有家国情怀的人才。书院不只是生活的宿舍,而是作为人才培养中重要的平台,作为思想政治教育的载体、学生自我管理的平台和校园文化育人的园区,形成"一二课堂"联动机制。在实践中构建了书院特色文化育人体系、书院特色课程育人体系、构建书院特色管理育人体系、书院特色环境育人体系、完善了书院组织结构和相关保障。

岭南职院从 2014 年在清远校区全面实行书院制建设,已建成 5 所书院,2019 年在广州校区继续推行书院制建设。该学校是一所集医药健康类、电子通信类、现代制造类、财经管理类和创意设计类专业为一体的民办高等职业技术院校,其人才培养目标是培养具有较高实践能力、就业能力和创新能力的"博学而雅正,业专而技精"的高素质技术技能型人才。全面实行书院制管理,就是为了更好地实现博雅教育和专业教育相结合,力求达到均衡教育目标,从而践行学校"博学而雅正,业专而技精"的育人理念。在实施过程中,构建了符合学校实际的"书院负责博雅教育,学院负责专业教育"两者互相融合的育人模式。主要采取了构建文化育人体系、学生生活服务体系、民主管理体系、全面协调发展的培养体系等措施。书院根据人才培养需要,设立书院公选课,引入文化系列教育活动,推行博雅教育证书制度,开展书院品牌活动,凝练书院文化特色。建立了相应组织,完善书院相关制度。成立了"广东岭南职业技术学院书院管理指导委员会和书院管理办公室"。

5.1.2　研究方法

本章采用的是定量分析与质性研究相结合的混合研究方法。

本章定量分析采用调查问卷来收集资料,测量书院对学生的社会性发展和专业性发展等的影响,使用单变量描述统计、交互分析、因子分析和多元回归分析等统计分析方法,具体到本研究中,书院的受众学生群体人数相对较多,用定量样本分析可以使得研究本身具有可行性的同时,确保分析结果具有较强的代表性和精确的科学性。

质性研究选取的是现象学研究法。现象学研究法,作为质性研究的一种,通过若干的定性方法获得对我们周围世界各种现象、各个方面的体验、概念、感知和理解。而职业教育特色书院是附属在高职院校的教育组织,跟现象学分析方法的使用范围是匹配的。此外,现象学研究法采集的数据源是对研究对象自身经验和观点的深度解读和解析。[①] 具体到本研究中,主要通过访谈及文本收集质性材料,书院的学生和教师的观点、经验、经历和想法将会被系统地分析和科学地归纳,使得我们对书院的功能性、优劣势和存在的问题有一个深度的了解。

质性研究结果面临的一个较为突出的情况,就是由于半结构化的深度访谈极度消耗时间,虽然单次访谈所收集到的数据相对丰富,但是访谈人数的预约、邀请、彼此熟悉、数据采集、回访和数据分析、解析和编码都占用和消耗大量研究时间,造成现象学解释研究法所邀请的访谈人数一般较少,样本数量过少造成了研究结论代表性不强的问题。而定量分析所具有的大样本产生的客观性和普适性的优势,在一定程度上弥补了质性研究的这一不足。混合研究法既保持了定量分析和质性研究各自的优点,又弥补了各自的不足,形成互补,从而在一定程度上保证了研究结论的科学性。

5.1.3　材料的收集与整理

材料收集与整理的思路和步骤如下:

---

① 马尔科姆•泰勒. 高等教育研究进展与方法 [M]. 候定凯译. 北京:北京大学出版社, 2007:216-217.

第一阶段,开展学生问卷调查。首先进行开放式访谈,基于研究的理论模型,确定调查问卷的维度;同时借鉴访谈的陈述,编制问卷的项目,设计调查问卷,并对部分学生进行试测,检查问卷的信度和效度,然后确定正式问卷,开始对学生进行问卷调查,并进行分析。

第二阶段,开展师生访谈。首先确定访谈的主题和相关问题,通过小样本量的访谈收集,最终确定相关访谈主题的具体陈述,开始正式访谈。重点关注教师和学生对书院制的认识和理解,以及实施过程中的主要做法和评价。

第三阶段,对学生问卷调查分析的结果和师生访谈分析的结果进行整合分析。

5.2 学生问卷调查

5.2.1 目的

通过问卷调查,掌握学生在书院中的参与情况,包括书院文化活动、书院特色课程、参与管理等,了解学生书院的参与度;掌握学生参与后的主要收获情况,分析书院制对学生社会性发展和专业性发展的影响;以及对书院的评价、建议等。

5.2.2 问卷设计

5.2.2.1 问卷研究设计

对书院62名大学生进行开放式问卷调查,收集有关书院制中学生参与的外在行为和发展的内在心理特征的材料;对20位书院制建设中教师、学生进行行为事件访谈,详述书院制建设过程,从建设背景、准备工作、具体过程和效果等,重点挖掘事件参与人对书院的理解、参与和感受;邀请3位心理咨询与辅导中心教师对开放式问卷调查资料进行讨论、分析、总结,就大学生发展的内涵和书院制影响达成一致意见;建构书院制下大学生发展的要素模型,以第2章有关书院制的内涵和第3章有关书院制的价值作为设计问卷的理论基础,包括学生的专业性发展和社会性发展两个方面,专业性发展包括了专业知识、分析问题和解决问题能力、职业技能(如操作设备、使用工具等)、创新创业能力的发展,社会性发展包括了价值观、社会规范、社会技能、参与社会能力、社会认知能力等的发展。

5.2.2.2　主要内容

本研究自编的高职院校书院制建设及成效调查问卷包括"问卷导语""基本信息"和"参与书院制建设的情况""参与书院制建设的主要收获情况""对书院制建设的总体评价和建议"等 5 个基本模块。问卷导语包括问卷名称、问候语、调查主题及目的、填写注意事项及调查者身份。学生基本情况包括性别、年级、户籍、担任干部情况、是否书院干部、入住书院时间等。"参与书院制建设的情况"是问卷的主题部分,包括了参与志愿服务活动、社会实践、主题班会、心理健康教育类活动、文娱社团类活动、阅读专业以外书籍、体育类社团组织活动、学术报告、专业型社团组织活动、选修书院特色课程、与书院领导、管理人员互动交流、与书院各类导师(辅导员、班主任、科任教师)交流等书院制主要建设内容,具体如表 5-2 所示。参与情况是为了了解书院制建设的学生参与度。"参与书院制建设的主要收获情况"具体如表 5-3 所示,包括社会性发展和专业性发展的两个方面。"对书院制建设的总体评价和建议"包括了总体评价、存在问题等,具体如表 5-4 所示。整体问卷的内容见附录 2。

表 5-2　问卷设计内容:学生参与书院制建设情况

序号	测量主题	一级指标	题　项	依　据
1	书院制参与程度	书院文化活动	您平均每年参与志愿服务活动的次数	书院制内涵的界定,各学校实施情况
2			您平均每年参与专业实践、社会调研等社会实践的次数	
3			您平均每年参与主题班会的次数	
4			您平均每年参与心理健康教育类活动的情况	
5			您平均每年参与文娱社团组织的活动的情况	
6			您平均每年阅读专业以外书籍的册数	
7			平均每年参与体育类社团活动组织的体育活动的次数	

续表

序号	测量主题	一级指标	题　项	依　据
8			您平均每年参与书院讲堂、讲座、沙龙等各类学术报告的次数	
9			您平均每年参与专业型社团组织活动的次数	
10		书院特色课程	您选修书院特色课程的门数	
11		师生沟通交流	您平均每年与书院领导、管理人员互动交流的次数	
12		自主管理	您平均每年与书院各类导师(辅导员、班主任、科任教师)互动交流的次数	
13			担任学生干部情况	
14			是否书院干部	
15		其他参与情况	入住书院的时间	
16			专业类别	
17			参与社团情况	

表 5-3　问卷设计内容:学生参与书院制建设的主要收获情况

序号	测量主题	一级指标	题项	依据
1	社会性发展	价值观	对提高家国情怀、民族文化认同的帮助	根据大学生社会性发展的内涵表述,我国大学生的社会性发展内容主要包括主导价值观念、社会规范、社会技能(包括生活、学习的基本方法与技能,如沟通表达、人际交往、团队合作等)、社会判断和有效参与社会的能力、社会认知能力。此外,还应有身体健康发展等非智力因素。
2			对培育和践行社会主义核心价值观的帮助	

序号	测量主题	一级指标	题项	依据
3			对增强"四个自信"(中国特色社会主义道路自信、理论自信、制度自信、文化自信)的帮助	
4			对提高认识社会、增强社会责任意识的帮助	
5			对提高职业意识和职业责任感的帮助	
6			对提高人文艺术素养审美观的帮助	
7		社会认知能力	对提高心理素质的帮助	
8			对建立良好人际关系的帮助	
9		社会技能	对提高沟通表达能力的帮助	
10			对提升人际交往能力的帮助	
11			对提高团队合作能力的帮助	
12		社会规范	对提高自我管理能力(时间和资源等)的帮助	
13		参与社会能力	对提高组织管理能力的帮助	
14		其他	对提高身体素质的帮助	
15	专业性发展	专业知识	对学习专业知识的帮助	
16		解决问题能力	对提高分析问题和解决问题能力的帮助	
17		职业技能	对提高职业技能(如操作设备、使用工具等)的帮助	
18		创新创业能力	对提高创新创业能力的帮助	

表 5-4 问卷设计内容:学生对书院制建设的总体评价和建议

序号	测量主题	题项	依据
1	书院制建设的认可度和建议	根据您在书院生活学习的经验,您认为高职院校推进书院制建设的重要性	学生发展理论
2		您对学校书院制建设的总体评价	
3		您认为当前书院存在的困难和问题	
4		您对书院发展的建议	

5.2.3 预调查与信效度检验

为了保证问卷具有较高的可靠性和有效性,在正式问卷调查开始之前,要对初步形成的问卷进行试测并做信度、效度分析,根据分析结果筛选题项,调整架构,从而提升问卷的信度和效度。

编制调查问卷后,对深职院 186 名学生进行了试调查,利用 SPSS 统计软件对问卷进行了可靠性分析,测得该问卷的克伦巴赫系数(cronbach α)值为 0.812,基于标准化项的克伦巴赫系数(cronbach α)值为 0.852。一般认为,在探索性研究中要求克伦巴赫系数至少达到 0.6,量表的克伦巴赫系数达到 0.7 或更高认为一致性信度比较好,达到 0.8 或更高认为一致性信度很好。因此,认为该问卷具有较高的信度,问卷中测量书院制实施情况的 18 个问题项具有较高的内在一致性。

我们对问卷中的研究变量(每一个问题项)进行了偏相关性分析,采用的是 KMO(kaiser-meyer-olkin)和 Barlett 球形度检验。KMO 抽样适度测定值(kaiser-meyer-olkin measure of sampling adequacy)为 0.958,近似卡方(approx. chi-square)为 152 422.088,自由度为 1 275,$P<0.001$,按置信水平 $a=0.05$,非常适合做因子分析(一般认为,KMO 值越接近于 1,表明这些变量进行因素分析的效果越好,大于 0.9 时效果最佳,0.7 以上可以接受,0.5 以下不宜作因素分析),可认为这些变量高度相关,足够为因素分析提供合理的基础。对试测数据作探索性因素分析,采用主成分抽取因素方法,并进行了方差最大正交旋转,简化了可简化因素的解释。结果保留了特征值大于 1 的所有成分,得到了 12 个成分,这 12 个成分特征值的累计贡献率为 68.047,即总体将近 68.047%

的信息可以由这 12 个公共因素来解释,所以考虑提取前 12 个公共因素。因素载荷(变量与公共因素的相关系数),表示因素对变量的解释程度,载荷绝对值较大的因素和变量的关系更密切,也更能代表这个变量。载荷在 −1 到 1 之间,接近于 1 或 −1 的载荷表明因素对变量的影响非常强,接近于 0 的载荷代表因素对变量的影响非常弱。一般认为,因素载荷的绝对值低于 0.3 为低载荷,不低于 0.4 的为高载荷。结合问卷和因素分析发现,12 个因素与最初设想的 12 个维度比较一致。因素分析的结果比较理想,即问卷的预设结构与问卷施测结果经因子分析后的结构拟合较好,问卷具有很好的建构效度,可以较好实现研究的目的。

5.2.4　统计方法

本研究采用统计软件 SPSS21.0 进行数据录入和分析,其中参与情况从“0次”到“8 次以上”依次赋值“1”到“5”;效果评价从“很不明显”到“很明显”依次赋值“1”到“5”,根据需要使用描述性统计、均值比较、因子分析、卡方检验等统计方法。

5.2.5　调查对象

本研究采用自行编制的高职院校书院制建设及成效调查问卷,于 2019 年10 月至 12 月采用随机抽样法对深职院、青岛职院和岭南职院三所学校在校学生发放调查问卷 4 283 份,回收有效问卷 4 218 份,有效问卷回收率为 98.5%。

分别从性别、户籍、入住书院时间、年级等角度分析学生特征。具体如表5-5 所示。

表 5-5　被调查对象(学生)人口学特征

变量名称	取　值	频数(n)	百分比(%)
性别	男	1 896	45.0
	女	2 322	55.0
年级	一年级	2 506	59.4
	二年级	1 547	36.7
	三年级	165	3.9

变量名称	取　值	频数（n）	百分比（%）
身份	学校干部	160	3.8
	学院干部	492	11.7
	年级干部	40	0.9
	班级干部	944	22.4
	宿舍干部	400	9.5
	社团干部	244	5.8
	非干部	1 938	45.9
是否书院干部	是	443	10.5
	否	3 775	89.5
入住书院时间	1 年以下（含 1 年）	2 609	61.9
	1～2 年（含 2 年）	1 431	33.9
	2～3 年（含 3 年）	178	4.2
户籍	农村	2 620	62.1
	城镇	1 598	37.9

5.2.6　分析与发现

5.2.6.1　学生参与书院制建设的情况

在书院的各项活动中,学生参与均值排在前列的有主题班会、各类学术报告（书院讲堂、讲座、沙龙等）、体育类社团活动组织的体育活动。具体如表 5-6 所示。

表 5-6　学生参与书院制建设情况

变量指标	参与度（%）	均　值
参与主题班会	97.9	3.1
参与书院讲堂、讲座、沙龙等各类学术报告	95.4	3.02
参与体育类社团活动组织的体育活动	94.8	2.95
参与文娱社团组织的活动	95.6	2.87
阅读专业以外书籍	96.3	2.75
参与志愿服务活动	89.4	2.75

变量指标	参与度(%)	均　值
与书院各类导师(辅导员、班主任、科任教师)互动交流	86.9	2.61
参与心理健康教育类活动	92.7	2.6
参与社会实践(如社会调查、专业实践等)	89.4	2.44
选修书院特色课程	77.1	2.38
参与专业型社团组织活动	71.7	2.34
与书院领导、管理人员互动交流	71.9	2.18

注:参与度为学生参与各项活动"1~2次"及以上的比例。

调查结果显示,在书院制建设中,学生参与度最高的是主题班会,97.9%的学生参与了主题班会,其中,平均每年参与1~2次的学生占比29.1%,每年参与3~4次的学生占比40.0%,平均每年参与8次以上的学生14.3%占比29.1%,平均每年参与5~7次的学生占比14.5%;学生参与度处于第二位的是各类学术报告,共95.4%的学生不同程度参与,其中平均每年参与1~2次的学生占比31.2%,平均每年参与3~4次的学生占比35.2%,平均每年参与5~7次的学生占比16.0%,平均每年参与8次以上的学生占比13.0%;学生参与度处于第三位的是体育类社团活动组织的体育活动,94.8%的学生不同程度参与,其中平均每年参与1~2次的学生占比39.2%,平均每年参与3~4次的学生占比28.6%,平均每年参与8次以上的学生占比17.6%,平均每年参与5~7次的学生占比9.4%。参与度后三位的分别是与书院领导、管理人员互动交流,专业型社团组织活动,选修书院特色课程。在与书院领导、管理人员互动交流方面,71.9%的学生不同程度参与,其中每年与书院领导、管理人员互动交流1~2次的学生占比43.5%,每年与书院领导、管理人员互动交流3~4次的学生占比17.7%,每年与书院领导、管理人员互动交流5~7次的学生占比3.9%,每年与书院领导、管理人员互动交流8次以上的学生占比6.82%;在专业型社团组织活动方面,79.8%的学生不同程度参与,其中平均每年参与1~2次的学生占比43.5%,平均每年参与3~4次的学生占比24.1%,平均每年参与5~7次的学生占比6.4%,平均每年参与8次以上的学生占比5.8%;在选修书院特色课程方面,71.7%的学生不同程度参与,其中选修书院特色课程 1 门的学生占比 30.4%,选修书院特色课程 2 门的学生占比 25.3%,选修书院特色课程 3 门书院制建设的学生占比 7.0%,选修书院特色课程 3 门以上的学生占比 9.0%。详细数据见附录 5。

为了详细分析学生参与情况,笔者采用因子分析法对学生参与书院制建设的具体指标进行因子分析,并采用方差极大化原则对因子负荷进行正交变换,以便对本次研究中有关学生参与书院制建设的指标进行综合,从中提取出概括多个具体指标的新因子。因子分析的结果见表 5-7。

笔者对这 12 个指标 KMO(kaiser-meyer-olkin)检验,这 12 个指标的 KMO 值为 0.928,巴特利特球状检验(bartlett test of sphericity)的卡方值为 22 426.778,自由度为 66,P 值为 0.000(小于显著性水平 0.05),说明变量之间存在相关关系,表明这 12 个指标适合进行因子分析。

表 5-7 的结果表明,12 个指标被概括为 3 个公因子,根据每个因子所包含指标的内容,分别命名社会实践与志愿服务参与因子、书院文化活动参与因子、特色课程教育与互动交流参与因子。累计方差贡献率为 56.180,基本达到了因子分析的要求。

从中可以看出,学生主要从 3 个方面参与书院制建设和运行:一是社会实践与志愿服务,即参与书院组织的各类志愿服务、社会调查、专业实践等;二是书院文化活动,即参与书院举行的各类文体活动、专业社团活动,如心理健康教育、课外书籍阅读、讲座、沙龙、学术报告、体育类与专业类社团活动、主题班会等;三是特色课程教育与互动交流,即通过选修书院特色课程(如沟通表达、礼仪、传统文化等)提升综合素质,与书院领导、管理人员及各类导师(辅导员、班主任、科任教师)等互动交流。

表 5-7 书院学生参与书院制建设情况的主要类型

变量指标	提取因子		
	因子 1	因子 2	因子 3
参与志愿服务活动	0.883		
参与社会实践	0.679		
参与主题班会		0.661	
参与心理健康教育类活动		0.704	

变量指标	提取因子		
	因子 1	因子 2	因子 3
参与文娱社团组织的活动		0.716	
阅读专业以外书籍		0.644	
参与社团组织的体育活动		0.723	
参与书院讲堂、讲座、沙龙等		0.641	
参与专业型社团组织活动		0.543	
选修书院特色课程			0.715
与书院领导、管理人员交流			0.819
与书院各类导师互动交流			0.738
新因子命名	社会实践与志愿服务	书院文化活动	特色课程与互动交流
特征值	0.841	5.845	0.950
贡献率	7.006	48.709	7.919

5.2.6.2　学生参与书院活动的成效

针对书院制对学生发展的具体影响进行调查,具体情况见表 5-8。调查结果显示较好的方面有提高认识社会、增强社会责任意识、提高职业意识和职业责任感、增强"四个自信"(中国特色社会主义道路自信、理论自信、制度自信、文化自信)、培育和践行社会主义核心价值观等;相对较弱的有提高创新创业能力的帮助、对学习专业知识的帮助、对提高职业技能(如操作设备、使用工具等)的帮助等。

表 5-8　书院活动的实施成效情况(%) N=4218

变量指标	成效(%)	均 值
提高认识社会、增强社会责任意识的帮助	79.8	4.1655
对提高职业意识和职业责任感的帮助	79.4	4.1498
对增强"四个自信"(中国特色社会主义道路自信、理论自信、制度自信、文化自信)的帮助	77.9	4.1280
对培育和践行社会主义核心价值观的帮助	77.8	4.1188
对提高人文艺术素养的帮助	77.6	4.1174
对提高团队合作能力的帮助	77.7	4.1152

变量指标	成效(%)	均值
对建立良好人际关系的帮助	77.7	4.1117
对提高心理素质的帮助	77.2	4.1031
对提高沟通表达能力的帮助	77.1	4.1003
对提升人际交往能力的帮助	77.0	4.0984
对提高自我管理能力(时间和资源等)的帮助	75.8	4.0785
对提高组织管理能力的帮助	75.8	4.0785
对提高分析问题和解决问题能力的帮助	75.9	4.0761
对提高身体素质的帮助	75.7	4.0735
对提高家国情怀、民族文化认同的帮助	75.5	4.0545
对提高职业技能(如操作设备、使用工具等)的帮助	74.4	4.0443
对提高创新创业能力的帮助?	73.4	4.0273
对学习专业知识的帮助?	73.4	4.0273

注:成效百分比为一般以上(含很明显、较明显)占被调查者人数的比例。

为了综合分析书院制实施效果的整体状况,特别是分析影响书院制实施效果的各种因素,笔者首先采用因子分析法对书院制实施效果的具体指标进行因子分析,并采用方差极大化原则对因子负荷进行正交变换,以便对本次研究中有关书院制实施效果的指标进行综合,从中提取出概括多个具体指标的新因子。因子分析的结果见表5-9。

笔者对这18个指标进行KMO(kaiser-meyer-olkin)检验,这18个指标的KMO值为0.979,巴特利特球状检验(bartlett test of sphericity)的卡方值为107 013.888,自由度为153,P值为0.000(小于显著性水平0.05),说明变量之间存在相关关系,表明这18个指标适合进行因子分析。

从表5-9可以看出,因子分析的变量共同度都非常高,表明变量中的大部分信息均能够被因子所提取,说明因子分析的结果是有效的。

表 5-9　公因子方差表

变量指标	初始值	提取
对提高家国情怀、民族文化认同的帮助	1.000	0.800
培育和践行社会主义核心价值观的帮助	1.000	0.885
对增强"四个自信"（中国特色社会主义道路自信、理论自信、制度自信、文化自信）的帮助	1.000	0.877
对提高认识社会、增强社会责任意识的帮助	1.000	0.878
对提高职业意识和职业责任感的帮助	1.000	0.845
对提高人文艺术素养的帮助	1.000	0.814
对提高身体素质的帮助	1.000	0.792
对提高心理素质的帮助	1.000	0.819
对建立良好人际关系的帮助	1.000	0.872
对提高沟通表达能力的帮助	1.000	0.890
对提升人际交往能力的帮助	1.000	0.891
对提高团队合作能力的帮助	1.000	0.862
对提高自我管理能力（时间和资源等）的帮助	1.000	0.829
对提高组织管理能力的帮助	1.000	0.833
对提高分析问题和解决问题能力的帮助	1.000	0.851
对提高职业技能（如操作设备、使用工具等）的帮助	1.000	0.885
对提高创新创业能力的帮助	1.000	0.870
对学习专业知识的帮助	1.000	0.867

注：提取方法为主成分分析法。

　　表 5-10 的结果表明，18 个指标被概括为 3 个因子，根据每个因子所包含的指标的内容，分别命名为社会性通用能力培养因子、价值观念塑造因子、专业性发展因子。指标的共同度绝大部分都在 0.6 以上，3 个因子的累计方差贡献率为 85.326%，基本达到了因子分析的要求。

表 5-10 书院制实施效果的因子摘要表

变量指标	提取因子		
	因子 1	因子 2	因子 3
对提高家国情怀、民族文化认同的帮助		0.785	
培育和践行社会主义核心价值观的帮助		0.821	
对增强"四个自信"的帮助		0.797	
对提高认识社会、增强社会责任意识的帮助		0.782	
对提高职业意识和职业责任感的帮助		0.715	
对提高人文艺术素养、审美观的帮助		0.640	
对提高身体素质的帮助	0.558		
对提高心理素质的帮助	0.637		
对建立良好人际关系的帮助	0.750		
对提高沟通表达能力的帮助	0.782		
对提升人际交往能力的帮助	0.781		
对提高团队合作能力的帮助	0.722		
对提高自我管理能力的帮助	0.669		
对提高组织管理能力的帮助	0.638		
对提高分析问题和解决问题能力的帮助			0.568
对提高职业技能(如操作设备等)的帮助			0.739
对提高创新创业能力的帮助			0.741
对学习专业知识的帮助?			0.746
新因子命名	社会性通用能力培养	价值观念塑造	专业性发展
特征值	13.987	0.878	0.493
方差贡献率	77.706	4.879	2.741

5.2.6.3 影响书院制实施成效的因素

在提取了新的公共因子后,笔者又以各因子的方差贡献率为权数,计算出总体的实施效果综合得分。然后,分别以各个因子得分和综合得分为因变量,以学生的基本社会特征、入住书院时间、对书院制建设的认同度、书院活动参与情况(包括书院文化活动参与因子、特色课程与互动交流因子、社会实践与志愿服务参与因子)作自变量,建立多元回归模型,对影响书院制实施效果的因素进行分析,结果见表 5-11。

表 5-11　书院制实施成效影响因素的多元回归分析

自变量	社会性通用能力培养	价值观念塑造	专业性发展	总体效果
性别	0.010	0.008	0.058***	0.012
年级				
大二	0.008	0.0449	−0.023	0.009
大三	0.029	−0.025	−0.005	0.027
户籍	0.019	−0.012	0.002	0.018
对书院制建设认可度	0.437***	0.426***	0.448***	0.478***
是否书院干部	0.045**	0.002	−0.026	0.044**
书院文化活动参与因子	0.027	0.059***	0.039**	0.032*
特色课程与互动交流因子	0.035*	0.024	0.082***	0.040**
社会实践与志愿服务参与因子	0.040**	0.028*	−0.002	0.042**
$R2$	0.215	0.201	0.239	0.257
F 值	115.53***	105.616***	132.428***	145.595***

注:(1) * 表示 $P<0.05$,** 表示 $P<0.01$,*** 表示 $P<0.001$;

(2) 模型中的 4 个分类自变量(性别、年级、户籍、是否书院干部)经过了重新编码,都为虚拟变量。对于这 4 个虚拟变量,本研究选择的参照类分别是女性、大一、农村户籍、不是书院干部。

从表 5-11 的结果可以看出:

(1)以本研究中界定的学生发展特征、对书院活动的总体评价、参与社团类型、书院活动参与情况等指标做自变量来预测书院制对学生社会性通用能力培养效果,可消减 21.5% 的误差;预测书院制对学生正确价值观念塑造效果,可消减 19.8% 的误差;预测书院制对学生专业性发展效果,可消减 24.0% 的误差;预测书院制实施的总体效果,可以削减 25.7% 的误差。各个回归模型 F 值分别为 104.864、94.633、120.704 和 132.237,显著性水平为 0.000,通过了显著性检验,说明各回归模型有意义。同时,还有一些相对重要的影响因素在本项研究中没有被发现,这也是以后研究的努力方向。

（2）影响书院制对学生社会性通用能力提升效果的主要因素有是否学院干部、对书院制建设的认可度、特色课程与互动交流、社会实践与志愿服务参与，其中社会实践与志愿服务参与和对书院制建设认可度这两个因素影响最大。主要表现在：社会实践与志愿服务参与度越高，对书院制建设的认可度越高，对提升学生社会性通用能力效果就越好。

（3）影响书院制对学生正确价值观念塑造效果的主要因素有书院文化活动参与、社会实践与志愿服务参与、对书院制建设总体评价，其中书院文化活动参与和对书院制建设认可度这两个因素影响最大。主要表现在：对书院的认可度越高，学生在书院文化活动方面参与度越高，对学生塑造学生正确价值观念的效果就越好。

（4）影响书院制对学生专业性发展的主要因素有性别、书院文化活动参与、特色课程和互动交流、对书院制建设认可度，其中特色课程与互动交流参与和对书院制建设认可度这两个因素影响最大。主要表现在：学生在书院特色课程与互动交流方面的参与度越高，对书院制建设的认可度越高，对提升学生专业发展能力效果就越好。

（5）影响书院制实施总体效果的主要因素有对书院制建设认可度、是否书院干部、特色课程与互动交流、社会实践与志愿服务参与、书院文化活动参与，主要表现在：学生在特色课程与互动交流、书院文化活动和社会实践与志愿服务这3个方面的参与度越高，对书院制建设的认可度越高，书院制总体效果就越好。

5.2.6.4　对书院制的认可度

学生对学院推进书院制有较高的"认可度"（注：含"非常满意""比较满意"，全文同），比例达79%，具体如表5-12所示。结果显示，34.4%的学生表示非常满意，44.6%的学生表示比较满意，表示比较不满意和非常不满意的人数比例一共为2.1%，只有85人对书院制表示不满意。这表明实施书院制建设得到了学生较为广泛的认可。

表 5-12　学生对学校书院制建设的总体评价

总体评价	频数	百分比（%）
非常满意	1 451	34.4
比较满意	1 882	44.6
一般	800	19.0
不太满意	53	1.3
很不满意	32	0.8
合计	4 218	100

进一步分析结果表明，不同性别、年级、不同身份、不同户籍的学生在对书院的认可度方面存在显著差别，主要表现在：男学生比女学生对书院认可度更高；大三年级学生比大一、大二年级学生对书院的认可度更高；学生干部比非学生干部更认可书院制；农村户籍学生比城镇户籍学生对书院认可度更高。具体如表 5-13 所示。

表 5-13　各自变量与对书院评价的交互分析

	变量	非常重要（%）	比较重要（%）	一般（%）	不太重要（%）	非常不重要（%）
性别 ***	男	41.4	39.2	16.8	1.6	1.0
	女	28.7	49.1	20.8	0.8	0.6
年级 ***	大一	37.7	43.1	17.4	1.1	0.7
	大二	29.3	46.5	22.0	1.5	0.7
	大三	32.7	49.7	14.5	0.7	2.4
户籍 ***	农村	34.6	46.3	17.7	0.9	0.5
	城镇	34.0	41.9	21.1	1.9	1.1
学生干部类型 *	校级干部	32.5	46.9	16.3	1.2	3.1
	学院干部	38.4	45.3	14.5	0.6	1.0
	班级干部	45.0	32.5	22.5	0	0
	宿舍干部	36.5	43.3	18.3	1.4	0.5
	社团干部	37.5	42.5	18.0	1.2	0.8
	无	29.9	46.7	20.9	2.1	0.4

	变量	非常重要（%）	比较重要（%）	一般（%）	不太重要(%)	非常不重要（%）
入住书院时间***	1 年以下	36.5	43.5	17.9	1.3	0.8
	1～2 年	30.6	46.1	21.5	1.3	0.5
	2～3 年	33.7	50.1	14.0	0	2.2
是否书院干部***	是	45.8	39.7	11.1	1.8	1.6
	否	33.1	45.2	19.8	1.2	0.7

注:* 表示 $P<0.05$,** 表示 $P<0.01$,*** 表示 $P<0.001$。

在对高职院校推进书院制建设的重要性方面,调查结果显示,39.2%的学生表示非常重要,40.8%的学生表示比较重要,表示比较不重要和非常不重要的人数比例共为2.1%,即只有90人对书院制表示不满意。具体如表5-14所示。这表明实施书院制建设得到了学生较为广泛的认可。

表 5-14　学生对高职院校推进书院制建设重要性评价

重要性评价	频数	百分比（%）
非重常要	1 652	39.2
比较重要	1 723	40.8
一般	753	17.9
不太重要	63	1.5
完全不重要	27	0.6
合计	4 218	100

对各自变量与对书院制建设重要性认识进行交互分析,具体如表5-15所示。结果表明,不同年级、不同身份、不同户籍的学生在对书院的重要性方面的认识有所不同,主要表现在:男生比女生更重视书院制。学生干部比非学生干部更重视书院制,尤其担任书院干部的学生更重视书院制;农村户籍的学生比城镇户籍更重视书院制,另外,大一、大三年级学生比大二年级学生重视书院制。

表 5-15 各自变量与对书院制建设重要性认识交互分析

	变量	非常重要（%）	比较重要（%）	一般（%）	不太重要（%）	非常不重要（%）
性别***	男	45.2	36.4	15.7	1.7	1.0
	女	34.2	44.5	19.6	1.3	0.3
年级***	大一	41.8	40.0	16.3	1.2	0.7
	大二	34.8	42.1	20.7	1.9	0.5
	大三	39.4	41.8	14.5	3.0	1.2
户籍***	农村	39.9	42.2	16.2	1.3	0.5
	城镇	38.0	38.7	20.5	1.9	0.9
学生干部类型**	校级干部	45.0	35.0	14.4	3.1	2.5
	学院干部	41.5	41.7	14.6	1.4	0.8
	班级干部	52.5	32.5	15.0		
	宿舍干部	42.4	40.1	16.0	1.2	0.3
	社团干部	41.8	42.0	14.0	1.5	0.8
	无	33.2	45.1	18.9	2.5	0.4
入住书院时间*	1 年以下	40.9	40.2	17.0	1.2	0.7
	1～2 年	35.8	41.9	19.8	2.0	0.4
	2～3 年	40.4	42.1	14.0	2.2	1.1
是否书院干部***	是	50.1	37.5	9.0	2.0	1.4
	否	37.9	41.2	18.9	1.4	0.6

注:* 表示 $P<0.05$,** 表示 $P<0.01$,*** 表示 $P<0.001$。

5.2.6.5 书院制建设中存在的不足

调查学生对书院存在的困难和问题的评价,具体如表 5-16 所示。调查结果显示:书院存在的困难和问题前四位是活动参与度不高(37.3%)、基础设施不够完善(37.1%)、书院氛围不够浓厚(35.1%)、学生对书院缺乏了解(30.1%),接着的还有:师生交流不够(28.5%)、书院课程(讲座)内容单一(28.5%)、学生参与组织管理不足(20.35%)、读书活动不够丰富(17.7%)、导师参与较少(12.4%)、其他(4.1%)。由此可见,学生对书院存在的困难和问题主要集中在活动参与度、基础设施、书院氛围、学生对书院的了解等方面。

表 5-16　书院存在的困难和问题评价

	频　数	百分比(%)
活动参与度不高	1 575	37.3
基础设施不够完善	1 564	37.1
书院氛围不够浓厚	1 479	35.1
学生对书院缺乏了解	1 269	30.1
师生交流不够	1 201	28.5
书院课程(讲座)内容单一	726	28.5
学生参与组织管理不足	856	20.3
读书活动不够丰富	748	17.7
导师参与较少	525	12.4
其他	173	4.1

5.2.7　主要结论

（1）学生在书院组织的活动中,参与度最高的是主题班会、各类学术报告、体育类社团活动组织的体育活动,参与度后三位的分别是与书院领导、管理人员互动交流、参与专业型社团组织活动、参与书院特色课程;进行因子分析后,学生主要从三个方面参与书院制建设和运行:一是社会实践与志愿服务,二是书院文化活动,三是特色课程教育与互动交流。通过均值统计和因子分析,可以看出书院文化活动参与度最高。

（2）学生参与书院活动产生较好成效的有:提高认识社会增强社会责任意识、提高职业意识和职业责任感、增强"四个自信"（中国特色社会主义道路自信、理论自信、制度自信、文化自信）、培育和践行社会主义核心价值观等,相对较弱的有:提高创新创业能力的帮助、对学习专业知识的帮助、对提高职业技能（如操作设备、使用工具等）帮助等。进行因子分析后,被概括为社会性通用能力培养、价值观念塑造、专业性发展等三个因子。通过均值统计和因子分析,可以看出社会性通用能力培养和价值观念塑造成效好、专业性发展较弱。

（3）影响书院制对学生社会性通用能力提升效果中,社会实践与志愿服务参与和对书院制建设总体评价这两个因素影响最大,主要表现在:社会实践与志愿服务参与度越高,对书院制建设的总体评价越高,对提升学生社会性通用能力效果就越好;影响书院制对学生正确价值观念塑造效果中,校园文化活动参与和对书院制建设总体评价这两个因素影响最大,主要表现在:对书院的认可度越高,学生在校园文化活动方面参与度越高,对学生塑造学生正确价值观念的效果就越好;影响书院制对学生专业性发展的主要因素中,特色课程和互动交流参与和对书院制建设认可度这两个因素影响最大,主要表现在:学生在书院特色课程和互动交流方面的参与度越高,对书院制建设的认可度越高,对提升学生专业发展能力效果就越好;影响书院制实施总体效果的主要因素中,入住书院时间和对书院制建设认可度这两个因素影响最大,主要表现在:学生在特色课程与沟通交流、校园文化活动和社会实践与志愿服务这三个方面的参与度越高,对书院制建设的认可度越高,书院制总体效果就越好。

(4)书院制建设得到了学生较为广泛的认可,比例达 79%。男学生比女学生对书院制建设认可度更高;大三年级学生比大一、大二年级学生对书院的认可度更高;学生干部比非学生干部更认可书院制;农村户籍学生比城镇户籍学生对书院认可度更高。

(5)学生对书院制建设存在的困难和问题主要在基础设施、书院氛围、对书院的了解等,但是这些方面的困难和问题占比不大,代表部分学生的观点。因此在后续研究中,需进一步了解少数同学对这些问题和困难的原因所在,在书院制建设中更为细致,对学生进行精细培养。

5.3　访谈分析

5.3.1　访谈设计

5.3.1.1　目的

本研究采用访谈作为质性研究中数据采集的手段,以详细了解参与者的思想感受,师生的表述既为问卷设计提供依据,也用于帮助分析书院制实施情况以及师生的感受。访谈采用半结构化形式,既提供访谈提纲,也允许被访谈者围绕主题进行深入讨论,有利于调动积极性,也有利于补充资料的掌握。结合已有的假设提出开放性问题,让受访者谈出他们的真实感受和体验。

5.3.1.2 访谈提纲

访谈内容分为两种类型,一是对教师的访谈内容,围绕"书院制培养模式对学生发展(专业性发展、社会性发展等)产生了那些独特的积极影响?""学校书院和(学科专业)学院是什么样的关系,运行过程中有什么利和弊?""对高职院校书院制的发展有什么建议?"等问题了解教师对高职院校实施书院制的效果、问题和发展的态度、观点。二是对学生的访谈内容,主要围绕书院的环境、活动、师生关系等方面了解学生的参与情况和效果评价、存在问题,了解学生对书院制的认知情况及发展建议。

整个访谈问题设定的来源有 3 个部分。第一,根据文献资料研究所产生的问题。第二,根据之前的量化分析数据结果,一些没有被深入理解的问题会被列举成质性访问的问题。第三,除了文献资料和量化分析研究,在研究过程中,部分在学院一线工作的老师提供的建议和专家学者的建议也被整理归纳成为访谈问题。访谈问题的用语标准遵守三个基本法则,既简单、清楚、明了,确保所有受访人员可以快速理解提问内容。详细的访谈提纲见附录 3。

5.3.1.3 抽样

访谈对象的选择要具有代表性,包括教师、学生骨干、普通同学。共选取 3 所案例学校教师代表 34 人($N=34$),其中教育研究方面的专家 3 人,学生处等部门领导 7 人,以及常任导师、学业导师、管理人员等 24 人;学生共选取 38 人($N=38$),包括参与书院制建设的学生骨干 25 人和普通同学 13 人(教师用 T1~T34 标识,学生用 S1~S38 标识,具体情况见附录 4)。

受访教师的年龄跨度为 27~56 岁,平均年龄为 41 岁,以中青年教师为主。受访教师的工作经验都较为丰富,在本单位平均工作年限为 13 年。从职称上看,受访教师的职称大多数为副教授或讲师。从教师受访者的基本信息来看,受访教师都有丰富的学院管理或者教学经验,并且对书院的制度和体系有较为深入的观察与思考。受访学生针对问卷调查三年级学生较少的情况,共选择 19 名三年级学生。

5.3.2　数据分析

数据采集使用质性研究法的分阶段采集,整个采集过程分为 3 个阶段,分别为准备阶段、采访阶段、采访之后的后续跟进阶段。在准备阶段中,有兴趣参加研究项目且符合条件的研究对象被邀请与研究人员进行面对面或网络的非正式交流。非正式交流的主要作用是向受访者解释研究的目的和意义、研究所使用的方法、采访时间长度和大概的内容等,使得他们对接下来的访谈有一个全面的了解,打消他们可能怀有的疑虑情绪,初步建立起研究者和采访对象彼此之间的信任。采访阶段进行数据采集,由一系列的半结构式的和开放式的问题引导的深度访谈所形成。74 次访谈的时间都控制在了 45 ～ 60 分钟以内完成。其中 46 次采访是一对一,即研究者和受访对象单独完成。剩余 28 次是二对一,即研究者和受访对象,外加助理研究员协助记录等。采访的语言为普通话;为了确保采访不被外界干扰,采访地点主要是在学校内部的空置教室或相对独立的空间,网络采访也是事先安排准备良好的交流环境。部分采访在得到受访人的授权下进行录音,然后转为文字记录,用于之后的数据分析。在后续跟进阶段,研究者通过电话、微信或者面对面等方式,重新问一些访谈中没有阐述或解释清楚的问题。这个步骤是为了测试之前研究对象在回答之前访谈问题时的用语真实性。后续跟进访谈在本次研究中一共进行了 12 次。这 12 次后续跟进访谈采取的是电话式访问加微信即时通话。时间跨度从 3 分钟至 14 分钟不等。通过 12 次后续访谈,研究数据的精确性得以确保。从第一研究阶段的准备到最后完成,整个数据采集的时间跨度为两个半月。

通过原始数据采集,访谈对话记录有 8 万余字。为了更好地解读数据和编码,在数据分析过程中采用三重循环式的阅读分析法。用三重循环阅读模式定位质性研究中的数据是由美国学者 Smith、Flowers 和 Larkin（2009）提出的。[①]每一重阅读都有自身的功能和作用。第一重阅读是描述性阅读。在这个阶段,研究者针对数据中的显著性信息做笔记和标识,这样含有显著性信息的数据会在第一轮阅读当中显现出来并且被编组标记。第二重阅读是语义性阅读。在

---

① 王智威. 论影响大学生参加志愿者活动的因素——质化解释型现象学分析研究［J］.
深圳职业技术学院学报. 2020,19（6）:37-43.

这个阶段,研究者分析研究对象所用的语言的真实含义和隐藏性含义。一些比较隐秘晦涩的语言表达会在这个阶段被定位和发掘。第三重阅读是概念性阅读。所有含有相似性含义的数据会被分类到不同主题。通过使用三重循环式阅读分类法,研究者将所有有研究价值的数据进行编码和编组。三重阅读分类法形成了 17 个子主题。研究者根据这 17 个子主题的内容进行了第二次筛选和合并。比如,如果一个子主题未获得半数以上的受访对象提及,就会被放弃。最终这 17 个子主题形成了这篇研究论文的 11 个质化主题。

表 5-17　书院访谈质化主题情况

序　　号	主题题目	提及次数
1	提高学生的家国情怀和民族文化认同感	42
2	加强学生对社会责任的认知	61
3	培养学生的"四个自信"	52
4	培育和践行社会主义核心价值观	50
5	培养职业意识和职业责任感	42
6	培养学生的社会性通用能力	63
7	加强学生的专业性发展	45
8	对教师的影响	23
9	组织协同的问题	65
10	保障力量的问题	62
11	书院发展理念的问题	51

这次研究调查结果相对比较丰富,根据数据的重复性、显著性和语义特征,研究者和受访对象共同解释了高职院校书院制建设的评价,最终高职院校书院制建设的 11 个质化主题被确立。这 11 个主题既有正面评价的主题,也有负面评价的主题。在这 11 个质化主题中,主题 1、2、3、4、5、6、7 属于较为正面积极的评价,主题 8 和 9、10 属于负面评价。而主题 7 老师的影响(主题 7 为新发现,属于中性的评价,提高了老师对自己的职业认同感,也提升了对教师的民族文化的认同感,使得教师更加爱国爱党,属于书院活动的附带效果)。为了更直观的理解这次研究的研究结果,研究者建立了下面研究结果示意图(图5-1)。

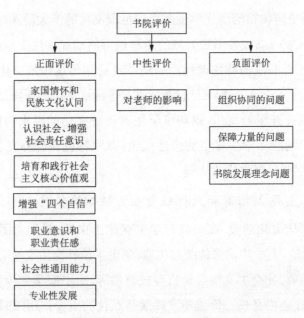

图 5-1　书院制建设效果师生访谈评价示意图

5.3.3　主题描述

对 11 个具有较为重要的参考性意义质化主题的内涵分别予以描述。

5.3.3.1　主题 1：家国情怀和民族文化认同

在书院文化活动中，"红书会""灯塔学习会""我的中国梦""我和祖国共成长""青马工程"等教育活动均能得到参与学生的认可。其中，书院的"红书会"活动按学生的兴趣与专业建立小组，学生可以在导师的指导下确定主题和计划，自由报名参加，通过自由讨论提高思维创新能力，有利于让学生接受多元信息，感受文化熏陶，从而促进思想认识的提高（T6）；参加"灯塔学习会""我的中国梦""我和祖国有话说"等教育活动，让学生对祖国有更全面的认识，从而更加珍惜今天和平的环境（S25、S35）；参加"我和祖国共成长"系列活动，对学生树立正确的价值观念、养成优秀的道德品质起到了导向和促进作用（S27）；参加"井冈山文化"学习活动，帮助学生获取相关的历史知识，强化了学生的家国情怀（S22）；书院二级党校培训暨青马工程开班、"我眼中的 70 周年"摄影比赛、同心光明行等活动，促进学生在生活中去体会和思考 70 年来祖国的改变，在浮躁的日常生活中去发现可以被放大和延伸的变化（S2）；暑期社会实践参观历史博物馆活动让学生感受到祖国文化的博大精深,为祖国今天的强大而自豪(S24);高校各书院开展的主题教育活动往往注重品德与知识共同培养(S12);还有书院的特色课程,"书院以发扬和传承传统文化为建设特色,在书院内开设了《论语导读》《红楼梦导读》等传统文化类课程,给真正热爱传统文化的学生打开了一扇门,推动了学生对传统文化的追求与探索"(T24)。这些参与性活动给了学生更多的感性认识,书院特色课程补充了原有课程体系,促进了学生对民族文化的认同。

5.3.3.2　主题 2:培育和践行社会主义核心价值观

各书院深化文化建设,在书院有学生党建工作站、学生党团活动室,开辟书院的文化阵地,有中华优秀传统文化墙、学生手绘社会主义核心价值观长廊、学生修身主题墙、社会主义核心价值观教育墙等,对书院学生传承中华优秀传统文化、培育社会主义核心价值观发挥潜移默化的重要作用(T11)。书院功能房得到学生们的喜欢(T3)。书院的咖啡屋是由学生自主经营的,师生可以在那里休息娱乐,为书院师生提供了更好的交流互动平台(T16)。参与书院制建设的老师,见证了书院的筹备、成立、完善,硬件的日趋完善有利于促进文化氛围,促进师生共融(T16)。许多特色功能房,为学生公寓添加了生活休闲的功能,优点是能让学生找到归属感(T9)。书院用环境氛围去熏陶学生的品德,实实在在地让学生感受到书院制建设带来的获得感(T8);书院的环境氛围普遍比普通公寓要好很多,更加有美感(S22)。"书院的功能房得到很好的完善,书院开展的活动变得越来越丰富。同学们参与率逐渐提高,将书院活动和功能房联系到一起。我们同学课余生活丰富了,关系更融洽"(S15)。书院的管理也起到示范作用,各类优秀的评选,如管理先进集体、书院管理先进工作者、公寓管理先进工作者、公寓管理优秀学生干部,对书院制建设起到很大的引领示范作用(T6)。书院特色课程需要学生的参与和实践,特色课程的汇报展示中,有干家务表达对父母的感恩、体会大学时光的珍贵、读经典书感悟人生哲学、打工的艰辛和努力,即使有些对早读不满的学生也能诚恳地表述他们思想的转变,很有正能量(T3)。师生关系的良性互动对学生的价值观发展也起到积极作用。书院趣味运动会让学生更加了解了教师,与教师融到了一起。加深了学生与老师的关系,老师与学生之间的关系更紧密,"吴老师个人能力突出,他带领老师

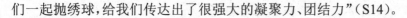

们一起抛绣球,给我们传达出了很强大的凝聚力、团结力"(S14)。

5.3.3.3　增强"四个自信"

各个书院开展了大量富有特色的党建、团建活动,在中国特色社会主义道路自信、理论自信、制度自信和文化自信的学习教育上发挥了重要作用。书院"青马班"通过理论讲授和参观体验,组织学生到深圳前海、腾讯公司等地感受改革开放的新成果,提升了学生对社会主义道路的信心(S12)。学生参加党员发展对象培训班,军休所的老干部通过自身经历介绍国家发展历程,让学生更加清楚地认识到今天的发展成就来之不易(S14)。书院大量的团建内容更贴近学生生活实际,让学生对社会有更多的了解,增强了对国家发展的信心(S23)。书院组织的二级党校培训,让学生更深刻了解中国共产党的发展历程,学习到爱国爱党精神、领会到"五四"精神、长征精神、工匠精神等,坚定学生对国家发展的信心,鞭策学生成为更好的自己,"参加书院活动使我更加爱党爱国爱团,让我以更高的标准去衡量我的行为举止"(S4)。书院组织访问老党员活动,让学生了解并且认识了更多在课本上学习不到的感人故事,也更加懂得了党员的标准,跟随书院和社团进社区、进养老院,体会到乐于助人的快乐,认识到帮助他人的重要性,也领会到尊敬老人,爱护弱势群体等中华传统美德(S22)。

5.3.3.4　认识社会、增强社会责任意识

书院开展的大量社会实践类活动,让学生走进生活实际,认识社会。"参与叶之秋活动,让我明白其实身边任何小小的东西都不能小视,他们也有自己的魅力,我们缺少的只是发现美的眼睛,即使一些生命再渺小,也需要我们去尊重"(S27)。书院党支部举办"保护环境之中山公园拾荒行动"让学生深切地懂得了对环境保护的重要性(S5)。书院开展生活垃圾分类宣传增强学生的社会责任意识(S37)。书院组织的"无毒青春保驾护航"禁毒侠禁毒宣传活动,让学生了解毒品的危害,时刻提醒自己远离毒品,履行社会责任(S25)。还有书院开展的自主管理等,也发挥了作用,书院成立各类学生自治组织,开展各类文体活动、社会实践、职业服务,有利于推动学生的自主成长、自主成才,更好地适应社会(T15)。

5.3.3.5 提高职业意识和职业责任感

书院文化活动和企业联系发挥了作用。书院联系了大量各行业的企业,邀请相关负责人担任书院的校外指导老师,将大量行业企业领域的知识传递给学生 (T-13)。学生在创新创业方面、新知识与新技术方面、社会实践方面得到企业导师的帮助,部分学生成功在创业园取得入园资格,开启了职业生涯(S2);书院活动让学生从开始只关注个人到关注社会各个方面,"通过与社区人员交往,我认为一个人最重要的就是个人修养,每一件小事都需要仔细认真地去做"(S-19)。同时,书院开设了相关的特色课程,如开设新时代工匠精神选修课,让学生从是什么、为什么、怎么办3个维度认识到涵养工匠精神的重要性、必要性、可行性,很好地帮助工科学生实现思想价值引领(T11)。此外,书院导师发挥重要的积极作用。书院制是增进师生交流的重要平台,书院辅导员与学生共同生活学习,全面实施"一站式"导师制,实现 100% 老师参与,100%覆盖全体学生,导师提供从入学到毕业的全程辅导,营造"全员、全过程、全方位"的育人氛围,在师生的交流中,老师的敬业精神对学生就是一个直接的教育(T23)。书院聘请人生导师、职业导师,有利于学生更全面看待社会,认识职业,对自己的职业规划和发展有具体的帮助,帮助学生树立科学的人生理想(T29)。一位学生谈到"一次打篮球受伤,辅导员送过去,当时还帮垫了医药费,从老师身上,我深受感动,学习到很多"(S29)。

5.3.3.6 社会性通用能力发展

一是体现在社会实践和志愿服务。书院很多工作由学生自主承担。学校公益活动的成果大,通过策划书撰写、中期实行、总结提升等,2019 年励能书院获得城区志愿者服务项目三等奖和三万元运营经费奖励,也是第一次校外获得的成果,在执行团队运作、对外沟通交流中,学生社会性的能力得到发展(T30)。书院以志愿服务为载体,走进灵珠山街道实施"双百融合成长计划",坚持到华欧希望小学进行"小马支教",参与义工进社区服务项目等,对学生各方面的能力发展起到重要作用(T16)。二是体现在书院的自主管理。书院制的宿舍管理,越来越多地扩大学生参与,推进学生的自我管理,在这个过程中,一方面提高了学生的沟通能力、组织能力和人际交往能力,另一方面也有助于学生提高责任意识,既对自己有责任,也对集体有义务,实现个人和集体的平衡发展(T15)。三是体现在书院特色课程。书院给大一新生开设"沟通与表达"和"社交礼仪"课程,让学生学到了专业课以外的利用率很高的东西,改变了以前早读没有实质内容的情况(T8)。每个学生都需要上讲台,每个学期3~5次,需要完成 PPT 制作,面向全体同学进行汇报。学生在信息收集、讲稿整理、PPT制作和如何汇报,得到很全面的锻炼,演讲表达能力比以前有提升(S14)。一位毕业班的同学谈到"社交礼仪课程帮助我更加顺利求职就业"(S3)。书院开设的"大学生职业素质拓展与实践"文化素质选修课能够通过知识结构模块化,让学生按年级、知识模块进行选择,(S11)。有同学认为"在书院生活和学习,感觉最大的收获就是交际面更广了,每个同学都有两个归属组织,一个是班级,一个是学生社区"。班级能让学生和相同专业的同学一起上课、一起讨论和学习专业知识。学生社区内不同专业背景的学生一起组织并参加活动,促进学生处理人际关系能力的提高(S8)。在参与书院制建设过程中,学生和教师共同参与了书院从无到有的每一个环节,使其设计、组织等能力得到提高,也让学生对书院更有感情,愿意毕业后依然留在书院工作(S5)。书院制建设让学生的生活更方便,活动内容更丰富,在专业外的各方面的能力提升明显(S7)。一位学生提到篮球赛和五子棋大赛等的意义,"篮球比赛是团队活动,它培养了信心、毅力、团队合作能力""五子棋大赛让我们专注于棋盘,去思考、去观察、对自己思考问题和解决问题也是有提高的"(S35);书院组织夜行军活动,学生通过20多公里的彻夜步行,更能体会到坚韧不拔的长征精神,也更积极锻炼,增强身体素质(S32)。

5.3.3.7　专业性发展

在学生的专业性发展方面,书院通过学生社团扩大学生参与度。知行书院的知行讲堂常态化讲座内容都是与专业相关的科普知识(由本学院讲师以上职称的专业课教师申报,每年必须讲一期)(T16)。知行书院 28 个社团中有15 个是专业社团,学校每个专业都有专业类社团,学校规定学生必须加入一个专业技能社团和一个身心素质社团。此外,学校结合专业特色,开展"身边的化学——让美留在知行书院"、"火眼金睛"农残检验、废品手工制作等活动,为学生提供提升专业技能的实践平台(T16)。书院开展志愿服务活动也是按照学生的专业背景开展,对学生的专业发展起到积极推动作用。"参加很多活动都用到了我所学习的化工化学专业的知识,比如进行水质检测,利用化学知识进行志愿服务,志愿服务又提升了我的技能"(S17)。另外,书院通过设立工作室等方式扩大学生社会实践,书院将专业教师引进书院,在书院开设大师工作室,工作室的功能不仅包括育人平台同时也作为学生实践平台,工作室从专业基础到专业实践都给予学生极大的助力(T11)。例如国学养生工作室在专业性发展方面,通过工作室所带的药学专业学生进行中药专业人才需求的调研,取得了第一手的调研资料;通过中医药文化和产业发展讲座,结合中药香囊及中药药膳的制作,学生们对中药专业的学业、职业、就业的热爱明显提升,学生有什么学习难题,教师都可以主动面对面对学生进行学业和就业的指导和帮助(T5)。日新书院致力于打造以"硅谷精神"为内涵的创新创业体验中心,近几年在专业技能大赛、创新创业大赛、创业项目孵育方面取得了优异的成绩,累计获得省级以上奖励 20 余次。在该中心的孵育下,学生在校期间成立了宏雅(深圳)、锐软科技、初创企业服务(深圳)、极光网络科技、码创科技(深圳)等公司(T20)。书院聘请了专业导师、社团导师等,有利于学生学好专业,参加各类专业型社团,专业提升比没有参加的同学快得多,成果更丰硕(T29);"王老师讲解的主题为'高速发展的膜分离技术',在我们专业课中也会讲解到,通过这个讲座让我提前有所了解,在学习过程中让我更加知道自己应该从哪方面入手学习"(S16);学生参与书院活动丰富了学生的课余生活,开阔了眼界,做专业课作业有更丰富的想象力,"例如在我做一张作业时,如果我刚参加完'我和我的祖国'活动,我会想到祖国,想到红色和黄色,进而想到最近很盛行的古风,而古风作品里有一个动漫名叫《大鱼海棠》,我选取其中适合的图片,对其颜色进行改变,一副适合作业主题的作品便出来了"(S28)。

5.3.3.8　对教师的影响

在参与书院工作中,有生活导师谈到自应聘以来,关于"在书院的各项工作中,您参与较多的是哪些",排在首位的就是师生交流。师生交流带来师生的良性互动,如通过走访宿舍,检查卫生,让老师和学生有简短的交流,增进了师生情感(T26)。学业导师参与学生的书院课程汇报,看到学生的汇报内容中有在社会实践、阅读等方面的收获,对自己也深有启发(T3)。很多高校在未来书院制建设中将注入新的动力,将引进更多社会资源,并进一步推进内涵建设、将书院建设成幸福园(T1、T2)。书院的建设有效调动了师生的积极性,大家有着共同的目标,促进了学生发展,效果是显著的。在书院里,教师和学生是被尊重的,教师可以选择自己感兴趣的内容,学生可以决定自己想学什么,并非被强迫而来,教师和学生的连接(包括学生对老师的敬爱)因而变得"单纯而真实"(T9、T11)。"书院搭建了一个平台,其他都交给教师和学生,是最为难得的"(T2)。

5.3.3.9 组织协同的问题

在学院与书院的协同上,有教师提出"书院和学院属于延伸与互补关系",由于书院制建设主要依托学工系统,存在"人员分配问题",辅导员身兼多职,对学生的管理事无巨细、面面俱到,从辅导员自身职能来说,工作难以聚焦,没有充足时间关注学生的成长与发展,从而陷入一种管理工作不到位的局面(T28)。另外,组织协同缺乏科学、成熟、系统管理体制的指导,没有分清管理工作任务的主要目的,限制了学生管理工作的积极行、主动性和创造性(T12)。针对书院学院相对应的情况,有教师提出"毕竟两者都是同一批管理者和教师,谁也不可能脱离另外一方单独行动"(T2)。还有老师指出根据一些已经探索现代书院制的高校经验,如果书院还是隶属于某个学院,可能存在"换汤不换药"的嫌疑,例如书院的学工队伍依然要受院系考核的制约,要承担来自院系的其他事物工作,例如监考、校企合作等,事实上不能够专注于书院管理,书院之间缺乏协同,资源共享不足(T7)。部分专业教师与辅导员的协同交流没有实现很好的融合,仅停留在宿舍导师或党员导师等工作上,缺少一个多方参与、全面覆盖、客观评价、相互融合交叉的督导管理格局(T7)。关于书院采取实体的方式,由于书院制大部分学生管理工作都归属于书院,导致学院老师进一步忽视德育,认为专业老师只负责教书就行,育人则交给书院辅导员;同时一个书院可能同时要对接好多个学院,加大了沟通成本,有些事情双方难以协调(T23);而明确界限导致的弊端,是学生在课后找教师的时间少了,缺乏专业指导,课后给予学生时间不够(T29)。

在书院内部的协同上。有教师认为共建模式和转型升级是影响书院效果的主要原因(T1)。在"书院制建设存在的主要问题"上,多位参与书院制建设的教师提到共建模式和学校的物理空间制约。2016 年 10 月深职院在书院制建设试点三周年之际,面对书院发展受到物理空间制约的现实,为发挥书院的作用,学校召开书院制建设座谈会推进共建模式。按照资源共享,项目共建的思路,崇理书院引入机电学院共建,三尚书院引入人文学院、艺设学院进行共建,后来建设的日新书院也是共建模式(T9)。"这种共建模式一定程度上发挥了作用,但物理空间还是原来的学院在主导,协同机制不健全"(T12、T13)。同时学校整体建设进入转型升级阶段,建设重点集中在新体育馆、运动场、学生公寓等,原有书院的实体空间改造力度放缓。以崇理书院为例,其中一部分从 2018 年开始拆除建设成为新的高层公寓,原来进驻的导师返回学院办公,书院共建模式受到影响(T15)。书院与学院行政管理交叉的问题,将直接影响学生发展目标的实现。当前高职院校实施书院制,主要的困难和问题在于如何实现生活和教育的统一,古代师生同住,学习和生活是一起的,现在是分离的,如何解决是需要思考的(T7)。要更好地发挥书院制的作用,关键在于突破以学科专业教育为绝对中心的组织壁垒,推动书院与学院、课堂与课外的融合,需要从完善运行机制等方面加强书院制建设(T2)。

5.3.3.10 保障力量的问题

在师资力量方面,由于书院制建设往往以试点的方式展开,参与书院制建设的教师并不是很多,当初都是以类似于一种项目化的形式组队,人员的频繁调动容易使得书院工作没有得到很好的交接(T17)。导师制在实施上受到生师比、双师型队伍等方面制约,在教育教学和学生管理任务繁重的情况下,导师很难投入足够多的时间和精力来指导书院学生(T21)。还有存在教师开设特色课程不足等问题(T7)。也有老师指出"当前老师的任务已经非常饱满,没有精力做更多新任务"(T23)。

在实体空间保障方面,书院布局的不合理很大程度上制约了书院的发展,也不利于书院的形象宣传和学生参与(T16)。此外,受限于书院面积较小、设备简陋等缺陷,很多好的育人想法都无法实现(S33)。因此,书院建设需要加大专项经费投入,拓展书院硬件环境更好地满足学生成长需要(T23)。在现有的物理空间和设备设施基础之上,利用新技术新设备,完善书院活动室的类型,突出书院功能室的先进作用(T20)。

在管理制度方面。有教师指出书院制是改革系统工程,与育人相联系,书院制难以实现的原因在于配套的措施,比如学分制没实现,很多管理措施难以推进(T19)。关于学生混住,不同学校的教师都提到,书院制建设探索初期,在书院打破专业班级、年级,鼓励不同背景的学生混住,自2016年后回归原来的班级对应,其中一个重要原因是没有实行学分制,相关的教学管理没有与之配套(T1)。建设前期采用混住模式,打破专业界限,取得一定效果,但相关配套没有跟上,比如考核、管理职责等,而采用班级对应的方法,管理问题解决了,但书院的功能削弱了(T15)。还有在学生管理体系的支持方面,有教师提出学生社区管理涉及学工、保卫、后勤、物业等多部门,当前局面是"劲没往一处使"(T29)。有教师认为理想的状态是学校有几个书院,全校开放,从书院场地、组织架构等方面布置,提供整体实施方案(T23)。关于学生的自主性,有教师指出对比国外的住宿学院,很多时候由负责学生干部在宿区公告学生活动,征求意见后根据意愿开展活动,体现了"自下而上",而我们的活动更多体现了"自上而下"(T11)。

5.3.3.11　书院发展理念的问题

在访谈过程中,访谈教师不同程度提到对书院的认同度,即使参与书院办公的辅导员,由于事务繁多,对书院的理解也不深(T22)。"一些优秀做法在民办院校没有做到,比如经费投入和财政支持,根本原因是认为民办高校压力大,更需要关注教学是否受到学生和家长的认可,保障有稳定的生源,如书院制创新发展的重要性没有这么突出。"(T21)

在书院中应该采用怎样的管理措施这个问题上,教师们有着不同的认识。比如学生的"混住":有教师提到古代书院的精髓是自由讲学,思想解放,不同流派进行交流。书院制的初衷是不同院系混合、交流,打造育人平台,真正发挥作用。现在各个书院间存在不同年级、不同院系文理融合还不够、对传统书院的吸收还不够,需要进行教育教学的改革、方法变革等问题(T7);需要"混合才能融合,才能协同"(T4);书院通过咖啡吧等方式促进学生交融,没有达到高度,需要进行"方法、组织、管理的改造",提供一个方案搭建好平台,提供路径,明确组织者和领导者的角色和作用(T18);书院应该有鲜明的价值观,超越年级、社团,努力的创造条件,最大可能实现接通社会的社会化过程(T4)。也有教师认为高职院校的书院制应该结合学生的实际,不应简单复制(T16)。还有教师认为在书院实施前期,实行混住,导致学风建设遇到了新问题,认为书院自主学习环境的养成容易造成部分学生上课迟到、旷课现象严重,学生专业课程的考勤和教学质量就面临挑战(T19)。

在学生访谈过程中,认为书院制不重要的主要原因是高职学生应当更注重技术,高职学生定位目标为技术性人才,文化建设固然重要,但技术才是核心(S25)。另外,学生到了高年级,对专业的认可程度会远高于对书院的认可程度,甚至在学生的认知中"学院优先于书院",学生总会和别人介绍自己的时候说,"我来自学院某专业的学生,而不会说来自某书院的学生"(S18)。

在书院特色发展上:一是书院自身的内涵特色。有老师认为"现在'院子'是建起来了,'书'如何往里面装"(也就是内涵如何体现),还没有很好的体现(T15)。从目前的运行来看,没有感受到独特的影响,如果不建立书院,之前的学生管理也一样会做这些工作,目前仅仅是辅导员进入了学生公寓,办公方式与以往不同,当然,也有可能是书院还远没有发挥出理想的效果(T29)。二是书院的中国特色发展。有老师提到,社会主义的教育宗旨需要明确为谁培养人、培养什么人;在欧美教育体系借鉴下,我国书院需要强化自己的价值观教育,也就是本土化(T16)。这就需要我们增强学生对书院历史背景的理解,激发同学们爱护书院的情感(T15)。"扎根中国大地,办好自己的教育"(T21)。三是书院的高职特色发展。有教师认为,高职院校的特色发展尚处于起步阶段,校企合作这一优势在书院未得到充分体现;先进企业文化尚未成为书院发展的助力(T27);针对高职院校学生身心成长规律与特点,需要突出职业教育自身特色(T4)、高职高专和普通高校的生源不一样,讲深了听不懂,讲浅了没效果,讲到什么程度需要研究(T18)。与普通本科院校的书院制相比,教师也提出职业教育特色的实现可能,认为高职书院更应加强职业认同感培养(T15)、高职院校的书院制建设更应加强学生职业道德培育(T17)。高职院校的书院制建设应该体现出"产教融合、校企合作、工学结合、知行合一"的特色,按照高素质技术技能人才的培养目标,探索如何把企业文化、职业素养融入书院制的人才培养模式之中(T25)。

另外,针对问卷调查结果中参与度的问题,访谈结果虽然没有形成主题,访谈过程显示一方面与学生的兴趣爱好有关,另一方面与组织协同、支持保障等造成的活动质量认可度相关,比如"存在活动频密""活动宣传不足""吸引力不足"等。在整体提升的基础上,书院制需要关注学生的需求,有利于进一步提高学生参与度。

5.3.4　主要结论

(1)访谈分析进一步验证了问卷所发现的书院制建设成效,书院在学生社会性通用能力、价值观塑造和专业性发展 3 个方面对学生有直接的帮助。

(2)访谈结果丰富了书院制成效的内涵,使我们对书院制成效的功能理解更加具体化。书院对学生社会性通用能力的提升起到积极作用,其中社会实践与志愿服务、实践体验型的书院特色课程等对提升学生社会性通用能力有效果,既体现了生活教育的作用,又体现了做中学的特点,书院活动的实践性、参与性在社会性通用能力发展中具有独特价值。书院对学生的专业性发展有帮助,主要体现在专业型社团、教师工作室等方面,书院发挥了生活教育的作用,也体现了做中学的独特魅力。

(3)发现了书院制建设中存在的管理和发展问题。主要体现为组织协同不足、支持保障力量不足和部分师生书院发展理念共识不足等的问题。

5.4　结果与讨论

综合问卷分析和访谈分析显示,3 个案例学校书院制建设有着以下几方面的结果。

第一,书院制促进了学生发展。书院制对学生发展的效果重点在于社会性发展,包括社会性通用能力和价值观塑造,专业性发展次之。书院在学生发展中发挥的作用得到师生较为广泛的认可。不管是社会性发展,还是专业性发展,书院制在学生发展上发挥生活教育的作用,体现了做中学、学中做的优势,有着实践性、参与性的特点,有着独特的优势。

第二,书院制中学生发展和学生参与度呈现正相关。调查结果显示,学生在特色课程与互动交流、书院文化活动和社会实践与志愿服务这三个方面的参与度越高,对书院制建设的认可度越高,书院制总体效果就越好。学生问卷调查结果显示,部分学生认为活动参与度存在不足,访谈结果虽然没有形成主题,但从书院发展角度来看,需要关注学生的需求,发挥既有经验和优势,增强吸引力,不断提高学生参与度以促进学生发展。

第三,书院制建设需要加大支持和保障。调查结果显示,书院存在的困难和问题之一是基础设施;访谈结果进一步显示,不管是实体空间,还是师资力量和管理制度,保障需要进一步加强。

第四,书院制建设需要进一步促进融合。调查结果显示,书院制存在的困难和问题之一是书院氛围,访谈结果进一步显示,书院的困境不但体现在学院与书院的协同上,还体现在书院内部的协同上。根据三所学校书院制建设情况,都是在原有学院的基础上建设而成,有着"后天""嵌入"的特点。学生感受到的还是学院的氛围,而不是书院的氛围。

第五,书院制建设需持续推进文化认同。调查结果显示,书院存在的困难和问题主要集中在书院氛围不够浓厚、学生对书院的了解不足等方面;访谈结果显示,建设过程中的问题之一就是部分师生对书院发展理念的认同问题。

5.5 小结

本章选取 3 所有代表性的实施书院制的高职院校进行现状调查,基于前面几章的理论探索进一步对书院制建设进行实证研究。实证研究过程采用质性研究与定量研究相结合,包括了书院 4 218 名学生的问卷调查和 72 名师生的访谈。

调查结果显示,案例学校实施书院制得到师生较高的认可,书院制促进了学生发展,重点在于学生的社会性发展,包括社会性通用能力和价值观塑造,专业性发展次之。进一步分析显示,学生发展和学生参与度呈现正相关,社会实践与志愿服务参与度越高,对书院制建设的认可度越高,对提升学生通用能力的效果就越好;学生在书院特色课程和互动交流方面的参与度越高,对书院制建设的认可度越高,对提升学生专业性发展能力的效果就越好;学生在特色课程与沟通交流、校园文化活动和社会实践与志愿服务这 3 个方面的参与度越高,对书院制建设的认可度越高,书院制总体效果就越好。结果表明,不管是认可度还是重视程度,学生干部得分高于非学生干部,农村户籍学生得分高于城镇户籍学生,尤其担任书院干部的学生更重视书院制。

访谈结果进一步显示,3 所学校的书院制建设发挥了生活教育的作用,体现了做中学、学中做的优势,有着实践性、参与性的特点,在育人中有着独特的优势。访谈结果有力地表明,书院制成为现有教育的有效补充,值得进一步推广和发展。

调查结果显示,书院存在的困难和问题主要体现为:支持保障力量不足,包括师资力量、基础设施、管理制度等;组织协同不足,既包括书院外协同,也包括书院内部协同;对书院缺乏了解,书院发展理念共识不足,书院氛围不够浓厚等。从书院制更高程度发展的角度来看,需要不断提高师生的参与度。这些情况都告诉我们,高职院校书院制建设还需持续进行改进和提升。

第 **6** 章

改进高职院校书院制建设的对策分析

　　构建职业教育特色的书院制是本章的核心问题。本章将从两个方面来展开对这一问题的论述。一方面,高职院校书院制建设需要遵循书院制建设的共性,基于书院制的建设路径、培养目标、影响因素等进行规范性建设。书院制依托学生社区开展生活教育。建设规范性的书院制首先需要在建筑设施、组织建设、制度完善、文化内涵等建设过程体现"设计和引导课外生活的教育",深化学生的体验和参与,重点促进学生的社会性发展。书院制与学院制共同培养"全面发展的人",对现有教育进行了有效补充。建设规范性的书院制需要形成书院制和学院制融合发展、互补共进的格局。不管是学生发展理论的阐释,还是案例学校的实证研究,都表明学生发展和学生参与度呈现正相关,建设规范性的书院制需要不断提高学生参与度以促进学生发展。另一方面,高职院校书院制建设需要体现高职院校的个性,基于人才培养目标、培养模式等进行类型特色建设。建设类型特色的书院制,需要依托书院制育人平台实现职业教育与现代大学书院制的融合,以优化书院制措施等推进"职业 +"的书院制的发展。

6.1　加强高职院校书院制建设的规范性

　　高职院校书院制的规范性建设,需要遵循书院制的共性特点,即如何立足于课堂外的校园生活空间,促进学生的发展特别是社会性发展;还需要考虑如何面对后天"嵌入"的特点,加大力度促进书院与学院的融合发展,形成互补共进的格局;更需要考虑如何提高师生的参与度,实现书院制更高程度的发展。

6.1.1 "从物质到文化",设计并引导课外生活的教育

现代大学书院制立足于课堂外的校园生活空间,通过营造良好的环境来设计并引导课外生活的教育,从而促进学生发展。高职院校的书院制建设,依据书院制建设路径中实施、推动、深化的过程,遵循物质层、组织层、制度层、文化层四个发展层次,从环境营造、组织建设、制度建设和文化建设等方面深化书院制内涵建设,从不同角度"设计并引导课外生活的教育",促进学生的发展,特别是社会性发展。

6.1.1.1 营造鼓励参与和体验的书院环境

营造书院环境是书院制建设的首要任务。注重生活体验的育人功能是书院制在人才培养上的尝试和创新。通过完善书院建筑和设施,完善书院功能布局,营造优良的书院环境。在优良的书院环境中,生活功能便利、齐全,更好促进学生的课外参与和体验。在3所高职院校书院制建设的实证分析中,不管是取得成效还是存在问题,都可以看出优化书院环境,在书院制建设中起到的重要推进作用。

6.1.1.1.1 完善书院建筑和设施

书院的建筑及设施为书院制建设提供必要的物质基础。前述学校的书院制建设,立足于课堂外的校园生活空间,进行功能房的建设,包括书吧、健身房、咖啡吧等,不但提供便捷化的生活功能设施,以利于开展各类教育实践活动;而且充分发挥书院自然环境、人文环境等隐性教育功能,给学生提供舒心的学习环境,让学生感受书院文化的熏陶。案例学校的各个书院是在原有建筑的基础上改良建设的,存在面积不足,设备简陋,吸引力不足等问题。这也是很多学校推进书院制的瓶颈,或苦于经费不足,或苦于无法改造。南方科技大学从建校之初就进行了全面的设计,而像这样具有先天优势的高校毕竟是少数。深圳职业技术学院的书院制建设在进行本研究时,迎来了新的发展机遇,崇理书院的部分楼栋整体拆建,将建成20多层的高层现代学生公寓,设计时就整体考

虑书院功能,并完善全校书院的发展规划,进一步推进书院制建设。

加大经费投入,完善书院基础设施。书院建筑应具备鼓励交往和互动的建筑空间,提升公共空间的使用率。[①] 建筑对于书院制建设之关键,体现在如果没有独立活动空间,没有活动场所,没有设施设备,也没有经费支持,书院活动就无法开展,书院制只能成为空中楼阁,失去书院制教育价值发挥的重要基础。[②] 大学的建筑等硬件设施已经成为教师和学生选择的重要标准之一,其重要性直接影响高校的人才培养。书院利用优美的环境和完善的设施吸引更多的学生留在校园,发挥书院作用以更好地促进学生发展。理论和实践都证明,书院制适合于高职院校,当前实施过程已取得初步成效。基于人才培养的需要,学校的建设发展应加大书院经费投入,加强书院设计,进一步完善书院基础设施,提高育人成效。按 Robert J. O'Hara 教授关于建立一所住宿学院的介绍,传统上围绕一个庭院建设,理想建筑有大学食堂、高级公共休息室、初级公共休息室、游戏房间、大学图书馆、行政办公室等。特别强调每一个设备齐全的住宿学院应该有自己的食堂,食堂应该足够容纳所有的成员,以便开展大型的全体活动。一个书院初级公共休息室应该是一个大约 200 平方米且永远开放的第一层空间,配备有舒适的座椅、桌子,钢琴、存储橱柜、杂志等,目标是酒店大堂或舒适客厅的风格;一个住宿学院高级公共休息室应该是一楼中大约 90 平方米的空间,属于低流量区,配备有座椅、台灯、小钢琴、安静的小冰箱、存储和显示橱柜、书柜、窗户等,目标是优雅的客厅风格;每一个住宿学院都应该有一个或多个成员的厨房。还应该规划景观要素与景观整合,在任何一所住宿学院,个别景观元素存在多样的可能性,可以规划花园,选择合适的植物。由此可见,住宿学院环境与相应的资源配合是密切相关的[③]。对比于国外住宿学院的设计,我国的澳门大学新校区、南方科技大学等在建设之初都有书院的整体设计,其鼓励交往和互动的建筑空间是值得推广的。

---

① 何珊. 南方科技大学书院建筑规划、设计及使用后评价研究 [D]. 西安:西安建筑科技大学,2019.

② 刘洪一. 文化育人的理念与实践研究 [M]. 北京:高等教育出版社,2014:276.

③ Robert J. O'Hara. How to Build a Residential College[J]. Planning for Higher Education, 2001,30(2):52-57.

6.1.1.1.2　书院功能布局

书院建筑的功能,就是营造一个学生社区的生活空间,这个空间融学习、生活于一体,不是简单的一个住宿场所,而是"居住—学习—活动一体化的学生生活综合社区"。[①] 当前书院制功能布局的主要问题是一些高校的宿舍满足不了需求,随着高校扩招带来的学生人数快速增长,一些高校只能就近租用公寓或安排走读以解决住宿问题,教育功能无法全面布局。另外,普遍性的问题是学生公寓缺乏教育功能,学生寝室卫生问题已不是个案,学生在宿舍里玩电子游戏也成普遍现象,这种问题的出现成为管理者关注的重点。营造居住—学习—活动一体化的学生生活综合社区,除了克服以上问题,基于书院建筑与传统的学生宿舍的比较,需要重点加强以下几个方面的功能。

一是为学生学习和生活进行功能布局。在满足学生住宿的基础上,提高住宿标准,提供更好的住宿条件,一般四人一个房间,学习环境更加方便、温馨。围绕学生的社会性发展提供各种功能房。其背后的逻辑是重视学生教育及活动的空间建设,不只建设满足于学生住宿的空间,更要体现生活教育的空间。当前书院制建设的重要经验,就是要加强顶层设计,完善功能布局,改变过去"改造"的弊病。在一些高校的书院发展中,不但学生宿舍单元布局更有书院特色,住宿条件得到改善,而且功能更加完善合理,在各楼层配备了办公区、学习区、生活休闲区,是值得高职院校书院制建设学习推广的。考虑到服务于学生的身心发展、人际交往,应该有健身房、心理咨询室及宣泄室等。还应该有比较宽敞舒适的交流空间,设置移动组合的桌椅,实现小范围的团体活动。国内高校普遍已经有食堂的整体安排,但人员不局限于某一个书院,为给学生提供更多的社交机会。可以考虑建设小型广场或舞台,适合基层组织开展活动。还应该有类似于咖啡吧这样的交流空间,为师生交流创造舒适的环境。应该有图书室或小书吧,便于学生阅读以及举办小型学术沙龙,服务于学生学习。当然,还应该有学生服务组织的工作场所,导师指导学生的工作场所等。正因为我国高校的书院普遍是"后天"建设的,参照汕头大学、复旦大学等高校经验和高职院校的现实情况,多是对学生宿舍区进行改造,腾出特定楼层或相关空间才得

---

① 曹少波.港澳高校书院建筑模式研究 [D].广州:华南理工大学,2014.

以实现,其结果是空间不够充裕。

二是要对教师工作、生活的空间进行功能布局。教师进入到书院办公、生活,其实就是学校教育、管理、服务工作下沉到学生社区的具体体现,加强了师生互动,进而为学生发展提供更多的便利。当前很多高校对教师办公室空间安排不合理,缺乏整体规划和设计,通常是很多位老师合用一间办公室,这样缺乏独立空间的结果是不便于科研和备课,而且缺乏教师办公室独有的文化气息,大学的独特文化体现不足。书院空间的功能,不但为教师提供独立科研、学术交流的空间,也应方便教师接受学生咨询。

三是要为师生的互动交流提供便利。在大学里,师生之间、学生与学生之间的交流、对话和思辨对学生成长非常重要,很多有识之士都给予特别推崇。而交流、对话等需要有书院建筑给予支持,书院的咖啡吧、会议室、厨房等起到很好的促进作用。另外,在经济快速发展的当今社会,教师和学生的发展对学校建筑、设备等硬件都提出了新需求,促使人们对大学建筑有新的认识。陈先哲提出不要割裂看待大楼和大师,长期以来高校人才辈出,大楼与大师都是相得益彰的。[①] 学生们从学校毕业,在书院中留下的亲密无间的友谊,是未来生活的宝贵资源。

6.1.1.2 "创造性重组"建设书院组织

书院制建设是在传统组织架构基础上的新的组织建设。为进一步强化课外的生活教育,需要完善书院的组织结构,进一步明确组织成员的角色设定,为课外的教育过程提供组织保障。迈克尔·富兰教授在剖析"创造性解构"和"创造性重组"两种策略时,提出根据现状重新部署和组合形成新的机构。[②] 书院制组织建设目标,既需设立新的组织实现书院功能,也需要发挥原有组织结构中有利的部分,实现"创造性重组"。

6.1.1.2.1 组织结构

书院需要有一个高效运行的组织结构,既要实现书院的各项功能,还需要

① 陈先哲. 重识大楼之谓与大师之谓 [N]. 光明日报,2017-5-2(13).
② 迈克尔·富兰,皮特·希尔,凯梅尔·克瑞沃拉. 突破的组成部分. 迈克尔·富兰主编. 叶颖等译. 变革的挑战——学校改进的路径与策略 [C]. 北京:北京大学出版社,2013:60-71.

与现有学院组织有机结合,避免机构职能重叠扯皮,也避免教育管理过程中出现"真空"的现象。

书院制建设中通过成立书院工作委员会等新的组织实现书院功能。书院工作委员会主要负责中长期发展规划,并具体负责书院的日常运行管理;根据书院教育理念和功能实现,应该有导师管理、教学管理、学生社区管理等组织,既可建立新的组织结构强化课外教育功能的实现,也可进行变革以更好地满足于高校人才培养的根本任务。

在教师层面,设立书院导师管理委员会,负责书院导师队伍建设,包括导师的多渠道选聘,发挥社会、企业、校友等人力资源优势,制定导师考核工作制度并实施等。设立书院教学管理委员会,负责书院特色课程建设,根据书院自身特点规划书院特色课程,改革教学方法与手段,提高效果。着眼于书院的特色课程教育和导师制等的实施,关键是与原有组织结构的协作,实现各自职能,共同服务人才培养。

在学生层面,当前我国高校原有学生组织主要有共青团、学生会、社团等。国内外书院制建设的成功经验是成立学生社区自治管理委员会。每一个书院有自己的管理委员会,负责书院全年的活动策划统筹,并提供学生参与的机会,从实践看是非常成功的。学生自主管理委员会成员主要由学生组织的负责干部组成,采用轮流主席制。原有党支部、共青团、学生会、学生社团组织根据书院实际可以平移到宿区,打破传统的组织结构,组织学生开展书院活动,促进学生的社会性发展和专业性发展。[①] 在学生社区成立书院,保留传统的班级专业学习功能。

6.1.1.2.2 组织成员的角色设定

书院成员主要由教师和学生两个群体组成。针对教师的职责不同,可以将教师设置专职任课教师、专职辅导员、生活管理者、兼职教师等不同角色。学生不但是书院受益者,更是书院文化的建设者,针对学生的参与程度和发挥作用,可以将学生角色设置为学生干部和普通同学。总体目标就是充分发挥组织成

---

① 王钰亮. 教育生态系统下的高职院校书院制建设探索 [J]. 岳阳职业技术学院学报,2018,33(2):19-23.

员的作用,共同服务于学生"课外生活的教育"。

一是专职任课教师。任课教师是某一学科领域的专家学者,对学生进行专业知识的系统教育,因此,将专职的任课教师设定为书院的学业导师,重点帮助学生解决有关于学业的问题和困惑。书院学业导师的角色定位能够使任课教师更加明确职责,其工作内容包括但不限于学业指导、职业规划、毕业和就业指导等工作。学业导师对学生进行辅导能够满足学生对于专业知识技能的需求,同时发展导师自己的学术水平和治学能力。

二是辅导员。高校的专职辅导员具体履行着思想政治教育和价值引领、党团和班级建设、学风建设等方面的工作内容。将辅导员设定为书院的常任导师,帮助学生解决关于学习和生活方面的问题和困惑。辅导员可以在书院和学生同吃同住,在共同的生活环境中感受书院的文化,通过共同的生活经历更容易帮助学生树立正确的价值观念和良好的道德品质,及时了解学生的需求,积极帮助在学习、心理、人际相处等方面有困难的同学,开展全面的教育、管理、服务工作,帮助学生顺利完成学业,成长成才。

三是生活管理者。生活管理者是学生社区日常生活事务的管理者,与书院制建设过程紧密相关。在国外住宿学院中普遍设置舍监,住在书院里,负责相关生活事务。在书院中将生活管理者设定为生活导师,负责书院里的安全及生活设施管理、日常生活秩序的维护等。生活导师在书院里长期和学生相处,对学生的发展也会有潜移默化的教育影响。

四是兼职教师。兼职教师主要有来自书院外的社会文化名人、行业企业精英。在书院中将社会文化名人设定为文化育人导师,行业企业精英设定为兼职学业导师。文化育人导师主要是开展通识教育,开设课程、讲座、沙龙等;行业企业精英兼职担任的学业导师主要是专业发展中发挥作用。

五是学生干部。书院里的学生干部是书院制建设的主力军,是书院文化的推动者、宣传者。在国内外的实践中有导生制的安排,学生干部是其中的实施主体。在众多高校的实践探索中,主要将学生干部或高年级同学设定为书院的助理导师,协助在学生入学教育中开展团体拓展活动,协助开展社会实践和调查访谈活动等,有利于将学生成长中的优秀经验分享给书院同学,帮助低年级同学尽快适应书院生活,能够促进书院育人功能的实现。我国著名教育家陶行知先生也创造了"小先生制",在实施书院制的汕头大学、肇庆学院等都采取了导生制,前述三所学校的书院实施助理导师制,都取得良好效果,值得高职院校推广实践。

六是普通同学。普通同学是书院制建设的主体,是书院制建设的受益者,贯彻书院制建设的始终。正是全体书院同学的参与才有书院的发展和进步。作为普通同学,考虑到其位置的重要,将其设定为学生的身份,具备书院和学院学生的两个角色。可以说,普通同学是书院制建设工作考虑的出发点,也是工作效果评价的落脚点,始终需要考虑普通同学在学院和书院的两种身份,两种发展。

七是书院院长。书院院长是书院制建设的灵魂人物,对书院的理念、特色及实施产生关键影响。在人选上既要有教育的热爱,也应有教育的领悟和影响。包括高职院校在内的众多高校选择院士、专家等有影响力的知名人士担任院长。院长人选在考虑社会知名度的同时,可以重点考虑知名企业的管理人才、技术人才,尤其是大国工匠。院长在书院中的作用,可以为学生提供各种影响,包括个人经历、出席书院的大型活动,让学生能感受到院长精神的激励。国外书院很多时候还有书院的秘书,负责将书院办公室布置成为吸引人的地方,让学生愿意花时间参与。

6.1.1.3　完善支持课外教育的书院制度

书院的制度建设是通过制定书院章程、课程制度、活动制度、住宿制度等,以实现书院工作运行。制度建设不但需要针对一个制度进行制定、执行,还需要进行检验和完善。[①] 书院制度建设的目的,是立足于学生的课外教育服务于学生发展。对 3 所高职院校书院制建设的调查结果提示,"学院与书院之间协同以及书院内部协同存在问题""管理制度的保障需要进一步加强"。完善书院章程,进一步促进书院内外的组织协同;建立与学生社会性发展相匹配的制度建设,与"实用主义、专业主义至上"相抗衡。[②] 完善促进师生参与的制度,促进师生更高程度的参与。

---

① 李余璧. 浅谈高职院校教育制度建设 [J]. 青年时代,2015(3):2.

② 柳森. 大学书院:如何寻找自身定位 [N]. 解放日报,2012-09-11(10).

6.1.1.3.1　书院章程

前述研究中众多高校书院制建设都有书院章程,以指导书院制的长期发展,并在建设过程中成为书院师生遵守的基本准则。书院章程就是指保障书院正常运行而制定的纲领性文件,将书院的理念、管理对象以及各项规章制度以规范性文件的形式固化下来。在中国古代书院发展中,书院章程发挥了重要作用。很多书院都制定了完善的章程,将各项管理规定以制度化的形式确定,成为师生共同遵守的规范。[①]高职院校需要进行系统设计,通过现代大学的书院章程明确人才培养目标和实施过程,在推进特色课程教育等重点促进学生社会性发展的同时,保障与学院制同向同行共同促进学生的全面发展。书院制建设需要将导师制、特色课程教育、学生自主管理等以制度形式固定下来,同时和校企合作的办学特色有机融合。

6.1.1.3.2　管理制度

一是课程制度。课程制度就是要规范特色课程的设置与管理,保证计划制订的科学性和执行的稳定性。通过明确书院特色课程的设置原则,完善开设新课程审批程序,加强质量监控等,优化课程内容,完善课程体系。从课程内容来看,书院课程内容应该丰富多样,注重学生的社会性发展,提升学生的职业规划能力、社会探究与实践能力等综合能力。在师资力量、学生参与等方面从制度上予以确认,给予建设经费、设施设备、激励保障等的支持。

二是教学制度。教学制度保障书院特色课程的顺利进行,实现教学秩序的稳定有序。书院制建设中,需要建立完善的教学制度,包括教学计划、教材、教案等的审定办法,也包括教学研讨活动安排、考勤考核制度,请假管理办法,调停课管理办法等。需要针对导师的来源与选拔、培训、考核等进行详细规定,调动教师参与书院教学的积极性,更加丰富课外教育的内容。

三是学生活动制度。书院的学生活动制度对学生活动场地管理、组织及保障等进行规定,统筹安排书院活动的主题、时间,达到多样化可选择的效果。书院活动充实了学生的课余生活,促进师生交流,为学生的社会性发展提供帮助。前述的高校书院推进"社团巡礼""书院讲堂""下午茶""咖啡文化节"等一系

---

① 李兵,章程.清代书院科举化的重要保证[J].云梦学刊,2005(7):49.

列活动。采用"菜单式选择"的方式开展讲座，成为"同学们喜爱的讲堂"。在书院制建设中，需要明确各功能房的使用办法，需要完善各功能房的运行制度，探索学生自主管理。另外，高职院校需要完善学生干部的选拔、培训、考核及激励等制度，扩大学生的参与，对学生活动具有促进作用。

四是住宿制度。住宿制度是对学生的寝室安排、作息时间、生活规范等进行规定，促进学生的生活技能和行为规范的社会化，包括自理能力、适应技能、行为养成等。一是明确寝室安排，研究型大学普遍采用"混住"，对于高职院校住宿安排是否都进行"混住"，需要根据自身的条件和目标选择实施。住宿制度需要对学生生活社区的组织管理、检查评比进行明确，由学生社区管理委员会开展生活规范检查，并以宿区为单位进行评比（宿区是由一定数量的学生宿舍组成）。以宿区为单位的书院文化活动让学生在生活中增加对书院的文化认同。

还有，在制定促进学生社会性发展的相关制度时，既要考虑到价值观念塑造、促进身心健康等，也要考虑到提升学生的通用职业能力和实践创新能力。

6.1.1.4　建设具有整体育人功能的书院文化

书院文化建设贯穿于书院制建设的始终，通过凝聚书院师生精神影响书院的高层次发展，形成书院的风格。"实际上，第一流的大学，特别是历史悠久的大学，无不有意无意地都在培育一种文化生活"，我国香港中文大学前校长金耀基认为，"文化生活常决定大学的风格，常影响学生的气质品性"。[①] 高校"文化生活"对学生的教育影响是深远的，对学生的全面发展有着重要意义。书院文化建设可以通过完善书院的文化标识、书院的文化活动、书院的精神培育，不断增强书院师生的归属感和自豪感，探索形成个性和特色，具有整体育人功能的书院文化，破解"书院氛围不够浓厚"的问题。

6.1.1.4.1　书院的文化标识

书院是共同体的象征，需要全体成员的身份认同。师生对书院的认同，是保证书院制教育管理成效的关键所在。书院的文化标识是书院文化建设的起点。一些书院从试点建设开始，就向全体师生征集书院名称及院徽，在师生中

---

① 金耀基. 大学之理念 [M]. 北京:生活·读书·新知三联书店,2000. 18.

广泛宣传,以此发挥师生智慧,凝聚师生共识。当名称和院徽确定之后,书院需要开展文化宣讲活动,内容包括书院的简介、标识的文化内涵、建设理念、规划目标、方向等,尤其是在学生进校后投入大量的人力和物力,吸引广大新生参与到书院的文化建设中,增强书院文化的认同感。随着书院制建设的推进,书院需要将建设过程的大事件、重要人物等详细记录,积累书院文化的历史内涵。师生对书院文化的认同,是书院制教育建设成效的重要保障。对于绝大部分师生来说,书院制是新生事物。在书院制建设初期,一部分师生在参与中有着观望、犹豫、甚至怀疑,需要吸引广大师生参与到书院的文化建设中来。另外,书院制建设还需不断树立师生的书院身份意识,逐步认同书院文化。

　　对比于古代书院制,现代大学书院制需要将教学空间与生活空间融合在一起,实现育人工作的整体性。现代大学将书院定位为文化空间而不只是单纯的住宿空间,现代书院要发挥育人的整体效果,建设成学习和生活复合的文化空间是必然方向。① 国外的住宿学院特别注重身份认同,如剑桥大学为了强化成员的身份认同感,利用各种象征符号(专用的颜色和徽章),这些符号可以在其他文化创意产品中加以利用,有院旗、领带、围巾、信笺等,学院还拥有自己的拉丁文院训、著名先辈的雕像或画像等。② 就是食堂,也应该用艺术品、名人肖像、书院旗帜和文化横幅、艺术雕塑和其他符号装饰,以反映书院的历史和传统。③ 在我国各种类型高校书院制建设中,都设计了书院的文化标识,并不断加以推广使用,效果是明显的。高职院校书院制在设计并引导课外生活的教育过程中,可以将书院文化标识融入其中,同时体现自身的类型特色。

　　6.1.1.4.2　书院的文化活动

　　书院文化活动的目的是促进学生社会性发展。书院的文化活动是书院生活的重要组成部分。在针对课外生活教育缺失弊端的探索中,书院文化活动起

---

① 张应强,方华梁. 从生活空间到文化空间:现代大学书院制如何可能[J]. 高等教育研究,2016(3):57.

② 艾伦·麦克法兰. 启蒙之所智识之源——一位剑桥教授看剑桥[M]. 管可秾译. 北京:商务印书馆,2011. 174-175.

③ Robert J. O'Hara. How to Build a Residential College[J]. Planning for Higher Education,2001,30(2):52-57.

到重要的作用。根据生活教育理论,书院文化活动应强化体验和参与,为学生提供更多亲身体验的机会、动手操作的机会。同时,根据学生发展理论,应针对学生的价值观念、社会规范、社会技能、社会判断和有效参与社会的能力、社会认知能力等方面,充分利用大学提供的各种资源,完善方案设计和教育服务,为学生创造动手、动脑的机会,让课外生活发挥促进学生发展的育人功能。

书院文化活动要传播中华优秀传统文化。比较于古代书院成为儒家文化道场的功能,在当前社会现实中,我国现代大学的书院首先应成为传播中华优秀传统文化的阵地。在现代大学书院制建设中,需要挖掘并吸收中华优秀传统文化的价值内涵,提升书院文化的内涵。"传承发展中华优秀传统文化,就要大力弘扬讲仁爱、重民本、守诚信、崇正义、尚和合、求大同等核心思想理念……传承发展中华优秀传统文化,就要大力弘扬自强不息、敬业乐群、扶危济困、见义勇为、孝老爱亲等中华传统美德……传承发展中华优秀传统文化,就要大力弘扬有利于促进社会和谐、鼓励人们向上向善的思想文化内容"。[1]一方面要落实中国传统节日振兴工程,结合端午节、中秋节等,开展传统节日的主题活动,丰富书院文化内涵。另一方面要将传统文化融入书院文化活动,推进书法、戏曲、高雅艺术、传统体育等纳入书院文化活动,做好传统文化教育成果展示活动。书院文化活动既可以采用歌舞、快板、小品等生动鲜活的文艺形式,也可以采用剪纸、国画等喜闻乐见的艺术形式等。还可以充分利用当地具有民族性的遗址、遗物和其他有历史与纪念价值的遗迹,大力推进非物质文化遗产进书院。书院文化活动要提倡"老吾老以及人之老,幼吾幼以及人之幼"的伦理情怀以及"立德、立功、立言"的价值取向,宣传老一辈革命家为民族生存发展而不懈奋斗的突出贡献。

书院文化活动要传播社会主义先进文化。高职院校要充分发挥地方特色、城市文化优势,培育和践行社会主义核心价值观。社会主义核心价值观是社会主义核心价值体系的内核,体现社会主义核心价值体系的根本性质和基本特征,反映社会主义核心价值体系的丰富内涵和实践要求,是社会主义核心价值

---

[1]　关于实施中华优秀传统文化传承发展工程的意见[N]. 光明日报,2017-01-26(6).

体系的高度凝练和集中表达。[①] 高职院校所在城市在社会主义建设中取得的成就是最鲜活的案例,书院要引导大学生对社会主义核心价值观的认知、认同和实践,从中形成有地方特色和城市文化基因的书院文化内涵。

书院文化活动要营造学生温馨家园。前述三所学校的书院实践中,创新性开展书院日、草地文化节、书院周年纪念等活动,推动师生对书院的认同。在原有活动载体上注入更多书院元素,持续加强文化建设。特别是刚入学的新生,通过开展破冰活动,促进大学生更好地参与书院活动,感受书院的育人成果。三所学校的书院在较短的建设时间内得到师生的认同,和书院持续的文化建设是分不开的。书院身份的认同也随着书院成长及发展而演化,有赖包括学生、教职员和校友等在内所有成员的努力。同时,书院的身份认同将促进学生对书院的归属感和自豪感,所产生的影响是深远的。当然,由于硬件设施与书院参与等方面的不足,即使认同书院制的建设理念,师生对书院认同也会存在一个发展的过程。

6.1.1.4.3　书院的精神培育

潘懋元先生指出大学正面临着"理念危机",直指大学在理想、观念、精神、形象、使命、目标等方面存在的问题。[②] 所述的问题都与大学精神直接相关。剑桥大学、英国牛津大学、耶鲁大学等世界一流大学都具有一流的书院文化,并且对全球高校书院制的发展产生了重大影响。[③] 培育具有丰富内涵的书院精神,对于现代大学的书院制建设尤为重要。

当前高职院校书院制建设都在努力形成自己的书院精神,如"崇尚真理,追求卓越""博习亲师,知类通达""明美德,乐奉献""修能致用""修德修业,博学博爱"等,但毕竟书院制建设为时尚短,书院精神尚未能充分体现,后续发展重点需要持续加强书院精神的培育。书院对一流大学人才培养起到重要作用,这与宽松的环境、自由的精神和自由交往形成的相互影响力等因素密切相

---

① 中共中央办公厅关于培育和践行社会主义核心价值观的意见 [EB/OL]. http://www. gov. cn/jrzg/2013-12/23/content_2553019. htm. 2013-12-23/2018-10-8.

② 潘懋元. 多学科观点的高等教育研究 [J]. 高等教育研究,2002(1):12.

③ 李翠芳. 书院制:学生管理体制的新探索 [D]. 大连:大连理工大学,2009.

关。[①] 文化是具有"有而无在"的特点,有学者指出文化育人的特征,就像盐溶于水、人呼吸空气,浑然天成。书院的精神培育一方面要学习古代书院重视学生品德培养的优秀经验,围绕立德树人的根本任务重视学生人格的完善;另一方面,书院要努力构建良好的师生关系,为师生交往提供平台,营造氛围。[②] 书院成立时就应该清楚阐明教育理念和使命,在持续的建设中实现文化精神的沉淀。书院的精神培育,显著的好处就是能获得更多认同书院教育理念的各界人士的支持,国外大学的住宿学院更因此获得众多募捐,我国部分大学的书院也逐渐获得捐赠。在强调书院精神特质的同时,还应重视书院环境文化等共性问题。

6.1.2　"从嵌入到融合",实现书院学院协同育人

书院制和学院制在育人过程中各有优势,相辅相成,共同促进学生的全面发展。基于 3 所学校的书院制建设"后天""嵌入"的特点,需要加大力度促进融合。通过"融合"的发展,形成书院学院良好的运行机制,促进学生发展。

6.1.2.1　实现教育理念的融合

当前的书院制建设主要是学校的自觉行动,是高职教育先行先试的探索。建设初期由于国家相关文件未有提及,且没有高职院校的成熟经验可以借鉴,探索过程中遇到的困难比较多。当前我国高校教师中存在专业至上的教育理念。其根源来源于原有教育管理培养体系的长期影响,重视学科和专业,崇尚专业知识和专业技能。书院制推崇全面发展的理念,构建一种基于学生社区的学习生活空间,通过大力推进特色课程教育,倡导师生互融,构建全过程育人,促进人才培养模式变革。书院制中导师制、书院活动等措施的实质是以学生发展为中心。我国的现代大学是在学习西方经验基础上发展起来的,长期处在专业教育理念的影响下,教师和学生有着"专业主义至上"的思维定势,认为读大学就是为了毕业就业,因而要选好专业学习,导致学生片面发展;具体到高职院

---

① 谷贤林. 导师制·午后茶·住宿学院与一流大学的人才培养 [J]. 比较教育研究,2003 (9):30.

② 郝振君. 中国古代书院精神对培育现代大学精神的启示 [J]. 重庆第二师范学院学报, 2015(7):25.

校,毕业生突出的动手实践能力得到社会认可的结果,强化了高职院校一大批教师"专业至上"的人才培养理念,甚至局限于技术技能的强化。师生对于书院制"全面发展"的教育理念不认同,对书院制采取的特色课程教育、导师制、自主管理等措施缺乏积极性和主动性。

由于现代大学书院制是新生事物,师生普遍处于观望状态,其原因要么是不了解书院制为何物,要么是不认同书院制的价值所在,根源正是教师的教育理念差异。从国家层面看,国家发布的《国家职业教育改革实施方案》(简称"职教20条"),明确了职业教育的发展目标,肯定了职业教育的类型特色,更多强调校企合作的类型特色,并没有书院制的相关表述。国家应给予政策支持,着力构建书院制的发展体系,对现代大学书院制进行分层分类的指导,明确研究型大学、地方本科院校、高职院校在实施书院制的重点、特色,在教育理念的融合上进行保障进而促进书院制的实践探索(本研究进行之时,教育部正在推进一站式学生社区建设试点工作,对书院制发展具有推动作用)。从学校层面看,书院制建设涉及学校的方方面面,既需要学生管理部门参与开展书院文化活动、书院管理服务,也需要教学管理部门推进书院特色课程教育,还需要后勤、人事等部门在建筑设施、师资力量等方面的保障。要形成书院制建设的系统推进,更需要学校的顶层设计,实现学校职能部门的协同配合、师生的齐心协力。学校领导从人才培养的高度发挥书院制作用,将书院制建设纳入学校发展规划。从书院本身看,由于大部分高职院校是在后天的基础上进行建设,书院制的建设需要面对原来的客观现实,形成清晰的发展规划和可行的实施路径。面对书院的共同问题,加强研究,实现创新和发展,尤其需要凝聚师生的共识,只有深化教育理解才能深入书院制建设。

形成支持书院制的良好氛围,离不开正确的发展理念。社会大众能否树立学生全面发展的理念,认识到大学校园生活在教育中的重要性,对于政府、高校以及师生将产生深层影响。只有社会大众认识到课外的生活教育促进学生全面发展的重要意义,更多的家长、学生才会在选择志愿时对实施书院制高校予以行动支持,学生在学习过程中积极参与书院生活教育带来的机会。教育行政部门的发展理念也非常重要,涉及能否从立德树人高度重视高校的发展规划、教育投入等;有生活教育的理念,就不应该在高校建设时将学生公寓简单社会化处理,而应该着眼于学生发展进行系统规划。学校领导及决策层需要重视校园生活的教育影响,重视其对大学生成长的帮助,从而加大力度改善住宿环境,包括校园建筑和设施,也包括校园软环境的建设,重视教师住宿的改善,丰富校园教育资源,完善顶层设计。改善住宿环境固然有资金及政策等方面原因,但决策层的教育理念也是非常重要的。生活教育理念的培育应包括广大教职员工,教职员工能否意识到当前我国高职院校生活教育的不足,能否认识到我国高校发挥住宿的教育功能,是影响到教育实践中积极参与的关键;学校还需要培育学生的成长理念,引导学生认识学校生活的重要作用,自觉参与各项教育实践提升自我。以我国澳门大学书院制建设为例,社会高度关注在横琴新区建设新校园,有对能否保持原有教学宗旨和特色的担心,也有对大规模扩建校院的不理解,甚至有学生提出将原有教学楼拆建为二三十层高楼的疑问。一些人甚至认为学校和家的距离近,家里住宿条件好,回家可以陪家人,没有必要住在学校。[①]产生这些情况的根本原因都是社会对教育的不理解,只是将大学当作学习专业技能及得到学位证书的地方。在高职院校探索书院制,社会各界人士和学校师生也会有不同认识。需要加强书院制价值和实践探索效果的宣传,引导广大群众认识到书院制建设的必要性,形成积极支持的良好社会舆论氛围,产生支持高职院校书院制建设的正能量。在学校培育以至强化生活教育理念,在师生中树立既需专业性发展也需社会性发展的理念,逐步形成教师的教育自觉和学生的参与自觉。这一项措施贯彻书院制建设的始终,将直接影响高职院校书院制的构建及效果达成。

高职院校书院制的建设,需要树立正确的教育理念。不但要在注重专业技能训练的高职院校开展促进社会性发展的教育,也需要在注重社会性发展的书院制中强化职业教育。正确的教育观念就需要对大学人才培养目标有全面系统的理解,师生才能成为推进书院制建设的深层推动力量。新时期高职教育高质量发展的新要求,更加明确了高职院校书院制在人才培养中的价值。生活教育理论告诉我们,生活与教育是融合的,人类社会的生活中就有教育,教育中就

---

① 澳门大学住宿学院 [OB/EL]. [2009-6-9]（2018-10-08). http://collegiateway.org/news/2009-university-of-macau.

有生活,两者密不可分。生活教育以生活为中心,教育与生活不是两个单独个体,是生活就是教育,不是生活就不是教育。[①] 大学阶段是学生发展的关键时期,学生的专业性发展与社会性发展两个方面都离不开生活。大学生通过专业理论学习和各类的实践活动特别是专业实践,提高学生的专业水平和能力,通过生活锻炼成一个独立成熟的社会人。教育界普遍提出教育学生学会做人,学会做事。从某种角度理解,学会做人指向社会性发展,学会做事指向专业性发展,两者共同促进学生的全面发展。

6.1.2.2 实现教育组织的融合

随着书院组织的出现和发展,高职院校需要促进书院组织与原有教育组织的融合,形成互补共进的格局。先试点后推广,是推进改革的成功做法。[②] 当前我国高校在书院制建设的过程中,也较多采取试点方式,在探索形成经验的基础上逐步推广。通过明确书院制和学院制的定位,探索新的管理方式,整合多方资源,实现教育组织的融合。

教育组织的融合,需要明确书院定位。"在书院与学院的管理职责、相互关系方面还需要做出探索"。[③] 学院发挥课堂教学优势,重在促进学生的专业性发展;书院发挥课堂外非形式教育优势,重在促进学生的社会性发展。两者特点有别,优势互补,明确书院和学院两者各司其职,才能进而实现分工合作。同时,处理好书院内部门之间的关系,也需要明确各部门的职能界限,实现书院内部的分工合作,共同服务于书院制建设目标。当前教师的人事关系管理较普遍由学院负责,学生日常管理普遍由书院负责,学院与书院之间既有合作也有供求关系。通过明确书院学院的职责定位,进一步明确负责学生管理、安全保卫、后勤服务等学校职能部门的职责,实现学校对人才培养的整体规划,统一领导,形成"劲往一处使"的局面。

教育组织的融合,需要探索新的组织管理模式。组织的融合必须协调好书院与学院组织结构的关系,构建书院和学院在育人过程中各有所侧重的管理模

---

① 顾明远. 陶行知选集(第一卷)[M]. 北京:教育科学出版社,2011:423.

② 尹汉宁. 先试点后推广[N]. 光明日报. 2013-3-28(4).

③ 李翠芳. 书院制:学生管理体制的新探索[D]. 大连:大连理工大学,2009.

式,并形成育人的联动格局。需要改变传统行政管理模式,建立全方位的沟通渠道,探索新的管理模式,促进新时期高职院校的人才培养。

　　一是推进教师参与管理。书院教师的参与管理,就是为更好促进学生发展而设计的鼓励教师参与的一种方式。让教师参与书院重大问题决策和日常书院制建设,不但可以吸收教职工的智慧,还可以提高教师参与建设的积极性,提升教师对自身工作的满意度,进而促进自我实现等精神需要。当前高职院校书院制建设过程中,出现的问题就包括书院和学院之间缺乏协同,资源共享不足。英国剑桥大学在其悠久的历史中,每个成员都有双重的身份,一个属于大学,一个属于学院,这双重的身份有时是统一和谐的,有时分离甚至冲突。[①] 我国书院制建设需要处理好书院和学院的关系,既实现功能,又能与现实有较好的衔接,采取委员会的方式是选择之一。教师参与管理体现多个方面,如特色课程教育、学术性活动、职业规划指导等,可以发挥书院教学管理委员会、导师管理委员会的作用,让书院制建设有针对性也有实效性;也需要完善参与机制,调动教师的参与积极性,让导师在专业教学和科研工作之余,乐于在书院对学生开展个性化指导。另外,在书院制建设过程中,需要重视对教师的培训,同时强化沟通交流。不管是书院制建设前期还是书院制建设中期,都需要充分调动教师的参与积极性。这样才能实现书院生活教育与课堂教育的有机结合,形成课堂内外全方位、立体化的育人格局,实现书院学院共同育人,促进学生的全面发展。

　　二是推进学生的自主管理。书院制建设的优势之一在于开放性和自主性,有利于实现学生的自主管理。3 所案例学校都发挥学生作用,书院功能房由学生自主管理,书院活动让学生自主组织,还让学生参与书院的其他管理。书院制建设之初是学校顶层设计下的基层落实推动,出现教师主导有其必然性,但实践探索的过程中,学生的自主管理始终应该成为主线,要加强教育、引导和培养,扩大学生在建设过程中的自主管理程度,实现教师的教育引导与学生自主管理的有机结合。书院制实质是一种基于学生社区进行的教育改革探索,改革的核心思想之一就是学生自主管理。我国高校学院依然有学生管理组织,并行

---

① 金耀基. 大学之理念 [M]. 北京:生活·读书·新知. 三联书店,2000:18+23-24.

使相应管理内容,书院运行还需协调好与学院学生组织的关系。[①] 在学生组织方面,为促进学生的互动交流,在书院中探索开展不同专业学生混住,原有的"班级—宿舍"格局发生改变,原有的"辅导员—班主任—班级(宿舍)"对应的管理机制受到冲击。这样的结果就是,同一行政班学生分散居住在各个宿舍,班主任、辅导员在原有以行政班级划分管理的情况下,出现管理交叉;同时,学生干部骨干趋向于担任原有的团委、学生会、社团等组织干部,导致学生社区的学生干部发挥效果受到影响,作用发挥参差不齐,学生组织的稳定性受到冲击,在原有管理模式下影响到学生社区教育管理的针对性和实效性,使得学生管理工作面临更大挑战,这些都是实施书院制遇到的客观困难。在书院制建设中,行政班级干部和学生社区干部需要并行推进,做好学生干部的选拔与配备,尤其是做好学生干部的培训,以及完善与书院制相匹配的考核等制度,促进学生的自主管理,逐步推进学生组织的融合。

6.1.2.3 推进大学文化的融合

文化是书院的灵魂。书院文化的努力方向之一,就是成为大学文化的组成部分。书院文化与大学文化共融共长,既是客观需要,也是发展的一种必然。

古代书院制深厚的文化积淀,对今天的高等教育有着现实意义。毛泽东在《湖南自修大学创立宣言》中总结了书院的优点:"一来是师生的感情甚笃厚;二来,没有教授管理,但为精神往来,自由研究;三来,课程简而研讨周,可以优游暇豫,玩索而得。"[②] 胡适指出一千年以来国内最高学府和思想渊源就是书院。[③] 有学者指出古代书院制在中国教育中发挥的纽带联系作用被忽视了,导致我国现代教育只考虑西方而没有联系古代教育的情况。[④] 我国古代书院制培养了大量人才,推动学术文化的发展,在长期的发展历程中形成了宝贵财富,如德业并重的目标、严谨治学的态度、知行合一的理念、活泼融洽的风格等,是

① 沈栩. 我国高校书院制与美国高校住宿学院制学生管理模式的比较及启示 [J]. 教育学术月刊,2011(4):99.

② 毛泽东. 湖南自修大学创立宣言 [J]. 党的文献,2011(1):3-4.

③ 胡适. 书院制史略 [J]. 东方杂志,1924(21):3.

④ 邓洪波. 读书人的"道场":如何办好现代书院? [EB/OL]. [2016-09-20](2018-10-8). http://inews.ifeng.com/49994124/news.shtml?&back.

现代大学书院制吸取的营养。同时,现代大学书院制建设需要学习古代书院制具有的社会教化功能,并使之现代化。当前一些书院组织学生深入社区开展志愿服务活动,起到了积极作用。

应该加大宣传书院制建设的相关研究成果,使之成为书院文化的重要组成部分。国外较早的相关研究非常一致地证明,在校园生活的学生比走读学生更可能持续学习和顺利毕业,即使考虑学生进入大学前的大量因素,包括进大学前的学业成绩、社会经济状况、教育愿望、年龄和就业状况,这种影响保持正向和统计学意义。研究人员发现不论是否控制学生进入大学前的生活特征,在校住宿有利于培养学生的持续学习能力和提高学业完成度。自 1990 年以来,大量研究探索了住宿影响背后的因果机制,这与早期的发现不谋而合,即住宿能促进同学之间、师生之间的人际关系和学术交流,同时增加对所在学院的熟悉度。在校园生活的学生相对于走读学生参与更多的课外活动,对校园及社会环境有更积极的认知,对个人成长与自我发展要求更多,与同龄人和教师的交流互动更频繁。这些因素和变量对学生的持续学习有积极影响。社会融合措施对学生下一学年的入学意愿有积极的间接影响,学生人际关系和后续的学院举措对学生未来规划有统计学意义和积极的净影响。学生宿舍生活措施对学生的同伴关系有很强的、积极的直接影响,尤其是他们的互动。生活学习中心(LLCS)1990 年前的研究有力证明了宿舍的积极影响及生活学习中心的潜在动力。尽管这些生活学习中心在流程结构上、突出重点和活动方面各不相同,它们的潜在关注点都是丰富学生社区的学习元素,比如融入教师参与度、学习文化项目,以及学业咨询指导和现场课程讲座等。较之于传统的学生社区氛围而言,此类元素的增加能够极大实现学生社区的文化教育功能。[①]国内专家提出现代书院要建设成学习和生活复合的文化空间。[②]作为一种创新性的学生生活与文化教育服务组织,大学书院具有生活支持功能、教学辅助功能、文化教

---

① Pascarella, E. T. &Terenzizi, P. T. How College Affects Students:A Third Decade of Research[M]. The Journal of General Education,2006:420-422.

② 张应强,方华梁. 从生活空间到文化空间:现代大学书院制如何可能[J]. 高等教育研 2016(3):57.

育功能、行政协助功能与社团自治功能。① 国内这方面的研究逐渐增多,关于书院制的价值更多凸显,都成为书院文化的重要内容。

现代大学对科学研究、专业教育及社会服务作出积极而明确的组织响应,而对其德育目标的响应应采用有限回复传统大学的寄宿制与导师制。② 在当前书院制建设中,正需要吸收寄宿制和导师制的优点。高职院校书院制建设需要持续推进大学文化的融合,从而实现可持续的发展。

6.1.3 "从被动到主动",促进更高程度的师生参与

不管是学生发展理论的阐释,还是案例学校的实证研究结果,都说明学生发展和学生参与度呈现正相关。案例学校的调查结果也显示,部分师生认为需要不断提高师生参与度以促进学生发展。书院制的人才培养不仅是学生生活方式的外在转变,更是整个教育观念和人才培养理念、管理体制、机制的变革,是一个系统的综合性变革。学生在参与过程中,更容易付出情感,而认知和行动付出的比较少。在书院制建设过程中,早期更多表现为"被动"的特点,缺乏参与的主动性。根据学生发展等相关理论,为了更好发挥书院制对学生发展的促进作用,应从改善师生的认知参与、提高师生的情感参与、提升师生的行为参与三个方面提高参与度,从"被动"向"主动"转变。

6.1.3.1 深入调研,了解师生需求,促进认知参与

在传统的教育方式中,较为普遍的是学校安排下的被动参与,体现的是自上而下的管理模式。在这种模式中,学生的需求不被关注,学生的个体没有得到重视,其结果就是学生的主动性和自主性受到扼杀。提高师生的参与度,首先要提高师生的认知参与。要促进学生的认知参与,应该采取自下而上的方式,做到从学生中来,到学生中去,真正体现服务学生个体。书院制建设情况的调研结果显示,影响学生参与书院制建设积极性的首要因素是兴趣爱好(61.2%的学生),其次分别是活动时间(45.7%)、活动效果(44.9%)、宣传引导(35.3%)和活动奖励(32.6%),只有38.6%的教师对书院制建设具有较高的

---

① 别敦荣. 大学书院的性质与功能[J]. 高校教育管理,2015(4):44-49.
② 赵炬明. 论大学组织与大学德育[J]. 高等工程教育研究,1991(2):1-11.

积极性。[①] 这就需要加强调研,全面掌握学生的基本情况,尤其是学生的兴趣、爱好,书院活动的开展需要根据学生兴趣、背景等的不同,充分考虑弱势群体,对少数民族学生、贫困生等有针对性开展,切实提高学生对书院的认知度和参与度。要促进教师的认知参与,也应该加强调研,尊重教师的兴趣爱好,发挥教师的特长。这方面可以成立兴趣爱好类社团,凝聚师生,吸引教师的关注,促进认知参与。书院制建设是一个逐步推进的过程,其中导师队伍建设至关重要,没有一批好的导师队伍,或者导师队伍素质参差不齐,不能做到经常与学生深入交往,必然会影响教育效果。目前尽管书院有导师,但来源比较单一,主要还是学校教师,缺少发挥校友、家长以及企业等社会资源优势;而且大多数教师居住在校外,下班(课)后没有与学生交流以及进行指导,教师资源发挥的时间受限严重。书院要引导导师把时间、精力投入到学生指导工作中,就必须创新导师管理机制,充分发挥教师在学生发展中的主导作用,工作上给予保障,价值上给予肯定。导师可以在工作中依托科研项目对学生进行指导帮助,及时掌握学生思想及学业的变化情况,开展全方位的教育,提高学生的培养质量;也可以开展面对面的集中指导与个别辅导相结合;加强对学生干部的培养,发挥学生干部的作用,等等,都有着重要意义。

6.1.3.2　加大宣传推广,营造书院氛围,提高情感参与

通过加大宣传推广,营造书院制建设的良好氛围,提高师生的情感参与。这方面可以利用新媒体等技术手段具有方便快捷的功能优势,对大学生的学习方式、生活方式进行正面引导。新媒体通常指互联网和移动网络,区别于报纸刊物和广播、电视等传统媒体。随着科技的飞速发展,新媒体越来越受到人们的关注。高职院校书院制建设应该充分发挥新媒体对当代大学生的影响力,发挥其在大学生中宣传、引导和教育的作用。一方面,书院可以设立新媒体中心,通过设立完善的组织,如微博运营部、编辑部、栏目部、图表部、微信美工部、微信客服部等,进行媒体平台的编辑、运营和维护工作,进行书院新闻采写、对外通讯等工作,在营造书院氛围中发挥积极作用。另一方面,重点挖掘书院的人

---

① 王钰亮. 教育生态系统下的高职院校书院制建设探索 [J]. 岳阳职业技术学院学报, 2018,33(2):19-23.

和事,将书院每一个成员和书院联系起来,加强情感纽带,促进情感参与。此外,可以对书院活动进行深度宣传,既对师生中的先进典型进行宣传,也对书院的点滴进行关注,营造家的温暖。

6.1.3.3 创新方式方法,提高活动质量,促进行为参与

书院活动的开展应着眼于学生的发展,力求贴近学生实际,通过开展文化活动,寓教育于生活。从书院调查分析看,学生参与书院活动中,书院讲堂、讲座、沙龙等各类学术报告、参与文娱社团组织、阅读专业以外书籍、志愿服务活动等的参与度较高;参加专业型社团组织活动,与书院领导、管理人员互动交流等的参与度较低。影响学生行为参与的主要原因有学生的兴趣、活动的质量以及学生的时间等。访谈结果也显示当前学生参与书院活动存在活动频密、宣传不足等导致质量不高的情况。因此,开展书院活动,一方面需要创新方式方法,贴近学生生活,充分利用校内外的丰富资源,采用学生自主、书院统筹、院际合作、校企合作等多种途径,不断提高活动的质量;另一方面,在调研的基础上,分层分类开展书院活动,更加精准化实施,从而提高学生的行为参与度。书院活动也应考虑教师的需求和关注。书院活动开展过程中要充分考虑教师的参与条件,包括活动时间和兴趣爱好,提高教师的行为参与度。尤其是需要紧跟时代发展,充分利用网络技术、人工智能技术等,提高活动的吸引力,促进师生线上线下的行为参与。

在新的历史时期,高职院校书院制建设不仅需要师生的认知参与,以应对产业变革的新要求和现有人才培养质量存在的缺陷,更需要师生适应定制化、个性化和服务化的生产模式,大力强化行为参与,具备更扎实的符合产业发展的技术技能,还有社会责任意识、工匠精神、职业道德、交流沟通能力和合作精神等大量的非技术方面的胜任力。

以上对高职院校书院制规范性建设的探讨,既遵循书院制发展的共性选择,也回应了3所案例学校调研结果显示的问题,包括基础设施、师资力量、管理制度等保障力量的问题,还有组织协同不足、书院发展理念共识不足、书院氛围不够浓厚等问题。这些问题的解决,为高职院校的书院制建设提供了规范性的指引,有利于书院制的健康发展。

6.2　凸显高职院校书院制建设的特色

我国高职院校实施书院制的数量少、比例低,尚处在探索阶段。对三所案例学校的研究结果显示,虽然其发挥地域、企业优势方面做了努力但特色尚不明显。我国现代大学的书院制建设,是扎根中国大地,吸收古今中外的优秀经验,促进高校人才培养的积极探索。在各层各类的高校中实施书院制,应该有自身的特色。如华东师范大学孟宪承书院致力于创新师范生培养机制,苏州大学敬文书院、唐文治书院积极探索卓越人才培养模式,清华大学新雅书院探索创新拔尖人才培养模式的跨学科、跨专业格局。高职院校的书院制建设,不能简单复制本科院校的建设经验,应该在完善规范性建设的基础上,根据高职院校的人才培养目标,发挥工学结合、校企合作等优势,探索高职院校书院制的类型特色建设。

高职院校依托书院制育人平台,实现职业教育与现代大学书院制的融合,既吸收书院制中的通用做法,也探索自身的特色,以优化书院制措施、更新育人体系、重构育人模式等途径,推进"职业＋"的书院制。"职业＋"是书院制在高职院校一个新的发展方向,目的在于充分发挥职业教育的优势,将职业教育与现代大学书院制深度融合,以内涵提升促进书院制发展,最后实现高职教育高质量发展。在书院制建设中,书院生活设施、组织机构以及书院文化环境成为书院制的基础,导师制、自主管理是书院制的重要措施,两者共同促进学生精细化教育。特色课程教育和书院文化活动是书院制的重要内容,下面将结合高职院校确立的高素质高技能人才培养目标,分别从导师制、特色课程教育、书院活动、自主管理、书院文化等方面,阐述如何探索"职业＋"的书院制。

6.2.1　"职业＋"的导师制

导师制是书院制的精髓之一。高职院校实施书院制,既要发挥导师制的优势,也要结合高职院校的特色,实施内容更丰富、来源更丰富、途径更多元的"职业＋"的导师制,实现凸显职业教育特色、扩大双师型导师队伍、推进全方位育人等效果。

一是内容更丰富,凸显职业教育特色。高职院校推进导师制,内容应该更加丰富,不但体现个别关注的优势,更应体现职业教育特色,在职业观念、职业道德、职业技能等方面给予学生具体指导。根据高职院校学生发展的需要,应该有常任导师,关心学生的思想、生活等;应该有学业导师,指导学生的专业学习,还应该有体育、心理、艺术、人文等方面的文化素质导师,满足于学生身心健康等方面发展的需要。更应该有动手实践、技术研究、产品制作的专业发展导师,着眼于学生职业发展的职业规划导师。在入学教育、职业道德教育和毕业就业教育等方面体现职业教育的职业导向特征。导师制实施过程中主动对接市场需求,体现企业文化、社会文化的接触、融合,更有利于帮助学生实现企业员工角色转换。①

二是来源更丰富,扩大双元导师队伍。高职院校书院的导师来源应该更加丰富,不局限于书院内教师,可以是学校行政、教辅、后勤、跨专业教师,体现学校内的全员育人;可以聘任社会知名人士、政府、事业单位等人员,充分吸收社会力量;尤其是应该建立自主聘任导师的机制,充分发挥行业企业的力量,吸收企业工程技术人员、高技能人才成为导师。总的来说,双元的导师队伍不但包括校内教师自身,也包括聘请企业人员,特别是推动教师和企业高技能人才双向流动,实现"双师型"的导师队伍发展的长效机制。

三是途径更丰富,推进全方位育人。高职院校导师制的实施途径应该更加丰富。导师不但利用好校内学习的途径,关注学生的专业学习和身心发展。还应利用好各种社会实践、实习、顶岗实习的途径,关注学生的职业发展,提升职业规划意识,培养职业道德、职业观念等。另外,高职院校学徒制的实施,是导师制作用发挥很好的途径。学徒制的职业教育随着时代发展产生变化,德国将其发展成"双元制"体制,日本将其发展成企业里的车间训练。②我国有着学徒的悠久历史,主要体现在社会中的技艺学习,高职院校实行导师制可以发挥其优势并促进发展。

另外,在制定导师管理的制度时,既有聘任企业、行业优秀人才的促进办法,也有激励教师紧密联系企业的规定等,在制度上深化校企深度合作。结合

---

① 杨东铭. 论工学结合与高职文化的特质和路径选择[J]. 职教论坛,2010(19):60.
② 王川. 西方近代职业教育史稿[M]. 广州:广东教育出版社,2011. 75-76.

高职院校学生特点以及高职院校人才培养优势,高职院校书院制建设应加强发挥企业、校友、家庭的作用。可以成立校企合作委员会或书院发展促进委员会,由行业领军企业代表、研究机构代表等组成,充分发挥企业在人才培养中的作用。成立家长议事委员会,负责联络和组织家长参与书院事务,宣传书院政策与工作开展情况,发挥家庭在学生入学适应、毕业就业等教育工作中的作用。成立校友会,负责联络和组织校友参与书院事务,发挥校友在学生入学适应、职业规划等方面的作用。还可以设立学生发展指导委员会,针对包括书院制在内的学生发展新情况,加强全校工作的顶层设计。在书院制建设中深化"工学结合,产教一体"的办学特色,吸收行业或企业的专家,共同担任学生的学业导师,职业发展导师,形成以项目带动课外学习模式,体现校企深度合作。

　　总之,"职业 +"的导师制不仅仅需要具备专业和行业知识的专家,还需要有充足的时间与学生进行交流。书院中导师与学生的比例和投入的时间会影响到书院制实施的成效。[①] 高职院校面临师资力量不足的问题,推进"职业 +"的导师制成为有效的解决途径之一。此外,推进导师制过程中,既考虑面对大众同学的全面指导,也考虑满足特殊需要同学的精细化指导,突出重点,逐步发展。

6.2.2 "职业 +"的特色课程

　　书院特色课程教育重在让学生兼备人文素养和科学素养,在拓宽学生视野上发挥重要作用。高职院校进行书院制建设,既要吸收通识教育的理念,也应体现高职院校的特色,就是在遵循教育规律的基础上,服务于学生发展需求,在职业观念、职业道德、职业态度等方面开展"职业 +"的特色课程。对涵盖面广、容量浩大的通识课程做到适当的选择,关键有二:一是基于职业发展需要,选取和设计课程内容,二是立足生活教育实际,丰富实施渠道。

　　一是基于职业发展需要,选取和设计课程内容。根据对教师、学生、用人单位等多方面的调查结果,针对毕业生就业及职业发展中缺乏的相关能力,选

---

① Yuhong Zhou. The enlightenment of residential college system to the construction of academy system in universities in China-The study of Jinan[J]. Open Journal of Social Sciences, 2020(8):96-107.

取和设计课程内容,服务于学生的职业发展。在高职院校实施特色课程教育,避免一蹴而就的心态,关键是为学生提供多一种选择,在于引导参与而不在于数量的多少。当前一些高校存在的问题有:一些院系为了防止学生流失,白天完成通识课程后,晚上又宣扬专业教育精神,通识教育并没有落到实处;[①] 在通识教育上存在课程设置不成体系的问题。[②] 所以在内容设计上,既需要考虑社会的需求,也需要考虑学生的职业发展,构建书院的特色课程体系,实现不同年级的递进发展,书院整体特色的构建。青岛职业技术学院的书院特色课程,贴近书院实际,内容丰富,体系完善。深圳职业技术学院崇理书院设计开发的"沟通与表达"课程,是针对众多用人单位和毕业生对岗位素质能力提出要求而开设,目标就是指向学生的职业能力提升。还有开设的专业文化教育,既在专业内作为专业教育的补充,也为书院特色课程提供支持,实现技术与文化教育的有机融通;还有《职业人文读本》,它改变传统人文读本的选取标准,以贴近真实的职业生态,唤醒职业人士的自豪自尊、自律自强为宗旨,内容包括职业观念、职业道德、职业态度等,选取黄炎培《我之人生观与吾人从事职业教育之基本理论》、梁启超的《敬业与乐业》等名篇,在高职院校特色课程上进行了有益的探索。

二是立足生活教育实际,丰富实施渠道。由于课时等客观条件的限制,高职院校书院特色课程教育不可能在有限的培养计划内依靠课程实现,更多需要通过非课程形式的教育进行推动。组织实施上不能单纯通过学习经典来实现,而应该充分利用网络和多媒体技术,构建小而精、灵活便利的微型讲堂,实现方式更加多样,比如讲座、沙龙等;充分利用课外时间,充分利用书院的生活空间,开展职业规划比赛、职业生涯讲座;充分发挥社会实践、志愿服务等实践体验内容,注入更多的职业元素。另外,应该大力开展"劳动教育",不但要开展校内的专业技术劳动,还需要开展生活劳动,培养学生的劳动精神、劳模精神和工匠精神。

---

① 陈薇,邢荣. 复旦学院:迂回七年[J]. 中国新闻周刊,2012(44):61-63.

② 管金星. 通识教育:现代大学书院制改革的"生命"[J]. 四川职业技术学院学报,2015,25(2):71-74.

6.2.3 "职业+"的书院活动

书院要成为学生学习、生活互动的场所,需要通过开展丰富而且富有吸引力的书院活动来实现。通过相对稳定的活动,推动师生、生生之间的沟通,促进学习、生活的交往,从而为学生带来稳定的人际关系。特别是通过书院文娱、体育、志愿服务、艺术、沙龙等活动促进学生的价值观念塑造、通用职业能力和专业能力发展等。书院活动为学生发展提供平台,高职院校应实施"职业+"的书院活动。就是体现就业导向,强化实践动手能力、创新能力的培养。

"职业+"的书院活动需要体现就业导向的特征。将入学教育与未来的职业特征相联系,安排学生到企业去参观学习的活动;[①] 还可以开展作品展示和企业选聘相结合的活动,邀请企业到学校现场选聘毕业生。高职院校需要对学生进行书院文化宣讲活动,内容包括书院的历史、简介、标识的文化内涵、书院制建设的理念以及规划目标、方向等,增强师生的文化认同感,吸引到书院的建设中。另外,发挥校企合作的优势,利用企业在资本、技术、知识和管理等方面的优势,可以开展关于企业文化、技术的讲座,也可以设立企业的书院奖学金,重点是构建活动平台,促进书院制建设。

"职业+"的书院活动需要强化实践动手能力。书院制建设中的实践体验是生活教育的应有之义,将书院制和实践动手能力两者进行有机结合,既是高职院校的特色,也是书院制的发展方向。活动内容可以包括职业生涯探索、创造力、领导力与沟通能力训练等,活动方式更加注重体验、讨论、分享等,有更多"体验式"的非专业性教学方式,让学生在参与活动的过程中有着更为深刻的体会。[②] 高职院校可以广泛发展学生社团,对学生进行创新创业教育,培养创新意识,提高创新创业能力。实践创新在高职院校书院制的实现,可以广泛发展学生社团,包括专业实践型和兴趣爱好型社团,扩大数量和规模,提高社团建设水平。从我国香港、台湾等地区的书院看,其学生社团数量和质量都发展很好。学生社团有利于培养和发展学生兴趣,更重要的是为学生提供实践创新

---

① 马树超,胡秀锦. 我国高职教育的发展趋向与政策展望[J]. 教育发展研究,2009,29(9):68-71.
② 周舟. 两岸现代大学书院制比较研究[D]. 长沙:湖南大学,2017.

的平台。还可以开展项目化学习,提高学生的动手实践能力。开展创客比赛等,在书院程中营造动手实践的文化环境。

"职业+"的书院活动需要强化创新能力的培养。创新能力培养是中国高职教育发展的方向。[①] 高职院校的人才培养也应该对学生进行创新意识的培养,创新创业能力的提高,重点是播下创新的种子。书院以项目为依托对学生进行学术指导的形式,有利于激发学生的学习兴趣,培养学生专业创新能力;组建公寓式科技创新团队,努力提高学生实践创新能力。在深圳职业技术学院的实践中,为大力实施创新创业教育,成立创新创业学院,学院和书院联动,依托青创空间、创新工程、创业计划大赛、技能大比武、专业与科技型社团、创客街、创交会、微观装配实验室七位一体,建立从启蒙教育、预科教育、专门教育到实战训练的进阶式创业教育体系,为大学生提供广阔的创新创业实践平台;通过开展各类创新创业活动,最大限度地激发学生的主动性,实现学生创新创业能力和素质的全面提升。这些创新创业教育不完全归属于专业教育,更多属于学院与书院共同交叉的内容。深圳职业技术学院的实践探索某种意义上从另一侧面体现书院制在高职院校中的价值所在,为高职院校的书院特色提供了新的可能。

另外,高职院校的书院活动需要充分考虑学生的规模。国外住宿学院理想规模是 400 人(当然这一数字可以调整)。主要考虑书院一年一度的吸收量。每年 100 人的吸收量将产生 400 名初级成员,加上各种各样的高级成员,成员总数达到 450 人。这意味着每年年初大学将形成占明显多数的已有成员,他们熟悉工作并能够帮助新来者。新来的人不应该觉得他们来到一个非结构化"冷"的地方,他们应该感到正在进入一个建立好的社区,有着一系列喜欢的活动并有宾至如归的感觉。[②] 当前我国高职院校有的书院学生数量高达 2 000 多人,学生人数增多意味着需要更多的人力投入,需要更细致的组织,提供更多的选择,书院的互动交流才能落到实处。

[①] 张志坚,许劲艺. 职业自觉:德育机制创新与职业素质提升 [M]. 北京:中国经济出版社,2013:3-4.

[②] Robert J. O'Hara. How to Build a Residential College[J]. Planning for Higher Education, 2001,30(2):52-57.

6.2.4　"职业＋"的自主管理

学生的主体性发展是现代教育的重点之一。书院发挥学生的自主管理作用,有利于促进学生的主体性发展,有利于提高书院制建设的参与度和认可程度。高职院校应立足于书院建设的全过程,着眼于提升学生的职业能力,实施"职业＋"的自主管理。

"职业＋"的自主管理,着眼于提升学生的职业能力。就是在书院的自主管理过程中,发展学生的职业能力,既包括通用职业能力,也包括专业能力。高职学生应当具备的通用职业能力,包括沟通与交流能力、团队协作能力、信息运用能力、创新能力等,通过书院活动的策划、宣传、组织等,学生的通用职业能力得到具体的发展。书院的自主管理应结合学生专业所长,实现专业能力的发展,如计算机专业学生参与微信公众号的运营、楼宇专业学生参与书院的物业管理、食品检测专业的学生参与食堂检查等。更重要的是,书院要发挥与第一课堂不一样的独特作用,扩大参与度,重点提高学生的通用职业能力。

"职业＋"的自主管理,立足于提升学生的书院认同度。应该从书院的设计开始,在书院的名称、院训,以及功能区的设置等方面,吸收学生的参与,听取学生的意见,发挥学生的主人翁意识,让书院成为学生生活的重要部分。"职业＋"的自主管理应该加强对学生的宣传和教育,提高学生的参与意识。开展学生社区管理的培训,既包括书院文化活动的策划和组织,也包括学生社区发展的需要的事务,如分类垃圾、传染病防控等。"职业＋"的自主管理应该给予书院的学生管理队伍相应的管理空间。应该学生自己办的事情,交给学生办理;应该指导学生的,重点发挥教师的宏观指导作用。做到教师不包办事务,而是把握书院的发展方向,在具体事务上既负起责任也帮助学生提高能力,实现自主管理。

6.2.5　"职业＋"的书院文化

文化既是一所大学的灵魂,也是书院的灵魂。书院文化对学生的影响巨大,对学生的影响既无处不在,又潜移默化。然而书院文化的形成需要一个长期的过程,要让书院文化成为大学文化的有机组成部分,更是一个具有挑战的过程。书院制作为我国高校探索的产物,在建设过程中不断发展,就像海绵一样吸收各种优秀文化,内化为书院自身的文化基因并不断成长。高职院校应该在师生共同实践中不断发展,逐步形成"职业+"的书院文化,既体现在以上的导师制、课程、活动等方面,也体现在职业发展特色和融入的企业文化上。

"职业+"的书院文化应体现职业发展特色。在书院的建筑及设施上,从书院的布局结构、建筑雕塑、花园壁画等各个方面凸显职业相关要素,潜移默化中对学生职业发展提供帮助。同时,书院应该为学校的专业教师提供空间,还应该支持各种类型优秀人才进入书院,包括社会文化名人、企业的优秀人才,形成人才集聚的良好氛围。书院应该发展更多的学生社团,包括兴趣爱好型、专业学习型等,更好促进学生发展;书院也应该有更多的教师工作室,从建筑和设施上保障职业教育特色的学习生活社区构建。还有,书院建筑的功能应该体现出促进学生的通用职业能力发展和专业能力发展,如职业规划、沟通表达、人际交往、专业实践等。比较而言,建筑及设施不是书院文化内涵的全部,制度、组织、活动等对书院文化的影响更深远,需要克服的困难更多。高职院校人才培养强调以应用为主、以就业为中心、以市场为导,工学结合的特性,决定了高职文化既服务于教育教学活动,又要为开展生产实习、社会实践等各项活动创造条件,彰显了高职文化。[①]凝练书院特色文化,需要发挥既有的组织和平台作用,将学校文化资源加以系统化。

"职业+"的书院文化还应吸收优秀的企业文化。校企合作是高职院校的独特优势。高职院校从建校开始,就与企业有着紧密联系。先进的企业文化为高职院校的专业发展提供了宝贵的资源,也为探索职业教育特色的书院制提供优势。各种文化的特质会有所不同,先进的企业文化将为书院文化提供不一样的营养。当前高职院校在人才培养过程中,普遍与行业、企业进行了紧密合作。初期主要是企业对学校的硬件支持,建设实训室阶段;后来发展到软硬件结合的阶段,开展订单式、冠名班等人才培养探索和共建实验室等;当前更多处于以软性建设为核心的阶段,共同建设基于岗位的人才标准体系,更注重企业文化的植入,强调培养学生的职业素养等社会性发展因素。[②]高职院校在书院制建

---

① 杨东铭. 论工学结合与高职文化的特质和路径选择 [J]. 职教论坛,2010(19):45.

② 彭远威. 高职院校实施文化素质教育的困境与出路——基于教师视角的调查分析 [J]. 职教论坛,2016(11):7.

设过程中,应该联系自身实际,将行业的职业道德、组织理念、价值观、组织制度、组织形象等要素移植到书院,用行业企业的职业素质标准规范教育引导学生。

高职院校的书院制建设,需要吸收书院制建设的规范性经验,也需要贴近高职院校实际,在继承发展中形成职业教育特色。高职院校既有高等教育的属性,也有职业教育的属性,职业教育特色的书院制建设,就是在体现书院制共性的基础上,体现职业教育特色,实现"从普遍到特色"的发展,在继承和发展中形成特色。以上职业教育特色的书院制探索,实际上就是建设具有职业教育特色的"导师制+特色课程+书院活动+自主管理+书院文化"五位一体的书院制。

6.3 小结

本章紧紧围绕"高职院校如何进行书院制建设"这一问题,针对三所案例学校实施书院制的调查结果,从书院制的规范性建设和类型特色建设两个方面,分别进行高职院校书院制建设路径的研究。

高职院校书院制建设首先需要遵循书院制建设的共性。基于书院制的建设路径、培养目标、影响因素等进行规范性建设,从 3 个方面探索高职院校书院制的规范性建设路径。一是"从物质到文化",设计并引导课外生活的教育。在书院的环境营造上,提出加强书院建筑和设施,完善书院功能布局,营造一个融学习、生活于一体的学生社区空间,目的是更好地促进学生的课外参与和体验;在组织建设方面,需要完善书院的组织结构,进一步明确组织成员的角色设定,为课外的教育过程提供组织保障;在制度建设方面,完善书院章程和各项管理制度,支持课外教育的实施;在文化建设方面,从书院的文化标识、书院文化活动、书院精神培育等方面展开,循序渐进营造具有整体育人功能的书院文化。二是"从嵌入到融合",实现书院学院协同育人。针对三所案例学校的书院制建设后天"嵌入"的特点,通过观念、组织、文化的"融合"发展,形成良好的运行机制,促进书院制建设。三是"从被动到主动",提高更高程度的师生参与。从改善师生的认知参与、提高师生的情感参与、提升师生的行为参与三个方面,提高师生的参与度,向"主动"参与转变。

在完善规范性建设的基础上,根据高职院校的人才培养目标,发挥工学结合、校企合作等优势,高职院校书院制应该探索类型特色建设,实施"职业+"的书院制。"职业+"是书院制在高职院校一个新的发展方向,目的在于充分发挥职业教育的优势,将职业教育与现代大学书院制深度融合,以内涵提升促进书院制发展,最后实现高职教育高质量发展。高职院校发挥导师制的优势,实施内容更多元、来源更多元、途径更多元的"职业+"的导师制;高职院校开设书院特色课程,应在遵循教育规律的基础上,服务于学生发展需求,在职业观念、职业道德、职业态度等方面开展"职业+"的特色课程;高职院校开展书院活动,应该体现就业导向,强化实践动手能力、创新能力的培养,开展"职业+"的书院活动;高职院校应立足于提升学生的书院认同度,着眼于提升学生的职业能力,实施"职业+"的自主管理。高职院校书院文化建设,应该学习吸收先进企业文化,注重企业文化的植入,强调职业素质,将行业的职业道德、组织理念、价值观、组织制度、组织形象等要素移植到书院,形成"职业+"的书院文化;建设具有职业教育特色的"导师制+通识课程+书院活动+自主管理+书院文化"五位一体的书院制。

第 7 章

结　语

本研究紧紧围绕"高职院校如何进行书院制建设"这一问题,第一,分析了我国现代大学书院制的基本概况,梳理了现代大学书院制的内涵及其特征,回答"是什么"的问题;第二,从学生发展理论、生活教育理论出发,对现代大学书院制进行理论审视,探讨现代大学书院制的价值;第三,从高职教育发展、人才培养面临挑战和高职院校自身特点论证了高职院校实施书院制的适切性,回答"为什么"的问题;第四,采用定量分析与质性研究相结合的混合研究方法,选取代表性高校深度剖析了高职院校实施书院制的整体情况,进一步从实践层面分析了高职院校书院制建设的效果,发现高职院校书院制建设面临的问题,回答高职院校书院制实施"怎么样"的问题;第五,在综合上述研究结论的基础上,探讨书院制的建设路径,探索具有职业教育特色的书院制建设,回答"怎么办"的问题。通过较为系统的研究,形成了以下结论和创新点。

7.1　基本结论

7.1.1 书院制适合于高职院校发展需要

我国现代大学书院制立足于课堂外的校园生活空间,通过设计并引导课外生活的教育,重点促进学生的社会性发展,和学院制共同培养"全面发展的人";其教育活动强化合作交流、参与和体验,体现出不同于课堂教学的生活教育特点,形成了导师制、特色课程、学生自主管理、实践体验等独特育人方法。当前高质量发展是高职院校面临的主要任务,还有产业变革的新要求和现有人才培养质量存在的缺陷,都呼唤高职院校进行新的探索;在新的历史时期,书院制的独特优势正好吻合高职院校的需求,回答了高职院校推进书院制的必要性问题。高职院校实施书院制,不但有政策支持优势,还有经验及环境优势,与高职院校的人才培养模式契合,课程教学体系互补,这些都为高职院校实行书院制提供了现实可行性。从高职院校紧密依托的城市、行业产业以及职业院校人才培养目标等方面入手,探索高职院校发挥自身类型特色,从理论上论证了高职院校有着区域特色发展、产业特色发展和职业特色发展等方面的可能性。通过高职院校实行书院制的必要性、可行性和特色发展可能性的剖析,从理论上回答了高职院校实行书院制的适切性。三所案例学校书院制建设的实证分析进一步验证了书院制的建设成效,结果表明,书院制建设适合于高职院校发展需要。

7.1.2 我国部分高职院校的书院制建设自发探索取得成效且需持续改进

案例学校的调查结果显示,书院制建设得到师生较高的认可,书院制促进了学生发展,效果重点在于社会性发展,包括社会性通用能力和价值观塑造,专业性发展次之。价值观塑造具体体现为增强社会责任意识、提高职业意识和职业责任感、增强"四个自信"、培育和践行社会主义核心价值观等方面,社会性通用能力具体体现为建立良好人际关系和提升沟通表达能力、人际交往能力、团队合作能力、自我管理能力、组织管理能力等方面,这两个方面都产生较好成效;专业性发展具体体现为创新创业能力、专业知识、职业技能(如操作设备、使用工具等)等方面,效果相对较弱。访谈结果进一步丰富了书院制建设的内涵,使我们对书院制的功能理解更加具体化。书院制对学生社会性通用能力的提升起到积极作用,其中社会实践与志愿服务、实践体验型的书院特色课程等,既体现了生活教育的作用,也体现了书院活动的实践性、参与性;书院对学生的专业性发展有帮助,主要体现在专业型社团、教师工作室等方面,书院制既发挥了生活教育的作用,也体现了做中学的独特魅力。结果表明,我国部分高职院校书院制建设的自发探索过程中,取得了初步成效。

同时,我国高职院校书院制建设尚处在探索阶段,当前建设也存在各种问题。具体表现为:支持保障力量不足,包括师资力量、基础设施、管理制度等;组织协同不足,包括书院外协同,也包括书院内部协同;对书院缺乏了解,书院发展理念共识不足,书院氛围不够浓厚;类型特色不突出等。这些情况都表明,高职院校书院制建设还需持续进行改进和提升。

7.1.3 高职院校书院制建设既需遵循规范性也需凸显职教特色

高职院校书院制的建设路径,一方面,需要遵循规范性原则,基于书院制的建设路径、培养目标、影响因素等进行规范性建设。首先,书院制依托学生社区开展生活教育,"从物质到文化",设计和引导课外生活的教育,深化学生的体验,重点促进学生的社会性发展;其次,书院制与学院制共同培养"全面发展的人",对现有教育进行了有效补充,建设规范性的书院制需要"从嵌入到融合",形成书院学院融合发展、互补共进的格局;最后,不管是学生发展理论的阐释,还是案例学校的实证研究,都告诉我们学生发展和学生参与度呈正相关,建设规范性的书院制需要"从被动到主动",不断实现更高程度的师生参与。另一方面,高职院校书院制建设需要体现高职院校的个性,基于人才培养目标、培养模式等探索突出职教特色。建设类型特色的书院制,需要依托书院制育人平台实现职业教育与现代大学书院制的融合,以优化书院制措施等途径推进"职业+"的书院制。高职院校实施内容更多元、来源更多元、途径更多元的"职业+"的导师制;服务于学生发展需求,在职业观念、职业道德、职业态度等方面开展"职业+"的特色课程;体现就业导向,强化实践动手能力、创新能力的培养,开展"职业+"的书院活动;立足于提高书院认可度,着眼于提升学生的职业能力,实施"职业+"的自主管理。注重企业文化的植入,强调职业素质,将行业的职业道德、组织理念、价值观、组织制度、组织形象等要素移植到书院,形成"职业+"的书院文化;建设具有职教特色的"导师制+特色课程+书院活动+自主管理+书院文化"五位一体的书院制。

7.2 创新点

本研究的创新主要体现在两个方面。

第一,从理论和实践两个层面论证了高职院校实施书院制的必要性和可行性,为高职院校实施书院制初步奠定了实证研究基础。书院制体现出教育和生活相融合的教育理念,与学院制相辅相成,共同促进学生的专业性发展和社会性发展,而书院制重在促进学生的社会性发展;我国探索在高职院校实施书院制,是一种本土化的创新。但这种创新需要有科学理论和成功的案例经验支撑。本研究综合学生发展理论和生活教育理论,围绕高职院校人才培养的目标和培养方式,结合我国高职院校实施书院制的实证研究,从理论和实践两个层面对高职院校实施书院制的合法性、正当性、功能性进行了论证,为探索建立职业教育特色的书院制奠定了理论基础。

第二,初步探索了职业教育特色的书院制建设路径。根据书院制建设路径的理论研究,也针对高职院校书院制建设中存在的问题,一方面提出"从物质到文化""从嵌入到融合""从被动到主动"的规范性建设路径,"设计和引导课外生活的教育",形成书院学院制融合发展格局,不断提高参与度,促进学生发展;另一方面提出"职业+"的类型特色建设路径,实施"职业+"的导师制、"职业+"的特色课程、"职业+"的书院活动、"职业+"的自主管理、"职业+"的书院文化,构建具有职业教育特色的"导师制+特色课程+书院活动+自主管理+书院文化"五位一体的书院制。

7.3 局限与展望

由于当前我国高职院校书院制建设处于起步探索阶段,数量不多,资料数据收集比较困难,资料收集和个案研究比较有限,本研究还有很多不足,研究中提出的相关对策还需进一步检验,高职院校的特色把握还不够深入。在未来的研究中,还需要对高职院校书院制建设的实践发展进行持续的研究,特别是对学生成长的具体影响进行持续研究,对于书院制建设的机制体制探索还需深入,书院制中职业教育特色需还进一步总结提炼。

当前书院制的独特价值吸引了越来越多高职院校的关注,呈现出逐步发展的态势。当然,高职院校在书院制探索中也存在各种困难,需要有一个发展的过程,甚至需要长时间的坚持。从各个高职院校探索书院制的内在动因看,都是追求自身卓越发展而采取的自觉行动,内生动力是充足的。

当前,国家高度重视"一站式"学生社区综合管理模式建设,其引领作用和实践效果不断扩大;"三全育人"等指导性文件落实力度不断加大,高职院校的实施效果日益显现。展望未来,书院制的价值将会得到教育界更广泛的认可,高职院校书院制建设的发展将会更美好。

参考文献

中文参考文献

著作

[1] 艾伦•B•科班. 中世纪大学：发展与组织 [M]. 周常明, 王晓宇译. 济南: 山东教育出版社, 2013: 141-175.

[2] 艾伦•麦克法兰. 启蒙之所智识之源——一位剑桥教授看剑桥 [M]. 管可秾译. 北京: 商务印书馆, 2011.

[3] 程海东, 宫辉. 现代高校书院制教育研究 [M]. 西安交通大学出版社, 2016.

[4] 杜威. 民主主义与教育 [M]. 王承绪译. 北京: 人民教育出版社, 2001.

[5] 宫辉, 苏玉波. 高校发展报告（2017）[C]. 西安: 西安交通大学出版社, 2017.

[6] 顾明远. 陶行知选集（第一卷）[M]. 北京. 教育科学出版社, 2011: 423

[7] 哈佛委员会. 哈佛通识教育红皮书 [M]. 李曼丽译. 北京: 北京大学出版社, 2010.

[8] 和飞, 曲中林. 肇庆学院书院制建设研究 [M]. 北京: 高等教育出版社, 2013.

[9] 贺国庆, 王保星, 朱文富. 外国高等教育史 [M]. 北京: 人民教育出版社, 2006.

[10] 黄济. 教育哲学通论 [M]. 山西: 山西教育出版社, 2012.

[11] 黄坤锦. 美国大学的通识教育——美国心灵的攀登 [M]. 北京: 北京大学出版社, 2006.

[12] 金耀基. 大学之理念 [M]. 北京: 生活•读书•新知三联书店, 2001.

[13] 金耀基. 剑桥语丝（增订本）[M]. 北京: 中华书局, 2013.

[14] 历山, 奕奕. 到香港读大学: 香港八大院校介绍 [M]. 北京: 世界知识出

版社,2014.

[15] 刘洪一.文化育人的理念与实践研究[M].北京:高等教育出版社,
2014.

[16] 刘洪一,李建求,徐平利等.中国高等职业教育改革与发展研究——以深
圳职业技术学院为例[M].北京:高等教育出版社,2008.

[17] 刘献君.文化素质教育论[M].北京:高等教育出版社,2009:10.

[18] 麦可思研究院.2012年中国大学生就业报告[M].北京:社会科学文献
出版社,2012.

[19] 马尔科姆·泰勒.高等教育研究进展与方法[M].候定凯译.北京:北京
大学出版社,2007:216-217.

[20] 钱穆.新亚遗铎[M].北京:生活·读书·新知三联书店,2004.

[21] 石伟平.比较职业技术教育[M].上海:华东师范大学出版社,2001.

[22] 陶行知.陶行知文集[M].江苏:江苏教育出版社,2008.

[23] 脱脱.《宋史》[M].上海:中华书局,1985.

[24] 王川.西方近代职业教育史稿[M].广州:广东教育出版社,2011.

[25] 叶峥嵘,慕容居敏.书院制与大学生发展[M].北京:高等教育出版社,
2013.

[26] 张平.中国高校书院制研究[M].湖南:中南大学出版社,2018.

[27] 张志坚,许劭艺.职业自觉:德育机制创新与职业素质提升[M].北京:
中国经济出版社,2013.

硕博论文

[1] 安彬.西安建筑科技大学草堂校区紫阁书院建筑设计研究[D].西安:西
安建筑科技大学,2015.

[2] 曹洁.西安交通大学书院制学生管理模式研究[D].武汉:湖北大学,
2014.

[3] 曹少波.港澳高校书院建筑模式研究[D].广州:华南理工大学,2014.

[4] 曹宇.南京审计大学书院制改革研究[D].南京:南京师范大学,2019.

[5] 陈晓业.书院制视域下高职院校学生职业生涯规划教育研究——以广东
岭南职业技术学院为例[D].桂林:广西师范大学,2017.

[6] 陈新阳. 支撑研究型大学本科人才培养的学科结构特征 [D]. 上海：华东师范大学, 2019.

[7] 陈昭棋. 高校书院制学生管理模式研究——以温州商学院为例 [D]. 咸阳：西北农林科技大学, 2019.

[8] 程婷婷. 现代大学书院制育人模式研究——以大连理工大学盘锦校区为例 [D]. 大连：大连理工大学, 2019.

[9] 党鸿钟. 高职院校毕业生就业阻滞问题研究 [D]. 长沙：湖南师范大学, 2010.

[10] 董菁. 书院式高校学生生活区建筑空间设计研究——以"滇西大"学生生活区设计为例 [D]. 昆明：昆明理工大学, 2017.

[11] 杜久楠. 全人教育视角下民办本科院校书院制建设研究 [D]. 武汉：华中农业大学, 2015.

[12] 冯添华. 书院和学院的分工合作研究 [D]. 上海：华东师范大学, 2018.

[13] 谷申杰. 书院制视野下的高校学生工作创新研究 [D]. 咸阳：西北农林科技大学, 2012.

[14] 郭少军. 基于书院制的高职院校学生管理模式创新探索——以内蒙古电子信息职业技术学院为例 [D]. 呼和浩特：内蒙古大学, 2016.

[15] 华如兵. "书院—学院（学科）制"下的公共艺术教育实践研究——以西安建筑科技大学为例 [D]. 西安：西安建筑科技大学, 2014.

[16] 黄馨. 中外大学生多校区高校学生社区管理与发展研究 [D]. 西安：长安大学, 2014.

[17] 李翠芳. 书院制：学生管理体制的新探索 [D]. 大连：大连理工大学, 2009.

[18] 李海莉. 英美大学住宿学院制度研究 [D]. 汕头：汕头大学, 2010.

[19] 李柯茜. 现代大学书院制学生管理模式优化策略研究 [D]. 西安：陕西师范大学, 2017.

[20] 李良杰. 书院制背景下大学生心理健康教育现状分析及对策研究——以西安某高校为例 [D]. 济南：山东大学, 2015.

[21] 李晓娟. 中国传统书院文化及其当代教育价值研究 [D]. 西安：长安大

学,2013.

[22] 李亦晖. 面向学生综合素质的书院在线教学平台设计与实现[D]. 杭州：浙江工业大学,2019.

[23] 李莹莹. 基于学生参与度视角的大学生分类研究——以H大学为例[D]. 武汉：华中科技大学,2013.

[24] 林祎珊. 南方科技大学治理结构研究[D]. 广州：暨南大学,2016.

[25] 刘军伟. 汕头大学住宿学院制度改革研究——学生满意度视角[D]. 汕头：汕头大学,2011.

[26] 刘连娣. 朱熹书院教学思想研究[D]. 长春：东北师范大学,2016.

[27] 刘盟. 西安建筑科技大学校区建造历程及社会价值研究[D]. 西安：西安建筑科技大学,2015.

[28] 刘晓飞. 古代书院教育对塑造大学精神品质的启示[D]. 兰州：西北民族大学,2017.

[29] 刘学刚. 书院制模式下我国大学生创业精神的培育研究[D]. 济南：山东大学,2017.

[30] 卢仙凤. 高校学生社区思政工作的住宿学院模式初探[D]. 广州：广州大学,2014.

[31] 毛丽飞. 书院制下大学生思想政治教育面临的挑战及应对——以苏州大学敬文书院为例[D]. 苏州：苏州大学,2014.

[32] 孟勤. 多元治理视角下的我国研究型大学现代管理创新体制研究——"书院制"学生管理创新模式研究与实践[D]. 西安：西北大学,2008.

[33] 米晓晨. 传承与借鉴：香港中文大学书院制度研究[D]. 华中师范大学,2019.

[34] 彭媛. 台湾高校书院的产生、现状及特点分析[D]. 苏州：苏州大学,2016.

[35] 商亚楠. 书院文化与中国高校校园建设[D]. 西安建筑科技大学,2010.

[36] 沈院生. 高校学生宿舍社区化管理问题与对策——以苏州大学为例[D]. 苏州：苏州大学。2015.

[37] 宋雯雯. 通识教育理念下大学书院制改革探析[D]. 济南：山东大学,

2016.

[38] 唐善梅. 大学生现代文化人格养成研究 [D]. 南京：南京师范大学, 2017.

[39] 田茜. H 学院住宿书院制育人模式研究 [D]. 保定：河北大学, 2016.

[40] 涂茜. 书院制背景下的高校教师角色重构 [D]. 苏州：苏州大学, 2013.

[41] 汪建刚. 新疆高校学生社区管理研究——以新疆农业大学为例 [D]. 乌鲁木齐：新疆农业大学, 2015.

[42] 王爱丽. 高校书院制学生管理模式研究 [D]. 上海：华东政法大学, 2017.

[43] 王碧琴. 我国大学通识教育实践研究 [D]. 湖南大学, 2013.

[44] 王雁冰. 中国大学新型书院研究——基于大学书院案例分析 [D]. 苏州：苏州大学, 2014.

[45] 温茜玥. 高院书院制住宿建筑规划及设计研究 [D]. 杭州：浙江大学, 2016.

[46] 肖莉. 基于 CDIO 理念的应用型创新人才培养模式研究 [D]. 昆明：云南民族大学, 2012.

[47] 徐丽曼. 高校思想政治教育实践育人模式研究 [D]. 大连：辽宁师范大学, 2009.

[48] 晏富宗. 宋代书院师生关系研究 [D]. 南昌：江西师范大学, 2006.

[49] 杨诚. 基于高校书院制视角下的学生教育管理模式研究 [D]. 青岛：青岛大学, 2017.

[50] 杨真真. 高校学生社区管理研究——基于三种典型管理模式的调查分析 [D]. 南京：南京师范大学, 2012.

[51] 喻潘红. 我国大学书院制人才培养模式研究 [D]. 武汉：华中科技大学, 2017.

[52] 翟莹. 美国大学宿舍中的价值观教育研究 [D]. 长春：东北师范大学, 2019.

[53] 张梦思. 高校学生社区管理中的问题与对策研究——以苏州大学为例 [D]. 苏州：苏州大学, 2018.

[54] 张倩. 我国内地高校实行书院制研究 [D]. 咸阳：西北农林科技大学, 2014.

[55] 张思. 书院文化影响下中国大学校园空间设计研究 [D]. 北京：北京建筑大学, 2015.

[56] 张亚楠. 香港中文大学的通识教育研究 [D]. 北京：北方工业大学, 2015.

[57] 张银全. 湖南经济管理职业学院发展战略研究 [D]. 长沙：中南大学, 2006.

[58] 张颖. 陶行知心理健康教育思想研究 [D]. 扬州：扬州大学, 2012.

[59] 郑磊. 中外大学生社区文化建设模式比较研究 [D]. 杭州：中国计量学院, 2015.

[60] 周琴. 书院制德育对构建"多元协同型"德育模式的启示——以香港中文大学为例 [D]. 苏州：苏州大学, 2016.

[61] 周舟. 两岸现代大学书院制比较研究 [D]. 长沙：湖南大学, 2017.

[62] 朱益慧. 书院制通识教育模式研究 [D]. 武汉：武汉大学, 2017.

期刊论文

[1] 包家官. 全面学分制下书院制育人功能研究——淮海工学院东港学院全面学分制书院制改革探索 [J]. 中国建设研究, 2014 (2)：39-41.

[2] 曹倩, 蔡映辉. 中美大学住宿学院管理比较研究——以耶鲁大学、汕头大学为例 [J]. 煤炭高等教育, 2013, 31 (4)：35-39.

[3] 陈践美. 住宿学院制对大学生学校归属感的影响——基于 S 大学的个案研究 [J]. 扬州大学学报（高教研究版）, 2014 (2)：52-56.

[4] 陈晓斌. 新型书院制：高校学生社区管理模式探索 [J]. 教育探索, 2013 (8)：96-99.

[5] 陈薇, 邢荣. 复旦学院：迂回七年 [J]. 中国新闻周刊, 2012 (44)：61-63.

[6] 成宗达. "书院制"下加强大学生思想政治教育的对策研究——以淮海工学院为例 [J]. 淮海工学院学报（社会科学版）, 2011 (3)：12-14.

[7] 程伟. 书院精神对中国大学教育的启示 [J]. 当代教育论坛. 2011 (8)：42-44.

[8] 邓洪波. 理学家与南宋书院的兴起 [J]. 湖南大学学报（社会科学版）, 2006 (6)：28-33.

[9] 邓洪波. 儒学诠释的平民化：明代书院讲学的新特点 [J]. 湖南大学学报

（社会科学版），2005（3）：22-27.

[10] 邓俊，汪炜．肇庆学院书院志愿服务的问题及对策——以肇庆学院力行书院为例［J］．肇庆学院学报，2013（1）：18-21.

[11] 杜丽娟．我国高校实施书院制学生管理模式的原因与现状［J］．教育与职业，2010（6）：32-33.

[12] 谷贤林．大学生发展理论［J］．比较教育研究，2015，37（8）：26-31.

[13] 谷贤林．导师制•午后茶•住宿学院与一流大学的人才培养［J］．比较教育研究，2003（9）：27-30.

[14] 管金星．通识教育：现代大学书院制改革的"生命"［J］．四川职业技术学院学报，2015，25（2）：71-74.

[15] 郭俊．书院制教育模式的兴起及其发展思考［J］．高等教育研究，2013，34（8）：76-83.

[16] 何敏静．师范院校书院文化活动育人机制实现途径——以肇庆学院为例［J］．肇庆学院学报，2013（1）：11-13.

[17] 和飞．现代大学书院制的内涵与发展目标［J］．肇庆学院学报，2013（1）：1-4.

[18] 胡适．书院制史略［J］．东方杂志，1924（21）：3.

[19] 胡素萍．论海南古代书院的社会文化功能［J］．教育评论，2008（2）：124-127.

[20] 黄冠平．发挥书院党员之家提升党员素质的作用——以苏州大学敬文书院为例［J］．新西部（理论版），2013（11）：69，87.

[21] 黄厚明．书院制与住宿学院制高校学生管理模式比较研究［J］．高等工程教育研究，2010（3）：108-113.

[22] 黄凌梅．北京师范大学"学而书院"运行现状研究［J］．教育，2015（17）：246.

[23] 克里斯汀•仁，李康．学生发展理论在学生事务管理中的应用——美国学生发展理论简介［J］．高等教育研究，2008，29（3）：20-21，24-25.

[24] 乐毅．简论复旦学院的书院学生管理模式［J］．国家教育行政学院学报，2008（8）：52-59.

[25] 李碧虹. 论书院的学生管理 [J]. 大学教育科学,2007(3):82.

[26] 李兵,章程. 清代书院科举化的重要保证 [J]. 云梦学刊,2005(7):49-52.

[27] 李翠芳,朱迎玲. 现代高校书院制建设及原因追溯 [J]. 煤炭高等教育,2009,27(3):49-51.

[28] 李家新. 住宿学院制与英式大学教育传统 [J]. 成都中医药大学学报(教育科学版),2012(9):70-72.

[29] 李立国. 建立以人才培养为核心的高校分类体系 [J]. 山东高等教育,2014,2(8):11-22.

[30] 李良品. 试论元代书院的特征 [J]. 黑龙江民族丛刊,2005(1):45-49.

[31] 李仁平. 略论高职校园文化建设中的校企结合问题 [J]. 武汉职业技术学院学报,2009(2):43-45.

[32] 李余璧. 浅谈高职院校教育制度建设 [J]. 青年时代,2015(3):2.

[33] 李玉静,刘娇. 新时代我国职业教育发展的目标、任务与核心议题 [J]. 职业技术教育,2017,38(36):11-14.

[34] 林叶舒,文雪. 现代书院践行高校办学理念的实证研究 [J]. 肇庆学院学报,2013(1):6-9.

[35] 凌飞飞. 论石鼓书院的历史沿革与作用 [J]. 船山学刊,2007(3):22-24.

[36] 刘彩琴,郭俊朝. 新中国成立60年来高等职业教育的回顾与展望 [J]. 黑龙江高教研究,2009(10):127-130.

[37] 刘海峰. 书院与科举是一对难兄难弟 [J]. 华南师范大学学报(社会科学版),2011(6):100-102+158.

[38] 刘海峰. 唐代集贤书院有教学活动 [J]. 上海高教研究,1991(2):93-96.

[39] 刘洪一. 误区与路径——高职教育中的文化素质教育问题 [J]. 中国高教研究,2011(2):68-71.

[40] 刘平昌,周清华,沈加君. 基于学分制视域下高校党团组织管理体系的创新 [J]. 学校党建与思想教育,2011(12):47-49.

[41] 刘洋. 住宿学院与耶鲁大学的学生管理 [J]. 石油教育,2003(2):111-112.

[42] 刘宗棠. 简论清代书院制度的特点及其兴衰 [J]. 中国石油大学学报(社会科学版),2009(2):64-67.

[43] 马冬卉,陈敏. 美国高校学生发展理论及相关问题探讨 [J]. 现代教育科学,2007(5):132-136.

[44] 马树超,胡秀锦. 我国高职教育的发展趋向与政策展望 [J]. 教育发展研究,2009,29(9):68-71.

[45] 毛泽东. 湖南自修大学创立宣言 [J]. 党的文献,2011(1):3-4.

[46] 梅贻琦. 大学一解 [J]. 中国大学教学. 2002(10):44-47.

[47] 欧阳敏. 美国"学生发展"的理论与实践启示 [J]. 北京教育(高教版),2005(6):55-56.

[48] 潘懋元. 多学科观点的高等教育研究 [J]. 高等教育研究,2002(1):10-17.

[49] 彭远威. 高职院校实施文化素质教育的困境与出路——基于教师视角的调查分析 [J]. 职教论坛,2016(11):5-8.

[50] 曲中林,朱为鸿. 书院制与教师教育办学特色的契合——以肇庆学院为例 [J]. 现代教育科学,2012(5):21-23.

[51] 曲中林. 优化书院制建设的对策与建议——以肇庆学院为例 [J]. 肇庆学院学报,2013,34(1):13-16.

[52] 邵旭平. 耶鲁"住宿学院制"对大学生思想政治工作进社区的启示 [J]. 教育与职业,2011(5):38-39.

[53] 沈加君. 高等教育改革背景下的德育机制创新研究 [J]. 淮海工学院学报(社会科学版),2011(5):19-21.

[54] 沈栩. 我国高校书院制与美国高校住宿学院制学生管理模式的比较及启示 [J]. 教育学术月刊,2011(4):97-99.

[55] 石晶山. 组织的柔性管理研究 [J]. 长春师范学院学报. 2006(6):98-100.

[56] 石伟平,徐国庆. 世界职业体系比较研究 [J]. 职业技术教育,2004,25(1):18-21.

[57] 宋鲲鹏. 学校是一种特殊环境及其启示——基于杜威的《民主主义与教

育》一书[J]. 开封教育学院学报,2013,33(1):67-68.

[58] 唐国华,江丽,李晨韵. 大学书院制:创新型人才培养模式的有益探索[J]. 教育观察,2016(7):4-7.

[59] 滕玉花. 让班集体成为学生个性张扬的舞台[J]. 中国教育技术装备,2012(25):78-79.

[60] 王爱祥,胡兵. 高校学生生活园区德育创新模式研究 —— 以居委会制、自管会制和社区书院制为例[J]. 华东理工大学学报(社会科学版).2011(5):109-116.

[61] 王琴,陈嵩,张家寰. 我国高职教育模式转型的历史思考[J]. 教育发展研究,2009(9):59-62.

[62] 王文涛. 高职文化素质教育的历史发展与基本特征[J]. 高等教育研究.2015(6):74-75.

[63] 王钰亮. 教育生态系统下的高职院校书院制建设探索[J]. 岳阳职业技术学院学报,2018,33(2):19-23.

[64] 王智威. 论影响大学生参加志愿者活动的因素——质化解释型现象学分析研究[J]. 深圳职业技术学院学报.2020,19(6):37-43.

[65] 温旭. 书院制下高校学生社区党建工作新模式的探索[J]. 高校辅导,2014(2):54-56.

[66] 温旭. 中国古代书院精神对现代大学书院制建设的启示[J]. 教育与教学研究,2014(8):26-30.

[67] 我国高等教育呈现五大发展趋势[J]. 中国林业教育,2005(2):55.

[68] 吴洪成.20世纪二三十年代中国的乡村教育实验[J]. 四川师范大学学报(社会科学版).2002(5):96-106.

[69] 徐美君. 论中国古代书院的学术功能[J]. 四川教育学院学报,2008(1):45-47.

[70] 晏维龙,贾长云,刘平昌等. 书院制管理学分制培养个性化发展多样化育才——淮海工学院"三本"学生学分制改革实践[J]. 淮海工学院学报(社会科学版),2009(9):124-127.

[71] 杨东铭. 论工学结合与高职文化的特质和路径选择[J]. 职教论坛,

2010（19）：44-46.

[72] 杨叔子，余东升．高等学校文化素质教育的今日审视［J］．中国高教研究，2008（3）：3-7.

[73] 杨叔子，余东升．文化素质教育与通识教育之比较［J］．高等教育研究．2007（6）：1-7.

[74] 叶芳芳．书院制下学生公寓思政工作模式构建探析［J］．宁波工程学院学报，2013，25（1）：113-116.

[75] 叶峥嵘．基于书院制的人才培养改革与大学生发展［J］．肇庆学院学报，2013，34（1）：5-7.

[76] 俞步松．关于高职文化素质教育的理性思考及其实践［J］．职教论坛，2011（17）：4-6.

[77] 翟慕华．北宋时期应天书院兴盛的原因分析［J］．商丘师范学院学报，2004（8）：80-82.

[78] 张传燧，邓素文．自由自主：书院教育精神及其现代启示［J］．大学教育科学，2005（2）：5-8.

[79] 张传燧．古代书院传统及其现代大学借鉴［J］．湖南师范大学学报，2005（2）：79-83.

[80] 张平，李忠杰，孙斌等．基于书院文化和杏林文化的书院制学生管理模式的创新与实践——以深圳职业技术学院“杏林书院”为例［J］．深圳职业技术学院学报，2014（4）：10-16.

[81] 张天雪，王乐婷．大学生社会化范畴的提炼——基于N篇学术论文的计量分析［J］．浙江师范大学学报（社会科学版），2018（6）：112.

[82] 张应强，方华梁．从生活空间到文化空间：现代大学书院制如何可能［J］．高等教育研究，2016（3）：56-61.

[83] 张治湘，冯林．我国高校书院制与美国高校住宿学院制学生管理模式的比较研究［J］．煤炭高等教育，2013，31（1）：39-42.

[84] 赵炬明．论大学组织与大学德育［J］．高等工程教育研究，1991（2）1-11.

[85] 赵庆年．高校类型分类标准的重构与定位［J］．高等工程教育研究，2012（6）：147-152.

[86] 赵新. 古代书院祭祀及其功能 [J]. 煤炭高等教育,2007(1):94-96.

[87] 周华丽,鲍维. 大学生社会化发展及其影响因素的实证研究 [J]. 现代教育管理,2013(12):87-91.

[88] 周琴. 杜威的实用主义教育观与陶行知的生活教育观之比较 [J]. 2016,15(6):26-27.

[89] 周清华. 书院制——完全学分制条件下的高校学生工作新模式 [J]. 淮海工学院学报(社会科学版),2011,9(14):118-121.

[90] 朱红. 高校人才培养质量评估新范式——学生发展理论的视角 [J]. 国家教育行政学院学报,2010(9):50-54.

[91] 朱为鸿. 传统书院文化与现代大学文化创新 [J]. 肇庆学院学报,2013(1):8-12.

其他资料

[1] 陈先哲. 重识大楼之谓与大师之谓 [N]. 光明日报,2017-5-2(13).

[2] 崔延强. 今日大学需要怎样的"博雅"和"通识"[N]. 社会科学报. 2017-9-21(5).

[3] 复旦大学副校长陆昉解读本科住宿书院改革 [EB/OL]. [2013-07-10](2017-10-18). http://www. fdcollege. fudan. edu. cn/tfcollege/f6/1f/c7492a63007/page. htm.

[4] 关于实施中华优秀传统文化传承发展工程的意见 [N]. 光明日报,2017-01-26(6).

[5] 姜泓冰,杨彦,尹世昌. 书院制改变了什么?[N]. 人民日报. 2011-9-17(16).

[6] 教育部关于《中华人民共和国职业教育法修订草案(征求意见稿)》公开征求意见的公告 [EB/OL]. [2019-12-08](2021-04-17). http://www. gov. cn/xinwen/2019-12/08/content_5459462. htm.

[7] 柳森. 大学书院:如何寻找自身定位 [N]. 解放日报,2012-09-11(10).

[8] 迈克尔·富兰,皮特·希尔,凯梅尔·克瑞沃拉. 突破的组成部分. 迈克尔·富兰. 叶颖等译. 变革的挑战——学校改进的路径与策略 [C]. 北京:北京大学出版社,2013. 60-71.

[9] 商亮,夏添,刘琴. 专访港中大(深圳)校长徐扬生:培养学生独立思辨能力 [EB/OL]. [2014-06-06]（2018-10-06）. http://dongying. dzwww. com/ jdxw/201406/t20140606_10402220. htm.

[10] 中国社会科学院语言研究所词典编辑室. 现代汉语词典 [M]. 商务印书馆,2016:64.

外文参考文献

[1] Adi Ainurzaman Jamaludin, Hazreena Hussein, Ati Rosemary Mohd Ariffin, Nila K-eumala. A study on different natural ventilation approaches at a residential colle-ge building with the internal courtyard arrangement[J]. Energy and Buildings, 2014(72):340-352.

[2] American College Personnel Association & National association of student Personnel Administrators（ACPA & NASPA）. Learning reconsidered:A Campus-wide focus on the student experience [M]. Washington, DC:NASPA & ACPA, 2004.

[3] Arbuckle, D. S. Student personnel services in higher education [M]. New York:McGraw-Hill, 1953.

[4] Bradley E. Cox, Elizabeth Orehovec. Faculty-Student Interaction Outside of Class:A Typology from a Residential College [J]. The Review of Higher Education, 2007, 30(4):343-362.

[5] Benjamin C Riordan, Tamlin S Conner, Jayde AM Flett and Damian Scarf. A text message intervention to reduce first year university students' alcohol use:A pilot experimental study [J]. Digital Health, 2017(3):1-10.

[6] Caminita, Cristina M. Embedding the Agriculture Librarian in an Agriculture Residential College:A Case Study [J]. Journal of Agricultural & Food Information, 2015, 16(1):31-42.

[7] Cliff Haynes. Benefits for Faculty and Staff Members Involved in Residential Learning Communities [D]. Department of Educational Leadership and Policy Studies, Virginia Polytechnic Institute and State University, 2004.

[8] Cobban, A. B. English universities life in the Middle Age [M]. Yale University Press. 2011.

[9] Clinkinbeard, Samantha S. , Johnson, Michael A. Perceptions and Practices of Student Binge Drinking: An Observational Study of Residential College Students [J]. Journal of Drug Education, 2013, 43(4): 301-319.

[10] Deborah Gross, Ellen Iverson, Gudrun Willett, Cathryn Manduca. Broadening Access to Science With Support for the Whole Student in a Residential Liberal Arts College Environment [J]. Journal of College Science Teaching, 2015, 44(4): 99-107.

[11] Dewberry, Chris, Jackson, Duncan J. R. An application of the theory of planned behavior to student retention [J]. Journal of Vocational Behavior, 2018: 100-110.

[12] Emily Rose, Rishi Sriram. Examining the Usefulness of a Points System in a Residential College [J]. Journal of College Student Development, 2016, 57(3): 280-284.

[13] Evans, N. J. with Reason, R. D. Guiding principles: A review and analysis ofstudent affairs philosophical statements [J]. Journal of College Student Develop-ment, 2001(42): 359-377.

[14] J. H. Banning (Ed.). Campus ecology: A perspective for student affairs. [M] Cincinnati: National Association of Student Personnel Administrators, 1978.

[15] Jamaludin, Adi Ainurzaman, Mahmood, Noor Zalina, Ilham, Zul. Performance of electricity usage at residential college buildings in the University of Malaya campus[J]. Energy for Sustainable Development, 2017(40): 85-102.

[16] Janning, Michelle, Volk, Maya. Where the heart is: home space transitions for residential college students [J]. Children's Geographies, 2017, 15(4): 478-490.

[17] Jody E. Jessup-Anger. Examining How Residential College Environments Inspire the Life of the Mind [J]. The Review of Higher Education, 2012, 35

（3）：431-462.

[18] Julie Hepworth, Toni Schofield, Rose Leontini, John Germov. Alcohol-related harm minimization practices among university students: Does the type of residence have an impact?[J]. Health Psychology, 2018, 23（4）：843-856.

[19] Jamaludin, Adi Ainurzaman, Hussein, Hazreena, Mohd Ariffin, Ati RosemaryMohd Ariffin, NilaKeumala. A study on different natural ventilation approaches at a residential college building with the internal courtyard arrangement [J]. Energy and Buildings, 2014（72）：340-352.

[20] Kathy Sexton-Radek, Andrew Hartley. College residential sleep environment [J]. Psychological Reports, 2013, 113（3）：903-907.

[21] Keeling, R. P.. Learning Reconsidered: A Campus-Wide Focus on the Student Experience. [M]. Washington, DC: Na- tional Association of Student Personnel Administrators, 2004. 21-22.

[22] Mark B. Ryan. A college way of living: Residential College and a Yale Education [M]. M. E. Sharpe. inc, 2003.

[23] Martinez, Julia A. , Johnson, Douglas N. , Jones, Jane A. Beyond punishment: the impacts of medical amnesty in a U. S. Residential college context [J]. Drugs: Education, Prevention and Policy, 2018, 25（3）：248-253.

[24] Theodore K. Miller, Judith S. Prince. The future of student affairs: A guide to student development for tomorrow's higher education [M]. San Francisco: Jossey-Bass, 1976.

[25] Nelson, Suzy, Johnson et al, The value of the tutorial system [J]. About Campus. May. 2012, 17（2）：22-25.

[26] Nelson, Suzy, Johnson, Laura, Boes, Lisa. Harvardhouses: The value of the tutorial system [J]. About Campus. May, 2012, 17（2）：22-25.

[27] Neil Kevin Hargraves. An 'experiment in the wilderness': Newbattle Abbey College and the idea of residential adult education in Scotland 1931-1955 [J]. History of Education, 2010, 39（1）：95-114.

[28] OscarT. Lerming, Larry H. Ebbers. The Powerful potential of learning communities: improving education for the future [C]. ASHE-ERIC Higher Education Report, 1999, 26(6).

[29] Pascarella, E. T. & Terenzizi, P. T. How College Affects Students: A Third Decade of Research [M]. The Journal of General Education. 2006.

[30] Penven, James. Stephens, Robert. Shushok JR. , Frankkeith, Caleb. The Past, Present, and Future of Residential Colleges: Looking Back at S. Stewart Gordon's "Living and Learning in College" [J]. Journal of College & University Student Housing, 2013, 39/40(2/1): 114-126.

[31] Peter H. Garland, Thomas W. Grace. New perspectives for student affairs professionals: Evolving realities, responsibilities and roles [J]. ERIC Digest, 1994(6): 4-5.

[32] Pike, Gary R. The effects of residential learning communities and traditional residential living arrangements on educational gains during the first year of college [J]. Journal of college student development, 1999, 40(3): 269-284.

[33] P. Heslop, D. Abbott. School's Out: pathways for young people with intellectual disabilities from out-of-area residential schools or colleges [J]. Journal of Intellectual Disability Research, 2007, 51(7): 489-96.

[34] Robert J. O'Hara. How to Build a Residential College [J]. Planning for Higher Education. 2001, 30(2): 52-57.

[35] Ryan Bronkema, Nicholas A. Bowman. A Residential Paradox: Residence Hall Attributes and College Student Outcomes [J]. Journal of College Student Development, 2017, 58(4): 624-630.

[36] Ron Iphofen. Aspiration and Inspiration: Student Motives in Adult Residential Colleges [J]. Studies in the Education of Adults, 2016, 28(1): 65-87.

[37] Smith, Jonathan. Every Little Bit Counts: The Impact of High-Speed Internet on the Transition to College [J]. Social Science Electronic Publishing, 2017(7): 1-48.

[38] Strange, C. C.. Student Development: The Evolution and Status of an Essential Idea [J]. Journal of College Student Development, 1994(35): 399-412.

[39] Sanford Nevitt. Where colleges fail: The study of the student as a person [M]. San Francisco: Jossey-Bass, 1967.

[40] Siew, R. Y. J. Case study of an Australian residential college [J]. Journal of Facilities Management, 2015, 13(4): 391-398.

[41] Tan. Linda, S. L. Stochastic. Variational inference for large-scale discrete choice models using adaptive batch sizes [J]. 2017, 27(1): 237-257.

[42] Tonn K., Ryan T. J. Community-associated methicillin-resistant Staphylococcus aureus in college residential halls [J]. Journal of Environmental Health, 2013, 75(6): 44-49.

[43] Thorstein Veblen. The higher learning in America: A memorandum on the conduct of universities by business men [M]. New York: Hill & Wang, (Original work published 1918). 1946.

[44] Weber, Bruce. The Residential College [N]. New York Times, 2007-7-29 (4A).

[45] Yuch-Luen Hu, G. S. Ching & C. H. Huang. Comparison of concepts within the residential colleges in Taiwan [J]. International Journal of Information and Education Technology, 2015, 5(12): 926-940.

[46] Yuhong Zhou. The enlightenment of residential college system to the construction of academy system in universities in China-The study of Jinan [J]. Open Journal of Social Sciences, 2020(8): 96-107.

[47] Zhen Zeng. Chinese Shuyuan: A legacy in Chinese education history, or a solution for modern undergraduates in China [J]. Journal of Education and Learning, 2020, 9(6): 173-182.

附录 1 我国内地(祖国大陆)部分本科高校实施书院制概况

地区	序号	高校	书院名称	开始时间	书院介绍
北京	1	北京大学	元培学院	2001	低年级开展通识教育和大学基础教育,高年级开展宽口径的专业教育,实行导师指导下的自由选课学分制。
	2	清华大学	新雅书院、致理书院、日新书院、未央书院、探微书院、行健书院	2014	探索通识课程与养成教育协同的综合改革,建设师生共有、共建、共享的文化场所和公共空间。按实体机构运行,推进完善本科教育体系,实现"强基计划"人才选拔与培养的一体化管理。
	3	北京师范大学	学而学院	2014	探索培养拔尖人才,建设目标是"师生共享的思想空间、学生自我管理与发展的平台、文化育人的住宿环境"。
	4	北京航空航天大学	北航学院、知行书院、士谔书院、冯如书院、士嘉书院、守锷书院、致真书院、汇融书院、启明书院、高等理工学院、工科试验班	2012	书院核心功能涵盖通识教育、导师制以及社区育人。打造针对课外专业化指导支持体系,搭建适应性辅导体系,建设导师体系,形成课内课外、校内校外的育人"大社区"。
	5	北京理工大学	精工书院、睿信书院、求是书院、明德书院、经管书院、知艺书院、特立书院、北京书院、令闻书院	2018	聚焦本科生大类培养和大类管理的北理工书院制管理模式。

续表

地区	序号	高校	书院名称	开始时间	书院介绍
	6	首都师范大学科德学院	国际女子书院	2019	以知性高雅为教育理念,探索有利于女性发展的特色教育形式。书院负责学生自我管理,学院负责专业学习。突出学生自治,通过不同专业背景的交叉,不同思维模式的碰撞,不同兴趣爱好的交融,选择自助学习的习惯,采取主辅修制。推行带着使命学习,这一使命就是推行女院所提倡的四自精神,即自尊,自信,自立,自强。
	7	中国人民大学	明德书院、明理书院	2020	落实通专结合,打破边界,推行与大类培养配合的管理体系。
上海	8	华东师范大学	孟宪承书院、经管书院、大夏书院、光华书院	2007	培养目标为"适教、乐教、善教"的优秀教师和未来教育家,创新和完善师范生培养机制和体系,提升培养质量。
	9	复旦大学	志德书院、腾飞书院、克卿书院、任重书院、希德书院	2005	贯穿本科教育阶段的住宿书院,致力于完善通识教育与多元选择有机结合的"2+X"本科培养体系。
	10	华东政法大学	文伯书院	2017	在实践中探索通识教育、养成教育、专业基础教育与专业提升教育的一体化培养模式,提升学生综合素养,助力学生长远发展。以实体化书院、通识课程体系、导师制和书院社区为特色,促进学生全面发展与专业培养的平衡发展。
	11	华东理工大学	震旦书院、江南书院、大同书院、南洋书院、东吴书院	2008	党建、团学整合成书院常规工作,书院式讲座与活动突破传统,为多学科交流提供平台,同时书院的表彰、奖励、座谈起到很好的宣传效果,基本建立互动机制①。

① 王爱祥,胡兵. 高校学生生活园区德育创新模式研究——以居委会制、自管会制和社区书院制为例 [J]. 华东

地区	序号	高校	书院名称	开始时间	书院介绍
	12	上海科技大学	上海科技大学书院	2014	学院、书院分工协作培养人才,其中学院侧重于专业能力的培养,书院侧重于综合素质培养和人格养成。"一生一导师、一组一团队、一院一支撑、一导一辈子"的目标,践行导师制的核心理念,全面、深入了解学生,有效指导学业、生活、职业规划以达到实现全过程育人,全方位育人。
	13	上海大学	社区学院	2011	以立德树人为根本,建构文理融通、师生融合的教育环境,推进全人教育。
	14	同济大学	女子书院	2009	以女学生社区为活动基地,根据各专业女生的需要,提炼一批女生感兴趣的女性素质提升项目,开启同济女生提升自身素质的崭新渠道。
陕西	15	西安交通大学	彭康书院、宗濂书院、仲英书院、崇实书院、钱学森书院、文治书院、启德书院、南洋书院、励志书院	2007	秉承文化育人的理念,通过全员培养、社区生活,提供学生自我教育、自我管理、自我服务的平台,在书院制管理与学生综合素质培养等方面进行了积极的探索与实践。
	16	西北农林科技大学	右任书院	2014	探索现代大学制度下本科人才培养体制的重要尝试。
	17	西安外事学院	正蒙书院、七方书院天使书院、龙腾书院、鱼化龙书院、行知书院、开元书院	2014	建立功能型党组织——党员服务站,构建"一体两翼、五个着眼点、二十个着力点"的外事特色德育体系,打破了传统专业界限,推进学科交叉育人,社区管理育人,重构新型师生关系。

① 理工大学学报(社会科学版),2011,26(3):109-116.

地区	序号	高校	书院名称	开始时间	书院介绍
	18	西京学院	万钧书院	2014	秉承学校"为学生的成长服务、对学生的发展负责"的学生工作理念，坚持"铸魂、立德、树人"的指导思想，致力于加强校园文化建设的传承与发展，培养具有深厚人文底蕴、创新科学精神、扎实专业知识、宽广国际视野、勇于担当社会责任的高素质应用人才。
	19	西安电子科技大学	海棠九号书院	2018	书院以通识教育、专业基础教育和实践教育为核心，实施大类培养，提升学生社会责任感、创新精神和实践能力。
	20	西安建筑科技大学	大成书院	2010	以素质教育为目标，融素质、人文和兴趣教育于一体，探索人才培养新模式。
	21	西北工业大学	终南书院	2019	落实人才培养，设立研修室、辅导教室等。
江苏	22	江苏海洋大学应用技术学院	海州书院、瀛洲书院、郁洲书院、凌州书院、环洲书院	2008	开展文化寻访，引导学生探索书院历史文化内涵，举办社区论坛，搭建多学科融合的文化交流平台。
	23	江苏师范大学	敬文书院	2015	实施本科生"精英教育"的学院，是卓越人才培养的特区。书院设有校长实验班和卓越教师班，校长实验班采用"1+3"人才培养模式，卓越教师班采用"三方协同"培养机制和方案。实施"德行养成与塑造、人文素养与博雅气质提升、科技创新与实践训练、青年领导力发展"等四个核心计划，为学生的发掘潜能、发展个性提供发展平台，培养具有国际视野的拔尖创新人才。

地区	序号	高校	书院名称	开始时间	书院介绍
	24	苏州大学	敬文书院、唐文治书院、紫卿书院	2011	敬文书院定位于"第二课堂",唐文治书院在"第一课堂"开展博雅教育。书院将学习社区和温馨家园合二为一,除设置常任导师、助理导师、社区导师外,聘有近百名学业导师,形成了服务学生的导师群体。唐文治书院建立研究型教学模式,探索本科教育与研究生教育的有机结合,打通文史哲,实施跨学科的教学方式,培养复合型、学术型的高端文科人才。
	25	南京审计大学	润园书院、泽园书院、澄园书院、沁园书院	2014	书院注重通识教育和全人培养。重点实施"6+1"人才培养计划。(通识讲座与微课程计划、经典阅读与读书小组计划、人格培育与习惯养成计划、导师引领与分类指导计划、学生自治与能力提升计划、党员领航与示范带动计划、关爱与励学计划),培养学生的 9 大核心素养:社会责任、家国情怀和国际视野;人文底蕴、科学精神、审美情趣;身心健康、学会学习、实践创新。
	26	南京师范大学	贻芳书院	2019	金陵女子学院选拔优秀学生进入书院,制定课程,培养具有责任担当、国际视野、自信自强、气质高雅的卓越女性人才。
浙江	27	绍兴文理学院	建功书院、仲申书院、文澜书院、树人书院、竞雄书院、青藤书院、成章书院、羲之书院、东山书院、阳明书院	2012	书院是一个诗意居住的载体,也是育人的载体。在硬件方面,书院公共用房都实行"标配",包括"六室两房",辅导员工作室、学业指导室、心理辅导室、党团活动室、自修室、图书室;"两房"为病号房、亲友房。每一书院区配置书院讲堂、学生事务与就业服务中心、艺术工作坊、健身房等学习服务场所。在软件方面,书院的管理包括教师联系制度、寝室卫生纪律管理制度、活动开展评比制度等。

地区	序号	高校	书院名称	开始时间	书院介绍
	28	浙江万里学院	天工书院、经世书院、艺文书院	2012	设立学生事务办事大厅,开设专门办事窗口,为学生一站式集约型服务;进行了学生宿舍改造,改造成辅导员办公室、学生自习室、阅览室、健身房等专用房间;建立学业导师制和专业导师制。
	29	浙江大学	求是学院、国际联合书院	2008	是通识教育改革的旗帜。开办大师工作室,打造特殊党建教育平台;设立生活教育体验室。为学生提供了一个亲密的、支持性的学习生活环境。书院由著名教育家徐立之教授担任院长,配备了资深导师、学业导师和生活导师等。书院营造的学业指导环境、素质发展环境、生活共享环境集通识教育、素质教育、养成教育于一体,促进学生在知识、能力、素质、人格等方面的全面发展。书院精心设计了课程和项目,通过一系列学生主导的社团与组织,丰富书院的和谐亲切氛围,鼓励学生通过参与和组织各类社团来了解社会,提高领导力。学会协作并熟悉财务事宜。
	30	浙江工业大学	尚德书院、健行书院	2016	推动育人改革探索,促进学生全方面发展,帮助成长成才。
	31	台州学院	心湖书院、广文书院	2020	实行书院导师,采取报名及选拔进入书院,对场地、通识课程、制度建设、管理平台、文化建设进行改革。
	32	温州大学	溯初书院	2020	全体本专科学生的全员式、一贯制师范类人才培养住宿书院,也是浙江省内首个以师范人才培养为主要任务的现代书院。以立德树人为核心建设全方位育人生态,导师制度全员化育人队伍,以社区建设为载体,构建全程化育人空间,以师范教育为特色凸显全域化育人优势,培养创新型、复合型高素质教育人才。

地区	序号	高校	书院名称	开始时间	书院介绍
广东	33	汕头大学	至诚书院、弘毅书院、思源书院、知行书院、淑德书院、修远书院、敬一书院、明德书院、德馨书院	2008	旨在培养一批具有远大理想、社会担当、社群归属感和多元兴趣的宿生,并以培养住宿生的终身学习能力、持续成长和全面发展为己任;通过丰富的师友计划、公益课程,实现全人教育的培养目标。
	34	肇庆学院	厚德书院、明智书院、博学书院、力行书院	2010	通过对学生生活社区的文化建设与文化管理,承担学生的思想品德教育、行为养成教育、心理健康教育和就业指导与服务,培养学生的综合素质,提高人才培养质量。重在以非形式教育和学生自我教育的方式进行,构建基于学生兴趣和自主发展的文化组织,强化书院学生的朋辈教育,实现学生之间的相互影响和共同发展,通过自我管理、自我服务和自主发展,营造文化教育氛围,为大学生健康成长、适应社会和提高文化素质创造优质文化环境和自我教育平台。
	35	南方科技大学	致仁书院、树仁书院、致诚书院、树德书院、致新书院、树理书院	2011	通过提供非形式教育,配合课堂教育,推展学术及文化活动,探索实施适应性分类教育模式,实现学生专业、个性的互补拓展,鼓励学生交流,促进个性化发展,最终促进全面发展。
	36	暨南大学	四海书院	2010	为实施暨南大学人才培养模式改革,确保新生入学后的教学和学生管理工作正常开展,培养新生的归属感和荣誉感,书院具体负责暨南大学外招本科生通识教育阶段的教学管理和学生管理工作。

续表

地区	序号	高校	书院名称	开始时间	书院介绍
	37	香港中文大学（深圳）	逸夫书院、学勤书院、思廷书院、祥波书院	2016	打破学院和专业的界限，聚集不同学科和文化背景的学生，密切师生间和同学间的交流，与朋辈一同成长。倡导润物细无声似的教养，通过提供众多非形式的教育机会，引导学生从归属感、主人翁意识、创新及进取精神、多元化视角、社会责任感五个维度开展丰富多彩的校内外集体活动，使学生得到情志身心的全面发展。
	38	南方医科大学（顺德校区）	博雅书院、知行书院、尚进书院、德风书院	2016	每个书院宿舍都是由3～4个学院组成，实行全员导师制，导师分为学业导师、专职导师两类，师兄师姐做导生配健身房厨房宿舍"社区式"管理。
	39	广东药科大学云浮校区	岐黄书院、远志书院、建德书院	2018	举办社区文化节和书院讲堂，完善书院管理制度，定期召开院务委员会、书院工作例会、学生组织例会；建设团学组织、社区组织和社团组织等3个组织，打造具有广东药科大学特色的书院文化，包括中医药文化、国学文化、养生文化、云浮本土文化等，增强师生对书院文化的认同，营造良好的育人氛围。
	40	东莞理工学院	知行学院	2017	服务管理社区化、价值引领生活化、素质养成场景化。
	41	华南理工大学	峻德学院	2019	实行导师制，构建多元化成长社区。
	42	广东外语外贸大学	明德书院	2019	满足个性化发展需求，延伸学习空间，打造"住学研一体"学生家园。
	43	佛山科学技术学院	明德书院	2020	依托学生社区，践行"陪伴也是一种教育"，推动"三全育人"，推进功能室建设、导师制，跨专业AI团队，培养应用型创新人才。

地区	序号	高校	书院名称	开始时间	书院介绍
山东	44	中山大学南方学院	达人书院	2019	推进全程学业导师制、学术论坛及特色课程,推进博雅教育和专业强化学习,跨学科学习与交流。
	45	青岛大学	浮山书院	2007	博雅教育创新实验区,涵书院传统文化之韵,汇集有志学子,育博雅,习通识,明智慧,悟人生。构建以博雅课堂为主体的课程体系,辅之以浮山讲堂、名师讲坛、浮山书会、美育雅集、茶会、"咏而归"新年晚会及毕业晚会等活动。
	46	山东大学青岛校区	一多书院、从文书院	2016	贯穿"以人为本、全面发展"的理念,服务生活、服务学习、服务发展,全员导师指导学生发展,打破了传统学院制的限制,跨学院住宿跨学院管理跨学院组织跨学院讲座跨学院活动使多元的日常沟通交流成为了可能。探索实施契约制管理,推动书院学生自我服务、自我教育、自我管理、自我监督。
	47	中国海洋大学	行远书院	2015	通识教育和本科教学改革的实验和特区,帮助学生拓宽视野,促进人格培养和能力训练,培育能够适应未来社会需求的"博雅"人才。
	48	潍坊学院	弘德书院、明志书院	2013	读书学习实现公寓社区化,书院建立图书阅览室、生活服务室等功能用房;实行学业导师制,聘请专人担任学生学业导师,优化育人环境,实现学生全面发展、不断提高人才培养质量。
	49	聊城大学	学记书院	2018	构建创新人才培养的"第三课堂",包括住宿、生活服务、走廊文化及公共区域等区域,导师入驻,形成文化标识体系。
	50	哈尔滨工业大学(威海)	丁香书院、雅荷书院、梧桐书院、劲松书院	2015	探索新的师生、同学关系,构建新的学生学习空间,成为课堂学习、校园活动之外的第三课堂,坚持"八个融合"。

地区	序号	高校	书院名称	开始时间	书院介绍
福建	51	厦门大学	博伊特勒书院、香山书院	2015	采用汇集开放式教学、师生互动交流的教学模式,为有志于生命科学研究的优秀学生提供学习平台,培养生命科学领域的杰出人才。
	52	泉州理工学院工学院	一善书院、双馨书院、三创书院、四实书院	2017	一栋一书院。每个书院根据自己的特色打造不同主题。"一善书院",一生为善,寓意培育心存善良品德的学生;"双馨书院",德艺双馨,培养自我管理、服务的学生;"三创书院",学生有创新精神、创意思维、创业能力;"四实书院",塑造做人真实、做事踏实、基础扎实、体魄壮实的品质。
	53	厦门工学院	友恭书院、友惠书院、友敏书院、友仁书院	2010	友恭书院致力于创造特色书院文化,积极开展学生博雅教育和丰富多彩的第二课堂活动。友善书院内建有面向全体同学开放的公共服务设施。依托住宿社区功能齐全的优势,书院鼓励不同专业的学生在书院内相互交流学习、搭建学生文理渗透、专业互补、个性拓展的平台,构建书院专职导师与学生"同吃、同住、同生活"的融洽关系,引导学生养成良好的行为习惯,不断提升综合素质能力,努力成为既有专业理论水平又具备高素质的应用型人才。
天津	54	南开大学	迦陵学舍	2015	集教学、科研、藏书于一体。
湖北	55	武汉大学	弘毅学堂	2010	培养博雅型教育和研究型学习的理念,贯彻宽口径、厚基础、强能力的人才培养思路,逐步形成了大类培养、强化科研训练、书院制、导师制、个性化、小班化、国际化等特色培养模式。

地区	序号	高校	书院名称	开始时间	书院介绍
河北	56	河北联合大学轻工学院	知行书院	2010	以拓展实验班及相关专业学生为主体,对原基础教学部的学生实行书院制管理。
	57	河北大学工商学院管理学部	明德书院、笃学书院、致用书院、治平书院和诚行书院	2013	将宿舍楼作为教育平台,在宿舍楼内设置图书漂流书屋,建立特色功能室,创办"宿舍管理系统",开启网络媒体管理新时期书院文化活动,举办书院文化节,打造书院精品活动。
	58	邯郸学院	劝学书院、启航书院	2016	书院与学院分工合作,创造与学院互补的社区化学习环境。
广西	59	广西科技大学	启迪书院	2017	启迪书院着重文化继承与创新,启迪讲坛则以传播时代思想、品味智趣人生为宗旨,以打造启迪数字学院的文化活动品牌。
甘肃	60	兰州大学	萃英书院	2010	致力于建立拔尖人才重点培养机制,吸引最优秀的学生投身基础科学研究,努力使进入计划的学生成长为未来基础学科领域的国际领军人才。
	61	甘肃民族师范学院	莲峰书院、亭林书院、香巴拉书院	2013	通过通识教育课程和提供非形式教育,推展学术及文化活动,实现学生文理渗透,促进学生的全面发展。
山西	62	山西农业大学信息学院	右岸书院、三达书院、箕城书院、无边书院、青藤书院、太行书院、杏花书院	2017	书院作为社区化、交互性、共享式的育人平台,服务于学校"信息产业商学院"办学定位,依托家文化、领导力、连接点三核驱动,为学生创造社区共享与朋辈互动的新圈层,促进实践育人、文化育人、服务育人、环境育人,提升人才培养质量。

地区	序号	高校	书院名称	开始时间	书院介绍
	63	太原理工大学	云顶书院、河汾书院、令德书院、晋阳书院	2015	云顶书院基于真实问题和项目设计培养过程,着力培养学生自主学习和终身学习的意识,逐渐形成了以兴趣驱动为核心的泛在学习体系;2019年基础学院成立了"河汾书院""令德书院""晋阳书院"等三大书院。
	64	中北大学	博学书院	2018	设置功能区,坚持"书院育人、服务师生"的理念。
河南	65	郑州大学	嵩阳书院	2009	以打造研究型国学院为建设目标,建设秉承古代书院精神、彰显中原文化特色、具有现代大学理念的新书院,集学术研究、人才培养、社会服务、文化传承于一体,为郑州大学创建高水平大学提供重要支撑。
	66	郑州西亚斯学院	寰宇住宿书院	2018	院训是"学贯中西,名冠寰宇",秉承"兼容中西,知行合一"的办学精神,立足国际视野,融中西风情,育国之栋梁。
	67	新乡医学院三全学院	仁智书院、羲和书院、精诚书院、崇德书院、德馨书院	2014	学院和书院分别负责学习和生活,书院有宿舍楼、阅览室、谈心室、学习讨论室等。书院关注"智力"之外的各种能力,让师生关系更加密切,增强学生的交际能力,健全了大学生的人格,是院系的有机补充。
重庆	68	重庆邮电大学移通学院	鱼城书院、花果书院、爱莲书院、别都书院、廊桥书院、北山书院等	2017	书院作为社区化、交互性、共享式的育人平台支撑学校"信息产业商学院"办学愿景,依托家文化和领导力双核驱动实践育人、文化育人、服务育人质量提升,为学生创造社区共享与朋辈互助的新圈层。(专业集中式书院3个、社区文化式书院7个、文理式书院1个)

地区	序号	高校	书院名称	开始时间	书院介绍
湖南	69	湖南科技学院	童柱书院、菁菁书院	2014	设有学科竞赛兴趣小组,配备有专门的工作室,依托四大学科竞赛即结构设计大赛、力学竞赛、斯维尔竞赛以及数学建模竞赛,充分调动学生的学习兴趣,定期有专业教师在书院和学生进行交流沟通以及进行学业指导,从而活跃学术氛围,培养学生的创新能力,并进而提高教学质量和养成优良学风。
	70	湖南信息学院	聚智书院、聚能书院、聚思书院、聚美书院	不详	构建书院制育人格局。
云南	71	滇西医用技术大学	苍山书院、洱海书院、四塔五蕴书院、雨林书院、拿云书院、茶逸书院、勤敏书院、毓秀书院	2020	开展名家讲坛,建设生活社区,实施导师制,推进通识教育,培养高素质复合型应用人才。
	72	昆明学院	正心书院	2014	打破按专业分配的住宿格局,师生同起居、相问难、结恩义,打破了以往以专业分割的住宿格局,各专业混同,实行学生自我管理。以经典诵读为中心,探索通识教育。
	73	云南大学	东陆书院	2013	弘扬优秀传统文化。
四川	74	西南交通大学	竺可桢书院、唐臣书院	2016	通过打造"一个社区""两套体系""三个平台""四个领域""五个课堂群"(课程学习、第二课堂、实习实训、联合培养、云学习等)、"跨学科的教育导师群"(顾问团、学术导师团、第二课堂导师团、实训导师团、海外导师团、云学习导师团、校友院友导师团、书院常任导师团、家长委员会等),培养人格健全、基础宽厚、知识丰富、能力突出、视野宽广、善于创造、通专结合的具有学术大师、管理精英、产业翘楚潜质的工科类拔尖创新型和跨学科交叉复合型人才。

续表

地区	序号	高校	书院名称	开始时间	书院介绍
	75	成都中医药大学	国医书院	2018	通过鼓励学生专业混住建设学习生活社区，鼓励交叉融合，推进素质教育和专才教育的结合模式，探索新时代中医药的一流人才培养。
	76	西南石油大学	临溪书院	2020	将学生公寓打造成育人阵地，形成"厚德、尚美、崇学、智慧、自主"五位一体，促进学生德智体美劳全面发展。
辽宁	77	大连理工大学（盘锦）	伯川书院、令希书院、长春书院、国栋书院	2013	强调人的全面发展，最终实现学生"均衡教育、健康成长、全面发展"的培养目标。
	78	大连海事大学	明德书院	2019	营造阅读氛围，培养读书习惯，提升人文素养，打造通识教育平台。
江西	79	南昌大学	际銮书院	2015	自主学习支撑体系、自我管理制度体系、自我教育体验系统、自觉成长评价体系，发挥学校多学科综合优势，探索跨学科、跨学院联合培养拔尖创新人才的多样化培养模式。
	80	华东交通大学	天佑学院	2020	选拔进入，导师制，课程体系，有怡悦的成长环境，探索拔尖人才培养。

数据来源：整理自学校网站①和李会春②等的相关文献资料。

---

① 所列书院既包括具有"书院"称谓的组织实施，也包括没有书院称谓，在实践中进行书院制建设的。

② 程海东，宫辉编. 现代高校书院制教育研究［C］. 西安交通大学出版社，2016. 77-78.

附录2 调查问卷

亲爱的同学:

您好!目前我们学校开展了书院制建设的探索。为研究书院制建设的成效,特别是在人才培养方面的成效,本课题组决定对部分参与书院培养过程的学生进行问卷调查。您提供的信息对我们的研究,对改进高职院校书院制建设提高人才培养质量,十分重要。请您给予大力支持。

本次调查不用署名,希望您能按照真实的情况和想法填写。请在相关选项上打"√"(除特别说明外都是单选)或填写您的宝贵意见。所有涉及到的个人信息,我们都将严格保密。谢谢您的支持!

高职院校书院制建设成效研究课题组

2019.10

一、您的基本信息

1. 您的性别是: A. 男　　　　　B. 女

2. 您的年级是: A. 一年级　　　B. 二年级　　　　C. 三年级

3. 您入学前的户籍所在地属于:

　　A. 农村　　　　　　B. 城镇

4. 您的专业类别

　　A. 医药健康类　　　　B. 电子通信类　　　　C. 农林牧渔大类

　　D. 财经管理类　　　　E. 创意设计类　　　　F. 文化艺术大类

　　G. 生物与化工大类　　H. 装备制造大类　　　I. 教育与体育大类

　　J. 其他

5. 您担任学生干部的情况(如果担任多种职务,请选最主要的一项):

　　A. 校级干部　B. 学院干部　C. 年级干部　D. 班级干部　E. 宿舍干部

　　F. 社团干部(不包括社团管理的校、院两级干部)　　　　　G. 无

6. 您是否是书院干部：

A. 是　B. 否

7. 您入住书院的时间为：

A. 1 年以下（含 1 年）　　B. 1～2 年（含 2 年）　　C. 2～3 年（含 3 年）

8. 您参与社团类型情况：

A. 专业类　　　　B. 体育类　　　C. 文娱类　　　D. 艺术类

E. 其他兴趣类　　F. 无

二、您参与书院活动的情况（书院活动主要指课外活动，不包括教学计划的专业实习等）

9. 您平均每年参与志愿服务活动的次数为

A. 0 次　B. 1～2 次　　C. 3～4 次　　D. 5～7 次　　E. 8 次以上

10. 您平均每年参与社会实践（如社会调查、专业实践等）的次数为

A. 0 次　B. 1～2 次　　C. 3～4 次　　D. 5～7 次　　E. 8 次以上

11. 您平均每年参与主题班会的次数为

A. 0 次　B. 1～2 次　　C. 3～4 次　　D. 5～7 次　　E. 8 次以上

12. 您平均每年参与心理健康教育类活动的次数为

A. 0 次　B. 1～2 次　　C. 3～4 次　　D. 5～7 次　　E. 8 次以上

13. 您平均每年参与文娱类活动的次数为

A. 0 次　B. 1～2 次　　C. 3～4 次　　D. 5～7 次　　E. 8 次以上

14. 您平均每年阅读专业以外书籍的册数为：

A. 0 本　B. 1-3 本　　C. 4-9 本　　D. 10-19 本　　E. 20 本以上

15. 您平均每年参与体育类活动的次数为

A. 0 次　B. 1～2 次　　C. 3～4 次　　D. 5～7 次　　E. 8 次以上

16. 您平均每年参与书院讲堂、讲座、沙龙等各类学术报告的次数为

A. 0 次　B. 1～2 次　　C. 3～4 次　　D. 5～7 次　　E. 8 次以上

17. 您平均每年参加专业型社团活动和技能比赛（大比武）等活动的次数为

A. 0 次　B. 1～2 次　　C. 3～4 次　　D. 5～7 次　　E. 8 次以上

18. 您选修书院特色课程的门数为(主要包括)

    A. 0 门　　　　B. 1 门　　　　　　C. 2 门　　　　D. 3 门以上

19. 您平均每年与书院领导、管理人员互动交流的次数为

    A. 0 次／年　　B. 1～2 次／年　　　C. 3～4 次／年

    D. 5～7 次／年 E. 8 次以上／年

20. 您平均每年与书院各类导师(辅导员、班主任、科任教师)互动交流的

次数为

    A. 0 次／年　　B. 1～2 次／年　　　C. 3～4 次／年

    D. 5～7 次／年 E. 8 次以上／年

三、您参与书院活动的主要收获情况

21. 对提高家国情怀、民族文化认同的帮助

    A. 很明显　B. 较明显　C. 一般　D. 不太明显　E. 很不明显

22. 对培育和践行社会主义核心价值观的帮助

    A. 很明显　B. 较明显　C. 一般　D. 不太明显　E. 很不明显

23. 对增强"四个自信"(中国特色社会主义道路自信、理论自信、制度自

信、文化自信)的帮助

    A. 很明显　B. 较明显　C. 一般　D. 不太明显　E. 很不明显

24. 对提高认识社会、增强社会责任意识的帮助

    A. 很明显　B. 较明显　C. 一般　D. 不太明显　E. 很不明显

25. 对提高职业意识和职业责任感的帮助

    A. 很明显　B. 较明显　C. 一般　D. 不太明显　E. 很不明显

26. 对提高人文艺术素养的帮助

    A. 很明显　B. 较明显　C. 一般　D. 不太明显　E. 很不明显

27. 对提高身体素质的帮助

    A. 很明显　B. 较明显　C. 一般　D. 不太明显　E. 很不明显

28. 对提高心理素质的帮助

    A. 很明显　B. 较明显　C. 一般　D. 不太明显　E. 很不明显

29. 对建立良好人际关系的帮助

    A. 很明显　B. 较明显　C. 一般　D. 不太明显　E. 很不明显

30. 对提高沟通表达能力的帮助

    A. 很明显   B. 较明显   C. 一般   D. 不太明显   E. 很不明显

31. 对提升人际交往能力的帮助

    A. 很明显   B. 较明显   C. 一般   D. 不太明显   E. 很不明显

32. 对提高团队合作能力的帮助

    A. 很明显   B. 较明显   C. 一般   D. 不太明显   E. 很不明显

33. 对提高自我管理能力(时间和资源等)的帮助

    A. 很明显   B. 较明显   C. 一般   D. 不太明显   E. 很不明显

34. 对提高组织管理能力的帮助

    A. 很明显   B. 较明显   C. 一般   D. 不太明显   E. 很不明显

35. 对提高分析问题和解决问题能力的帮助

    A. 很明显   B. 较明显   C. 一般   D. 不太明显   E. 很不明显

36. 对提高职业技能(如操作设备、使用工具等)帮助

    A. 很明显   B. 较明显   C. 一般   D. 不太明显   E. 很不明显

37. 对提高创新创业能力的帮助

    A. 很明显   B. 较明显   C. 一般   D. 不太明显   E. 很不明显

38. 对学习专业知识的帮助?(相对于课堂学习效果)

    A. 很明显   B. 较明显   C. 一般   D. 不太明显   E. 很不明显

四、您对书院制建设的总体评价和建议

39. 根据您在书院生活学习的经验,您认为高职院校推进书院制建设的重要性

    A. 非常重要 B. 比较重要 C. 一般   D. 不太重要   E. 完全不重要

40. 您对学校书院制建设的总体评价是:

    A. 非常满意 B. 比较满意 C. 一般   D. 不太满意   E. 很不满意

41. 您认为您所在书院存在的最主要的三个问题是(限选三项)

    A. 基础设施不够完善   B. 书院氛围不够浓厚

    C. 活动参与度不高   D. 学生参与组织管理不足

    E. 师生交流不够   F. 书院课程(讲座)内容单一

    G. 读书活动不够丰富   H. 导师参与较少

I. 学生对书院缺乏了解　　J. 其他（请注明）

42. 您对书院发展的建议是：_____

附录 3 访谈提纲

一、书院制建设情况访谈提纲(教师部分)

尊敬的老师:

您好!为了解书院制建设情况,请您回答熟悉的相关问题,具体内容我们仅用于课题研究。谢谢您的支持!

一、基本问题:

1. 年龄

2. 岗位

3. 职称

4. 性别

5. 本单位工作年限

二、正式问题:

1. 您在书院担任什么角色?主要参与哪些工作?这些工作对学生发展产了什么样的影响(请举例说明)?

2. 结合实例,请说明书院制对学生发展(专业性发展和社会性发展)产生了那些独特的积极影响?

3. 学校书院和学院是怎样的关系,运行过程中有什么利和弊?请举例说明。

4. 您认为高职院校的书院制建设和普通本科院校相比,应该有怎样的特色?

5. 书院制中存在什么样的问题?请举例说明。

6. 您对高职院校书院制的发展有什么建议?

二、书院制建设情况访谈提纲（学生部分）

亲爱的同学：

您好！为了解书院制建设情况，请您回答熟悉的相关问题，具体内容我们仅用于课题研究。谢谢您的支持！

一、基本问题：

1. 年龄

2. 年级

3. 是否担任干部

4. 性别

二、正式问题：

1. 您参与了哪些书院活动？其中哪些活动收获最大？

2. 您认为，参与书院活动对您的专业学习产生了什么样的作用？请举例说明。

3. 您认为，参与书院活动对您的价值观念、道德品质发展产生了什么样的影响？请举例说明

4. 您认为，参加书院活动对改进您与老师、同学之间的关系产生了那些影响？那些老师、同学对您的影响最大？请举例说明。

5. 您认为所在书院制建设效果怎样？哪些方面做得好？存在哪些突出问题？

6. 您认为书院制有哪些优点？

7. 您对改进书院制培养模式有何建议？

附录 4　访谈情况一览表

一、访谈教师基本情况一览表

教师编号	性 别	岗位类别	职 称	年 龄	工作年限
T1	男	部门领导	副教授	43	18
T2	女	专家	研究员	54	26
T3	女	书院导师	副教授	43	18
T4	男	专家	副研究员	46	21
T5	男	书院导师	副教授	48	17
T6	男	学生管理	讲师	35	8
T7	男	专家	研究员	49	19
T8	女	书院导师	讲师	35	9
T9	男	书院导师	讲师	36	9
T10	男	书院导师	讲师	33	6
T11	男	书院导师	讲师	35	7
T12	女	书院导师	助教	29	2
T13	女	办公室秘书	无	36	8
T14	男	学生管理	副研究员	49	16
T15	女	书院原院长	副教授	57	26
T16	男	书院导师	讲师	43	19
T17	男	书院名誉院长	教授	54	26
T18	女	书院导师	副教授	48	15
T19	男	书院导师	副教授	52	28
T20	男	书院导师	副教授	46	20
T21	女	部门领导	讲师	36	9
T22	男	部门领导	副教授	44	13

续表

教师编号	性　别	岗位类别	职　称	年　龄	工作年限
T23	男	部门领导	副教授	47	16
T24	女	书院导师	副教授	38	9
T25	男	书院导师	副教授	48	16
T26	女	书院生活导师	无	57	10
T27	女	书院导师	副教授	48	17
T28	女	辅导员	讲师	36	9
T29	男	书院制建设管理	副教授	48	17
T30	女	辅导员	讲师	32	6
T31	女	辅导员	讲师	33	7
T32	男	辅导员	助教	29	4
T33	男	辅导员	助教	28	4
T34	男	辅导员	助教	26	3

二、访谈学生骨干基本情况一览表

学生编号	性　别	身　份	年　龄	年　级
S1	女	学生干部	20	三年级
S2	女	学生干部	21	三年级
S3	男	学生干部	21	三年级
S4	男	学生干部	20	三年级
S5	男	学生干部	20	三年级
S6	男	学生干部	19	二年级
S7	男	学生干部	20	二年级
S8	男	学生干部	19	二年级
S9	女	普通同学	19	二年级
S10	女	普通同学	19	二年级
S11	男	学生干部	19	二年级
S12	男	学生干部	20	二年级
S13	女	学生干部	19	二年级

学生编号	性　别	身　份	年　龄	年　级
S14	男	普通同学	20	二年级
S15	男	普通同学	19	二年级
S16	男	学生干部	20	二年级
S17	女	学生干部	19	二年级
S18	男	学生干部	20	三年级
S19	男	学生干部	20	三年级
S20	男	学生干部	20	三年级
S21	男	学生干部	20	三年级
S22	男	学生干部	21	三年级
S23	女	学生干部	21	三年级
S24	女	学生干部	20	三年级
S25	男	普通同学	21	三年级
S26	男	普通同学	22	三年级
S27	男	普通同学	20	三年级
S28	女	普通同学	20	三年级
S29	男	普通同学	20	三年级
S30	女	学生干部	20	三年级
S31	男	学生干部	18	一年级
S32	女	学生干部	18	一年级
S33	女	学生干部	19	一年级
S34	男	学生干部	18	一年级
S35	男	普通同学	18	一年级
S36	女	普通同学	18	一年级
S37	女	普通同学	18	一年级
S38	男	普通同学	18	一年级

附录 5 解释正文内容的相关表格

附表 5-1 学生平均每年参与志愿服务活动的次数为

	人　数	百分比（%）
0 次	445	10.6
1～2 次	1 558	36.9
3～4 次	1 295	30.7
5～7 次	441	10.5
8 次以上	479	11.4
合　计	4 218	100

附表 5-2 学生平均每年参与社会实践（如社会调查、专业实践等）的次数

	人　数	百分比（%）
0 次	403	9.6
1～2 次	2 265	53.7
3～4 次	1 069	25.3
5～7 次	243	5.8
8 次以上	238	5.6
合　计	4 218	100

附表 5-3 学生平均每年参与主题班会的次数为

	人　数	百分比（%）
0 次	88	2.1
1～2 次	1 229	29.1
3～4 次	1 689	40.0
5～7 次	610	14.5

	人　数	百分比（%）
8 次以上	602	14.3
合　计	4 218	100

附表 5-4　学生均每年参与心理健康教育类活动的次数为

	人　数	百分比（%）
0 次	310	7.3
1～2 次	2 031	48.2
3～4 次	1 249	29.6
5～7 次	300	7.1
8 次以上	328	7.8
合　计	4 218	100

附表 5-5　学生平均每年参与文娱社团组织的活动的次数

	人　数	百分比（%）
0 次	187	4.4
1～2 次	1 611	38.2
3～4 次	1 450	34.4
5～7 次	496	11.8
8 次以上	474	11.2
合　计	4 218	100

附表 5-6　学生平均每年阅读专业以外书籍的册数

	人　数	百分比（%）
0 本	158	3.7
1～3 本	1 889	44.8
4～9 本	1 364	32.3
10～19 本	483	11.5
20 本以上	324	7.7
合　计	4 218	100

附表 5-7　学生平均每年参与体育类社团活动组织的体育活动的次数

	人　数	百分比（%）
0 次	218	5.2
1～2 次	1 655	39.2
3～4 次	1 205	28.6
5～7 次	398	9.4
8 次以上	742	17.6
合　计	4 218	100

附表 5-8　学生平均每年参与书院讲堂、讲座、沙龙等各类学术报告的次数

	人　数	百分比（%）
0 次	194	4.6
1～2 次	1 317	31.2
3～4 次	1 485	35.2
5～7 次	675	16.0
8 次以上	547	13.0
合　计	4 218	100

附表 5-9　学生平均每年参与专业型社团组织活动的次数

	人　数	百分比（%）
0 次	853	20.2
1～2 次	1 836	43.5
3～4 次	1 015	24.1
5～7 次	269	6.4
8 次以上	245	5.8
合　计	4 218	100

附表 5-10　学生选修书院特色课程的门数

	人　数	百分比（%）
0 门	1 194	28.3
1 门	1 281	30.4

续表

	人　数	百分比(%)
2 门	1 068	25.3
3 门	295	7.0
3 门以上	380	9.0
合　计	4 218	100

附表 5-11　学生平均每年与书院领导、管理人员互动交流的次数

	人　数	百分比(%)
0 次	1 185	28.1
1～2 次	1 834	43.5
3～4 次	748	17.7
5～7 次	164	3.9
8 次以上	287	6.8
合　计	4 218	100

附表 5-12　学生平均每年与书院各类导师(辅导员、班主任、科任教师)互动交流的次数

	人　数	百分比(%)
0 次	554	13.1
1～2 次	1 874	44.4
3～4 次	960	22.8
5～7 次	307	7.3
8 次以上	523	12.4
合　计	4 218	100

附表 5-13　您参与社团类型情况数

	人　数	百分比(%)
专业类	1 576	37.4
体育类	336	8.0
文娱类	564	13.4

	人　数	百分比（%）
艺术类	369	8.7
其他兴趣类	974	23.1
无	399	9.5
合　计	4218	100

后 记

本书是在我的博士论文基础上进一步修改而成的。经过多年不懈努力，终于完成了这一富有意义且颇具挑战的目标，我内心充满喜悦与感恩！

本书的出版，首先感谢我的导师余东升教授。老师对我悉心指导，不管是课程学习、选题，还是研究框架的确立、调查问卷设计等，余老师都提出了宝贵意见，为我开展研究指明了方向；在初稿形成之后，每一次修改，大到逻辑框架，小到斟词酌句，余老师都耐心详细地指导。他严谨的学术态度和关心厚爱之意，铭记在我心。

感谢华中科技大学教育科学研究院。回顾博士期间的学习，是华中科技大学给我提供了宝贵的学习机会，让我完成继续读书的愿望；是教育科学研究院提供了优秀的师资，浓厚的学习氛围，让我在教育科学领域得到系统的学习。感谢华中科技大学教育科学研究院的各位老师，让我学习有目标、有动力，让我更清楚在学术研究的道路上还有很多功课要做。感谢一起学习的同窗，每一次交流，都给我学习提供进步的动力；每一次鼓励和帮助，都让我对学习更有信心。博士期间的学习生活，留下了美好的回忆。

感谢深圳职业技术学院、青岛职业技术学院、广东岭南职业技术学院三所实施书院制的高职院校。这三所学校在人才培养改革过程中的使命和担当，为书院制的实践探索提供了坚强保障，为本书提供了鲜活的案例支撑；三所学校里的众多学长和同仁，为我提供了无私帮助与支持，使得本书得以顺利完成。感谢深圳职业技术学院的出版资助，在本书修改完善后，通过专家评审等环节，本书获得了深圳职业技术学院学术著作出版资助，确保得以顺利出版。

感谢我的家人这些年对我的全力支持，让我得以顺利完成学业。学习期间既有幸福的喜悦，更有繁多的事务，家人都给予我坚定的支持。